21世纪人力资源管理系列教材

人员测评的理论与技术

龙立荣 / 主编

WUHAN UNIVERSITY PRESS
武汉大学出版社

21世纪人力资源管理系列教材 主编

关培兰
武汉大学人力资源管理中心主任、教授、博士生导师

人力资源管理概论

组织行为学

绩效考核与薪酬管理

职业生涯设计与管理

员工关系管理

人员测评的理论与技术

跨文化人力资源管理

人力资源会计

管理沟通

劳动经济学

劳动法

总　序

十几年前，人们称呼从事人力资源管理工作的人是“福利秘书”、“就业员”、“公司警察”等。也有人说“人事经理是虚情假意的欢迎者或热情过分的人，他们通过管理好公司的外出野餐、处理好救济金的使用流向、确保休养项目良好地进行，来使公司保持一种振奋的精神状态”。那时，他们的责任确实非常有限，通常仅仅处理诸如工人的工资、少数医疗、休养和住房问题，“人事”作为一种职业一般不被尊重，在组织机构中也是处在底层。当然，今天，在大多数组织中这种现象可能已经成为历史，“人力资源管理经理的职务不再是给那些在组织中无法胜任任何岗位的经理养老的职务”，人们愈来愈认识到人力资源部门会对组织的整体效率和获利能力产生重要的影响。有关研究资料显示，在美国，在拥有10 000多名员工的企业中，人力资源总经理的年薪（包括福利和奖励）为19.6万元；在拥有1 300～3 500名员工的企业中，人力资源经理的平均年薪为11.3万美元；在拥有不足2 500名员工的企业中，人力资源经理的平均年薪为10.9万美元，跟高级律师、会计师的平均年薪差不多。

那么，为什么人力资源部门的工作在公司中的地位愈来愈重要了呢？这是因为知识经济和网络时代的到来，人们的生活方式、工作方式、心理能量的发挥、管理的对象、组织的结构模式、生产的资源、经济增长模式等发生了根本的变化。为了应对和适应这些变化，为了使企业在全球经济中变得更加灵活和更具有生产力，用比尔·盖茨的话来说就是“关键是增强每个工作者的力量”。

为了提高人力资源管理的有效性，先让我们看看我们的管理对象、工作条件和环境等都发生了什么样的变化。

1. 计算机软件的应用，尽管很难达到对复杂事件形成意识和判断的水平，也不可能全部应对工作中的难题和挑战，但是IT行业的发展，新软件将会学习人的工作方式，了解人的需要，快捷方便地获得所需要的信息，可以帮助人提高工作效率。计算机在工作生活中的应用广泛性，使得人们将会像拿笔写字一样自然地去使用它。

2. 在信息时代，“无纸办公”、“流动办公”、“虚拟办公室”等全新的办公自动化概念，可以使人们更迅速、更全面地获得解决问题所需的各种信息，更高效更准确地做出决策，提高办事效率。传统意义上的工作场所、办公地点也发生了根本的变化，只要有台电脑，在任何地方、任何地点，都可以谈生意、发指令或聊天，在家办公也成为现实。据估计，美国约有1 000多家公司职员通过与公司连接的电脑从事各种远程的业务工作。电子农场的“农民”已经从传统意义上的体力劳动中解放出来，他们可以在家或办公室获取各种庄稼成长的信息。因为传感设备将土壤信息、肥料信息、水量信息、作物生长信息、成熟程度信息以及杂草、虫害信息传送给电脑，然后根据对上述信息的分析处理结果自动实施浇水、施肥、除草、收割等操作。当然，在家上班还要取决于电话的普及和家庭电脑的拥有量，尽管对我国来讲，还相差甚远，但是，我国潜在的在家上班的人数也非常可观，而且增长速度很快。

3. 知识经济、信息时代的到来，知识员工也逐渐成为主要的管理对象。知识员工与体力员工相比，具有明显的特点，比如，知识员工有较强的自主性、成就动机、创新愿望、不迷信重真理、流动意愿，他们的劳动过程和劳动成果难以控制。这就对我们的人力资源管理提出了新的挑战。

4. 互联网的发展使得管理过程愈来愈信息化，传统意义上的金字塔式的组织形式将转向扁平化和虚拟性。一个企业，可以依托于 INTERNET/INTRANET 的交往平台，对遍布 100 多个国家的几百个部门均可以进行有效的联系和管理。区域时空对沟通、贸易的限制作用微乎其微，员工之间、员工与管理者之间、管理者之间、商家与客户之间、商家之间等不受时间、空间的限制可以随时沟通或做生意。组织中的中间管理的作用将愈来愈小。人们通过互联网可以做任何自己想做的事情，人们参加网上虚拟团队的活动将愈来愈多。

5. 网络时代，不仅对我们的工作方式带来很大的影响，它也与人类的生存方式和生活方式休戚相关。在家里，就可以通过电脑、可视电话等进行工作，不用为交通问题而烦恼；只要按一下键盘，各类新闻、股票信息、天气预报尽收眼底，想参与讨论，发个电子邮件就可表达你的想法；科学家、学者不出家门、国门就可以与世界同行进行学术交流；如果想办银行业务，只需一张银行卡，轻按键盘，便可完成传统银行所执行的一切交易；如果想做一件合适的衣服，全息摄像会给你的体形量好尺寸，再把你的设计告诉电脑，所要的款式马上就会显示出来；如果你病了，通过你手腕上的一只表，医生就知道你有情况；网络远程教育，使得学习场所和学习方式都发生了变化。

总之，在这个知识经济、信息时代，科技与生产力的快速发展，与市场经济的公正、自由和竞争的社会原则相结合，使人的个性更加张扬，施展的空间更大。这种知识经济与市场经济互相影响、互相推动而形成的新的经济形态，它既不是知识经济，也不是市场经济，本人把它叫做新商业经济。这是因为，市场经济在西方发展几百年，为什么在知识经济、信息时代到来之前没有出现人才流动、辞职、跳槽如此频繁的现象呢？而现在跳槽的原因愈来愈复杂，对特殊人才来讲，工资报酬的多少再不是选择单位的主要原因了。这种现象，用单纯的市场经济或知识经济都无法解释。新商业经济是指遵照市场经济的运行规律、具有现代理念和最新专业知识的人，能够接受知识，运用知识，创造知识，并将知识转化为社会效益和经济效益，从而推动社会发展的经济。一句话，就是市场经济与知识经济的融合而形成的经济就叫新商业经济，它是科学技术发展和经济市场化相结合的结果，特别是经济市场化将规模庞大的劳动力队伍解放出来了。在这种新商业经济条件下，人们的价值观念、思维模式、生活习惯、工作方式和人际关系等都将发生重大的变化。作为上层建筑的管理科学，在管理理念和管理方式上都要与之相适应，人力资源管理更是如此。本人认为，在这样的情况下，未来人力资源管理将呈现出如下的趋势：

1. 创新管理

创新是未来人力资源管理的主旋律。研究证明，提升生产率的真正动力，不是信息技术，而是人力资源的竞争和管理创新；信息技术的作用是必要的，但不是充分的；比如 ERP 在企业的应用，很多企业应用时并没有对自己已有的经营方式进行调整，而是要求修改软件，让软件适应原有的经营方式，而不是利用软件提供的先进技术进行管理的创新；竞争迫使企业变革与创新，创新又帮助企业提高竞争能力。随着技术水平的不断提高，员工在企业中的地位越来越重要，满足员工工作、生活质量的要求将成为 21 世纪人力资源开发与管理的核心内容之一。员工不仅要得到公平合理的充足报酬，不仅要得到发展自我的机会和条件，而且还要得到职业安全保障。企业终将意识到员工需要的不是工作，而是职业。要改变传统的企业人力资源管理工作中作业性的内容，如考勤、绩效考评、薪资福利等行政性和总务性的工作。更加重视战略性项目包括人力资源政策的制定、完善，员工的教育、培训，组织发展规划和为业务发展开发提供人才支持等。企业应该营造一个宽松自由的创新环境，树立崇尚创新、鼓励创新的风尚，让企业的每一个成员都成为创新的源泉。

2. 目标管理

伴随着 Internet 在企业管理中的应用，目标的确定、实施和评价将成为企业与员工之间建立战略伙伴的关键。正如通用电器前 CEO 杰克·韦尔奇所言："没有高度信任，你不可能发掘最大的头脑潜力。"因为在当代，财富的创造不是靠手，而是靠头脑。你的成功将不是依靠你管理生产的能力，而是在于你能在多大程度上激发员工运用他们的创意、判断和努力。管理过程和管理成果难以控制，目标是明确的，具有强制性的，但管理却是柔性的和弹性的。员工要了解企业的目标，企业也要了解员工的目标。企业明确的战略目标既是对员工的吸引，也是企业成功的行为导向。企业是一个利益共同体，员工首先要对自己在企业的利益认同，进而才有对企业目标的认同。企业不仅要确立目标，还要进行目标教育。一个员工不知道自己企业目标的企业，是不可能形成企业精神和企业凝聚力的。

3. 差异管理

合资经营是未来企业不可抗拒的一种重要的经营方式。构成合资经营的组织因素是多元性的，而企业经营是需要一元化的或需要各种因素的融合。从市场需求来看，顾客对消费品的需求是多种多样的；从经营管理来看，员工对工作的态度、激励方式、处世原则等是不完全一致的；从经营环境来看，企业各个股东对资本、技术和产品的选择偏好是不一样的；从员工的性格、能力、职业趋向等特征来看，是千差万别的。所以，人力资源管理必须明确：工作岗位的最佳人选并不都是智力最高的，而是最适合工作要求的人。差异是客观存在的，承认和尊重差异是搞好企业管理的前提。承认和尊重企业差异，充分发挥企业优势；承认和尊重个体差异能做到量才使用，各尽所能；承认和尊重个体差异有利于培养创造型人才，不断保持企业的创新能力。差异是财富。

4. 选拔管理

人力资源的计划、招聘和选择是人力资源管理的重要内容和有效性的前提。在网络时代，E 人力资源管理愈来愈重要，所以，开发全球人力资源信息系统非常重要。不管是计划、招聘还是选拔，人力资源信息系统可以为它们随时提供有效的信息。在劳动力市场上，人力资源管理者正面临着需要更高能力的新工作与实际接受这些工作的人之间不匹配的问题；还有招聘选拔中的偏见问题，也会使有能力的人不能得到重用，比如，认为“女性不想成为国际经营管理者”而不选派她们，实际上，在不多的女性国际管理者中，有 97% 的人工作得非常成功。所以，在招聘选拔中，性别歧视中的法律问题将成为人力资源经理关注的重点。

5. 员工关系管理

和谐的员工关系也是生产力。和谐的员工关系有利于增强员工士气，提高员工工作的积极性和主动性，最终提升企业服务质量；和谐的员工关系有利于鼓励员工参与，充分发挥企业人力资源的潜力，提高企业科学决策及民主管理水平。

和谐的员工关系有利于避免劳动纠纷，避免企业的声誉、形象在社会、客户和员工面前受到损害。遗憾的是，近几年员工与企业之间的各类劳动纠纷越来越多，因为劳动纠纷而劳资双方对簿公堂甚至大打出手的事件不时见诸报端。那么，究竟如何将员工纠纷消除在萌芽状态？如何在纠纷发展到无可挽回而劳资双方不得不对簿公堂之前将纠纷化解在企业内部？如何处理无法回避的员工纠纷与诉讼？人力资源经理必须拥有劳动法规知识和成为处理人际矛盾的高手；必须明确影响员工满意度的因素。尽管安全和健康问题是属于保健因素，但它毕竟是引起员工不满意的直接因素，所以，善于识别和解决这类问题，将矛盾消灭在萌芽状态，也是人力资源管理者的重要技能。

6. 人本管理

《纽约时报》曾经有一篇文章说道："在过去的50年里，经济已经由以生产为基础转变为以消费者为基础。它已经由理性的范畴升华到理想的国度，从客观变迁为主观，到达心理的王国。"这就意味着在当今世界上，了解"人"，满足"人"，发展"人"，以人为本，确实是成功的关键所在。可能有人会说：在目前我们国家这种"后发展"的环境下，连资本原始积累过程还没有走完，连泰勒制下面的"承包责任制"、"计件工资制"这样的原始科学管理模式还没能逾越，连无以数计的农民工还在为讨工资而疲于奔命、甚至哭诉无门的情况下，谈什么"企业人性化"发展，是否有点太"左"，太时髦，太不合国情呢？我不想争论。我只想问：当那些制造假冒伪劣产品的企业令你深受其害的时候；当你的朋友或者是你的朋友的朋友外出打工被老板坑害拿不到工资的时候；当你虽然天天工作着，却感到压抑苦闷没什么发展前途的时候；你会不会觉得我们今天的社会，在人们困惑、不满的背后，在一批又一批的企业产生和一批又一批的企业垮掉的背后，缺少些什么呢？一个企业，盈利自然会带来繁荣。但是，花簇锦绣般繁荣的企业，却未必能够持续发展。在我们国家，生命力旺盛而不长久的企业到处都是，这到底是为什么？要知道，企业里很多东西都不是永恒的，惟有人性是长久的。要知道，全世界不同的国家、不同的地区、不同的企业，很多东西都是不一样的，惟有追求人性的满足和人的发展与完美是一样的。那么，为什么还有很多企业仍然将"人本管理"只挂在嘴上、放在文档里呢？本人认为，有四个原因：一是企业经营者没有明白企业存在的价值到底是什么。是的，企业是经济组织，追求利益最大化天经地义，但是并不意味着就可以不关心人，不把企业当做员工价值实现的地方。世界知名的长青企业的案例是最有说服力的佐证。二是企业经营者没有认识到劳动者具有对自己劳动力的所有权。人不是商品，但劳动力是商品；只有劳动者个人才有对自己劳动力的所有权和使用权。劳动力是人的体力和脑力的综合；人才不是用人单位所有；用人单位只有合同所规定的对劳动力的使用权，而没有所有权。劳动者具有自由选择工作地点、工作类型、工作单位的权利。《共产党宣言》

指出："每个人的自由发展是一切人的自由发展的条件。"未来社会是"自由人的联合体"。人对自由的需要是不可抗拒的。员工流动、人才跳槽，这是很自然的现象。三是一些企业经营者将"趋利避害"等同于人人都是自私的，既然是自私的，当然要严加管制。趋利避害是人的本性，但并不意味着人人都是自私的。四是一些企业经营者将人力资源管理仅仅当做人力资源管理部门的事，如果是这样，怎么可能在全公司实现人本管理呢？过去对人的管理好像管理一座大坝，而今天则更像是疏导一条河流，其目标不是阻止水的流动，而是控制水流的方向和速度。知识经济不是以知识为本，而是以人为本。教育首先使人成为人，其次才是成为材。尊重知识，尊重人才不等于尊重人。仅仅尊重人才，不利于人的聪明才智的发挥，只有将人当做自由的、自立的个人加以尊重，人才才能发挥出自己的聪明才智。最适合人性的管理才最有利于激发人的创造力。

7. 组织人管理

企业的长久发展，需要的不是一个个人，企业需要的是组织人。所谓组织人，按照人力资源管理的观点，首先是人才与企业要有一个正式合同，然后需要与企业有个心理契约，最后对所在企业的文化有高度的认同感。只有这样，企业招来的人才能真正成为企业的核心竞争力。在现实中，很多企业认为只要和人才签订一纸合同，这人就是自己的了，而把招聘时的承诺丢到脑后。一个管理大师曾说过，企业主可以买到一个人的时间，可以雇到一个人到固定的工作岗位，可以买到按时或按日计算的技术操作，但你无法买到热情，买不到创造性，买不到全身心的投入。组织人在哪里？在用人单位的诚信和人才的心里。一个人只有把自己当成组织人，才能成为企业有用的人才。所以，最佳企业的成功之处在于他们不只是让员工快乐，而且让员工更加敬业；不只采取最花哨的做法，而是把人力资源的系统建设得很完善，把人力资源的根本理念贯彻得很彻底。因此，培养"组织人"将是未来人力资源管理者的重要任务。

8. 团队管理

在复杂多变的社会环境中，团队比传统的部门结构或其他形式的稳定性群体更灵活，反应更快。团队的优点是：可以快速地组合、重组、解散；团队适合担任需要多种技能、经验、创新性强、紧迫的工作任务；团队是真正的独立自主，它不仅注意问题的解决，而且执行解决问题的方案。显然，团队很适应网络时代的组织结构的要求。随着信息技术与全球网络化的发展，一种新的组织形式——虚拟团队应运而生。虚拟团队（也叫虚拟社区）是指基于互联网的人类共同体，并不共同拥有一个确定的物质空间或地理区域，但具有共同特质和归属感，并维持着一定社会联系和社会互动的群体。那么维系团队成员的纽带是参与者感到这个环境是讨论个人观点的适宜场所，有些人对所在的网络团队乐意奉献，他们之间的纽带远比现实中的团队成员的联系更为密切。想进就进，想退出就退出，谁也不知道谁是谁，之间没有直接的利害冲突，网络上流传很广的一句话是："谁也不知道你对面坐着的是否为一条狗"。虚拟团队的维持、两极分化、冲突与合作、激励等问题都是需要认真研究的问题。

9. 权变管理

管理者所面对的人是千差万别的，所处的环境是千变万化的，管理的风格也要变化，这就是权变管理之意。对人，管理者究竟要用哪种管理方法，要考虑两方面的因素：一是当事人的个性特点；二是环境因素。工作任务模糊不清，员工无所适从时，工作型管理方式更有效；如果是日常性工作，目标和达到目标的途径都很明确，关系型管理可能更合适。如果目标和达到目标的方法已很清楚，管理者就不要唠唠叨叨，命令部下这样做那样做，而是要给予更多的关心和体贴，创造良好的心理环境。所以，管理是一种情景艺术，管理者不要试图改变员工的个性特征，但可以帮助他提高素质。最强有力的经理就是那些能适应特定环境和特定情况的经理。灵活和适应性是管理的灵魂，是网络时代最需要的管理模式。

10. 学习管理

人力资源管理的重要任务之一是将组织塑造成学习型组织。学习型组织是一种不同凡响的、更适合人性的组织模式，有崇高而正确的核心价值、信念与使命，具有强韧的生命力和实现梦想的共同力量，不断创新，持续变革。在其中，人们心手相连，相互反省求真，脚踏实地，用于挑战极限及过去的成功模式，不为眼前的近利所诱惑，有对共同愿景的认同感，以及与整体动态搭配的政策与行动，充分发挥生命的潜能，创造超乎寻常的成果，从而从真正的学习中体悟工作的意义，追求心灵的成长与自我实现，并与企业以外的世界产生一体感。人的素质的提高依赖于不间断的学习，同样组织素质的提高关键在于组织能否不间断的学习，在于组织的学习能力。

11. 薪酬管理

薪酬是人力资源管理中既复杂又非常重要的内容。公平是薪酬管理有效性的关键。特别在未来网络经济条件下，因为工作方式的变化，人的需求的变化，工作绩效评估和有效激励越来越难。直接经济报酬、间接经济报酬和非经济报酬的类别在现实中可以说是五花八门、八仙过海、各显神通。报酬方式的变化，固然重要，那么，价值创造、价值评价和价值分配体系的公平则是最重要的。心理契约在薪酬管理中的作用也应该引起学者们的关注。

12. 开发管理

人力资源开发是指资方为了提高员工的敬业精神、工作热情、业务能力和组织绩效而在政策、使用和培养方面进行的一种有计划的、连续性的工作。它是组织发展的要求，也是组织发展的基础和动力。但是，在现实中，人们对人力资源开发的理解有个误区，认为人力资源开发就是培训。培训与开发是很重要的，培训可以使员工获得目前工作所需的知识和能力，开发可以使员工获得未来所需的知识和能力。可是，政策性开发和使用性开发也是开发的重要内容。可以想象，一个好的政策能让没有积极性的人成为有积极性的，没有能力的成为有能力的；如果政策不好，人才也会成为废品。一个很有组织才能的人，从来不给他施展组织管理才能的机会，这对他个人或企业来说不都是浪费吗？所以，培养性开发、政策性开发和使用性开发，对员工的职业生涯都非常重要。

13. 人力资源外包管理

由于市场竞争的加剧，许多公司都专注于核心业务而没有时间和资源来更好地管理人力资源业务，外包成为降低公司人力资源管理成本的另外一种选择。加上网络技术的帮助，人力资源外包服务提供商更是发展迅速。人力资源外包服务通常分为四个种类：PEO、BPO、ASP 和网上服务。PEO（Professional Employer Organization）是指专业的服务提供商承担公司所有的人力资源管理职责。通过承担公司员工所有的法律责任（包括在聘用、解聘以及员工工资上都有最终决定权），专业的服务提供商成为公司员工的一个合作雇主。PEO 在本质上与公司是合作伙伴，PEO 管理所有人力资源方面的工作，而公司则专注于处理其他方面的业务问题。BPO（Business Process Outsourcing）指公司流程外包，是一个很宽泛的术语，指不仅在人力资源而且在所有领域进行外包。BPO 与众不同的是通过引进新技术或提供现存技术以一种新的方式来改进公司流程。特别是在人力资源方面，BPO 可以确保一个公司的人力资源体系是由最新技术支撑的。ASP（Application Service Providers）指应用服务提供商，是开发软件并租给用户的人力资源服务提供商。这些软件功能包括招聘管理、工资与福利管理等。网上服务是指那些以网络为基础的人力资源服务。一般情况下 BPO 和 ASP 都被人们认为是网上服务。

要记住，人力资源外包服务提供商是公司企业文化的延伸，因此要尽可能寻找一个符合公司形象的人力资源外包服务提供商。不要期望一个保守而主要靠财务制度和法律事务生存的人力资源外包服务提供商可以成为飞速发展中的企业的最佳搭档。这类公司可能不能吸引那些适合自己公司的人才，因为它不可能很好地理解公司的需要而与未来的求职者沟通。另外，外包类型的选择也要从实际出发。选择 PEO 还是混合外包公司取决于你需要外包的业务。如果更愿意将精力集中于公司的核心业务，或者公司缺乏人力资源核心能力，PEO或许很适合公司。PEO可以代表公司的利益招聘或解聘员工。对公司的员工来说，他是PEO的雇员，实际上是公司从PEO再雇佣员工，员工在为你工作，而PEO代公司管理那些员工及相关人力资源业务，包括从员工的档案关系到薪酬福利的管理。如果认为不适合把所有的人力资源业务都外包给PEO，或者公司不需要一整套的服务，可以考虑外包一部分耗时的人力资源管理事务性工作，如档案管理、员工保险等。例如，许多公司利用招聘代理商寻找合适的求职者，但保留调配人员的控制权诸如聘用和解聘。许多公司外包的另外一个关键职能是工资，这在国内不少企业看来是不可思议的。事实上，不少在华的外资企业将公司的薪酬管理交给专业的人力资源服务提供商。此外，公司还可以将人力资源服务以项目的形式外包。人力资源专业服务商提供各种各样的服务，诸如开发员工手册、建立公司的薪酬体系或者建立用以评估员工业绩的绩效管理体系等，这些工作可交由那些专业的人力资源机构管理，他们可能比公司人力资源部更专业，也更具有权威性。要说明的是，无论采取综合的解决方法，还是外包人力资源中特定的一些业务，与专业的人力资源机构建立一种稳固的关系是很重要的，公司需要与这些机构建立一个良好的合作过程，而且相信他们能完成公司的任务和达到要求。

总之，面对未来的发展，企业将部分作业流程外包出去的趋势不会消失，也因此，人力派遣公司的市场发展，仍具相当的成长空间；趋势专家与人力资源学者也预测，人力外包与派遣服务将是21世纪人力资源策略管理上最重要的人力运用形态。然而，企业在寻求人力派遣公司的服务时，还是应该重视内部的人力资源培训，避免陷入技术无法提升的难题。

14. 自我管理

在新商业经济时代，以个体为主的行为将会愈来愈突出。市场经济为人的自由发展营造了空间，Internet为人际自由交往提供了便利。每一个网站就是一个领导者，每一个人就是一个领导者，每个人要靠他的智慧、知识、能力，通过他的网络施展他的影响力。网络时代为个人的发展提供了广阔的前景，比如，一个人有音乐或其他方面的天赋，他就可以将他的曲子或其他作品通过网络传遍全世界。另外虚拟团队中的每个人，完全要靠自己来管理。在家上班，领导、同事看不见你，办公室的制度管不了你，全靠自我管理。所以，自我管理又是人力资源管理的热点和难点。自我管理虽然只管一个人，但它却适用所有的人。自我管理与其他管理相比有什么特点、自我管理应包括哪些内容、有什么方法、不同的人自我管理有什么差别，等等，都需要我们去探讨。管理发展的趋势将是人对自身的管理。

教材是学科发展成熟的结果。编写这套人力资源管理教材，并不表明我们在这个领域的研究造诣有多深，只是将我们在人力资源管理的教学中的体会写出来，便于学生学习，也便于与同行交流。在这套系列教材中，我们力求在人力资源管理的不同侧面既介绍基本理论，又反映学术前沿；更希望在准确把握人力资源发展趋势上有所贡献。

在编写过程中，吸收了国内外同行的研究成果，得到了武汉大学出版社的大力支持和帮助，在此，我们深表谢意。

关培兰
2005 年 8 月于珞珈山

序

人员测评是人力资源管理的重要组成部分，是很好地完成组织战略任务和目标的关键。没有很好的人才，再好的激励措施和办法的效果也会打折，正如俗话所说的，“巧妇难为无米之炊”。然而，人非常地复杂，要清楚地认识人，难度非常大。

综合考虑，根据现代测评理论及测评发展趋势，本教材一方面突出传统的基本理论和技术，比如介绍了人员测评的理论基础和人员测评的质量标准等理论内容以及考试和心理测评方法；另一方面，适当地扩大了基于情境的测评方法和措施，比如加强了履历表分析技术、面试、评价中心等内容。对传统的经典测评理论和技术的学习和掌握，有利于把握测评的终极评价标准和测评的基本流程和规范，可以作为新的测评理论和技术的引进和评价的起点和参照，但如果仅仅局限于这些经典理论和技术，又可能难以解决社会需求的现实问题。

为了解决理论和现实的矛盾，本教材也重点介绍许多基于情境的测评手段和方法，比如结构化面试、基于关键行为事件的面试，以及评价中心方法。理想地，这些新的测评方法也需要建立题库和各种题库的科学的项目指标体系，就像托福考试一样，这样，就可以将所招聘的人才评价建立在更大的参照样本基础上，使组织知道自己招聘的人才的客观水平。然而，由于种种原因的限制，目前这类方法很难对受测者的能力结构特点和水平进行准确定位，取而代之的则是以组织所吸引的、并参加测试的受测人群本身为参照点，结果可能出现从“矮子里面跳高个子”的情况。因此，从科学性和规范性方面考虑，这些测试的方法尚无法与传统的心理测验和标准化考试相媲美。然而，由于人才本身的重要性，人员测评的现实的需求非常强劲，而且测试更新和岗位要求的素质变化速度也非常快，如何根据现实的需求，使测试结果现实可行和相对准确，既保证基于情境的方法本身具有灵活性和动态性的特点能够充分发挥，又保证这些测评手段具有的相对科学性和规范性，就成为本书的另一个亮点或特色。

为了使基于情境的测评手段和方法具有科学性和可操作性，在这些内容的介绍中，既注重基本的科学原理和知识、流程管理，也注重案例和实际操作的学习，试图让理论能够落地，以保证学习的有效性。

本教材大纲由龙立荣设计，中间相互进行审读和修改，最后由龙立荣统稿。各章的作者如下：第一章为龙立荣（华中科技大学管理学院）和王忠军（华中师范大学心理学院），第二章为李晔（华中师范大学心理学院），第三章为周浩（华中科技大学管理学院）和龙立荣，第四章为韦慧民（华中科技大学管理学院）；第五章为赵慧娟（中南财经政法大学公共管理学院，华中科技大学管理学院博士生），第六章为杨英（华中科技大学管理学院），第七章为王忠军，第八章和第九章为彭平根（华中科技大学管理学院博士后）。

非常感谢本套教材丛书主编、武汉大学经济与管理学院关培兰教授的信任，让我来负责这本教材，给我提供了一次将自己的学术思考和理念与教学实际结合的机会。由于本人才疏学浅，加上时间紧迫，难免教材中还存在诸多问题和不足，恳请读者指出，供将来进一步修改和研究之用！另外，本教材中参考了一些专家学者的观点和材料，在此表示感谢！

龙立荣
华中科技大学管理学院
2009 年 5 月

目　录

第一章 人员测评概论

本章要点

- 理解人的差异性与人员测评的关系
- 理解人员测评的优劣标准
- 理解人员测评的历史与学科基础
- 掌握人员测评的基本原理、流程、指标体系和方法

第一节 人的差异性与人员测评

一、人是共同性和差异性的统一体

（一）人的共性与差异性

人是一样的吗？如果一样，哪些方面一样？如果不一样，体现在哪些方面？是共同性多，还是差异性大？

既然都是人，肯定有相似的地方；既然每个人的遗传不同，人生经历、际遇不大相同，就一定有差异。

相似的地方是属性的构成，不同的地方是活动的特点和表现水平。比如人都有生理机能、认识活动、情绪和情感活动，都有需求、兴趣、价值观，都有能力、性格和气质属性。但每个人在上述各个方面，又呈现出不同的特点和表现水平。能力有结构性的差异，也有水平高低的差异，还有表现早晚的差异。有的人能写，但不能说；有的人能说，但写得欠佳；还有的人能说善写，有的人说和写都差。同样是善良，有的人表现在口头上，语言暖人心；有的人表现在行动上，用事实说话。按照美国人本主义心理学家马斯洛的观点，人的需求呈现金字塔形状，而且是按照一定的顺序上升，这些是共同的。但是，不同的人对各种需求要求的强烈程度、满足水平是有差异的。许多人的主导需求是生存和安全，而只有少数人的需求层次处于追求尊重和自我实现的层次。

从能力方面来看，人的能力可以分成一般能力、特殊能力、创造力，这些

可以看成是共同的，但一般能力水平的高下、结构组合特点可能不同，使人适合不同的岗位。比如棋手的能力，可能是由智力与下棋的特殊能力结合而成；而歌手的能力则是由对音乐的敏感性和演唱能力组合而成；科学工作者的能力则可能是由智力与专门的专业技术能力组合而成。个人的能力用不同的方式组合，显示出很大的变化性和多样性，满足了社会工作多样性对人的需求。

通常来说，如果人的差异性小于共同性，则人力资源管理的难度就会下降，重心将集中在激励人而非选拔人。事实上，人员测评更加看重人的差异性，因为做好某一件事情需要一些特殊的个人属性，而人们所拥有的属性是不完全一致的，有些人能够满足特定工作的需要，有的人则不能满足特定工作的需要。从组织用人的角度，如果所用的人不能胜任工作，就可能耽误工作，影响组织的效率和竞争实力；从个人的角度，如果个人不能胜任特定的工作，也会产生挫折和失败感，产生消极的人生体验。因此，从本质上看，双方都比较谨慎，都有人职匹配的愿望。

（二）人的差异性与工作选择

工作就是让人完成一定的任务，完成不同类型的任务，使用的人的属性是不同的。比如保安主要用其体力、观察力和形象记忆力属性，相声演员则主要使用其说唱能力、记忆力、幽默感等。

综合起来，个人可以用来换取工作的属性可以分成下面三个方面，这些结构是共同的，但在各个方面展示着一定的差异性：

1. 生理层次：年龄，性别，外表，身高，体重，身体机能，身体健康状况，特别是传染病、遗传病。

2. 心理层次 1（能干什么）：能力特点（知识和技能、经验、智力、智慧、情绪智力、特殊能力、创造力），人格（性格特点、气质特点）。

3. 心理层次 2（想干什么）：需求特点（成就、权力、亲和），兴趣特点（物质操作、科学研究、艺术、社会、经济、日常事务），价值观（对经济的追求、对理论的追求、对权力的追求、对艺术的追求、对宗教的追求、对社会价值的追求等）。

4. 社会属性：社会关系，地域关系，家庭经济状况，社会经历，教育背景。

个人可以通过自身的素质和属性换取对自己有利的工作。通常来说，上述各个方面都很优秀的人比较少，而在某一个或几个方面有优势的人比较多，在上述各个方面一般的人则更多。

从人力资源开发的角度，每个人的先天属性和后天教育环境不同，应该注重以个人所拥有的天赋为主进行职业选择，特别是优选对社会有价值而个人比较擅长的长处，不至于让这些相对稀缺、优质的资源闲置，对社会造成浪费。

然而，受社会回报的影响，个人可能选择自己付出较少、回报较高的职位，而不在乎是否产生人力资源的浪费。在一些回报比较高的领域，许多人不是因为自己喜欢这些行业的工作，也不是自己擅长这些工作，仅仅因为回报高、付出相对较少而不惜委屈自己。在知识经济时代，脑力劳动的价值回报额增加，一个能力强的人可能获得更多的就业机会，成功的可能性也更大；相对而言，仅仅靠体力为主的人生存压力增大，就业相对困难。

此外，由于价值观的差异，不同的人往往可能用不同的个人属性获得工作机会：有的人用英俊或漂亮的外表，有的人用自己的体力，也有的人完全利用社会关系网络，但真正长久的岗位是用自己拥有、受年龄影响小、由自己掌控的资源为主导的属性。

二、组织和个人视角的人员测评

一方面，个人需要找工作或做事，另一方面，组织的工作需要找人，由于两者各自利益最大化的考虑，在不同的立场上，行为的方式也不同。

如果测评活动是为了个人利益的最大化，在很多情况下，个人不会欺骗自己，在测评活动时不会故意撒谎，因此，许多自我表现评估性的测试活动，真实性比较高，成本比较低。如果个人希望满足自己的愿望需求，在应聘活动中，为了得到某一个自己心仪的职位，可能会包装自己、过高地肯定自己，产生欺骗行为。这种欺骗行为最终使自己得到好处，但使用人单位蒙受损失。招聘单位的区域越好、单位发展前景越好、待遇越好，产生这种欺骗行为的可能性越大。

个人就业指导所运用的测评工具与招聘活动所使用的测评工具是不同的。招聘活动需要更多地考虑消除伪装，发现真实的员工。用于职业生涯指导的人员测评难度较低，而用于组织选拔和安置的人员测评难度较大，成本也较高。这个成本是由于人们希望占据更好的地区、组织、岗位造成的，每个人希望自己过得比别人更好的愿望，让被测评者有表现好的欲望，这种欲望可能掩盖个人真实的想法和动机，比如会通过接受培训、获得测试题目的标准答案等策略实现。为了防止人们的装好行为，真正揭示人们的普遍、典型、真实的特征，测评时就需要采取更多的防伪措施和策略，将那些伪装撕掉，揭露被测试者真实的自我。

（一）个人找工作的假设

个人找工作的目的如图 1-1 所示，个人找工作的原则是个人利益最大化。所谓个人利益最大化是指在努力程度差不多的情况下，个人追求获得最大的回报。个人利益最大化与个人的价值观紧密相连。如果个人认为社会声望是评价标准，并接受了这个标准，就会以社会声望为基准去择业，选择诸如企业家、政治家、科学家、商人、工程师、律师等职业；如果个人将自己内心的愉悦作为标准，可能他就会随心而动，看重稳定的工作、自由的环境、良好和谐的人际关系等，选择如画家、诗人、自由撰稿人、文职人员、公务员等职业；如果一个人看重市场经济条件下的金钱的价值标准，就可能选择经营和管理职位。因此，组织的工作和事情需要人来完成，而个人作为生物人、社会人和精神的人有自身的利益追求，二者不得不达成妥协，双方获得各自的利益，才能够实现双赢和可持续发展。

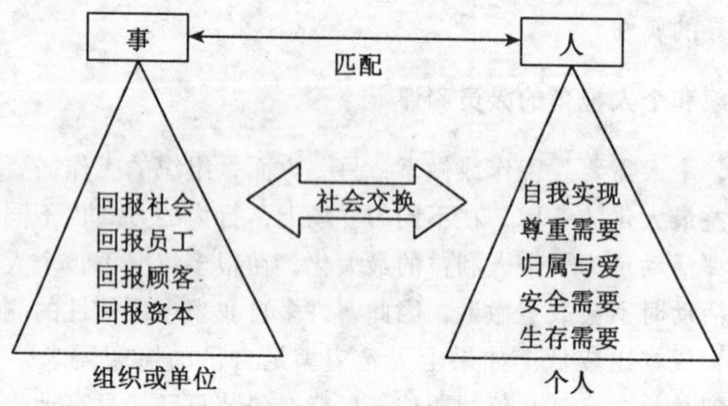

图 1-1 人与事匹配的深层次动机示意图

从个人属性来看，心理学研究表明，一个完整的人包含三个方面的“自我”：一是生理自我，包括个人的年龄、性别、外表、身高、体重、身体机能、身体健康状况等方面；二是心理自我，包含人的性格、气质、需求、能力、兴趣、价值观等；三是社会自我，包含人的社会关系、社会角色、在他人心中的地位和形象等。从工作属性来看，个人所工作的岗位首先是嵌套在组织中的，而组织又嵌套在不同的地区和社会环境中，岗位本身、组织的特点、组织所在区域的特点都能够左右人们的利益选择。个人的择业和组织的招聘就是个人三个自我与岗位的三重属性之间的匹配和选择的过程，这一思想可以用下面的图 1-2 来表示。

问题是，个人的三个自我是一个复杂和不平衡系统，而工作的岗位、组织和地区属性在中国的社会发展现实下也是一个差异性较大、不平衡的系统。从岗位的回报看，主要表现为三个方面：一是职位或岗位回报，如专业对口度、待遇、发展机会、工作紧张度、人际关系、岗位的稳定性等；二是单位回报，如单位的品牌、发展前景、组织的声望和地位等；三是单位所在地区的回报差异，如社会环境、经济环境、文化环境等，这就造成了个人择业和组织招聘工作的复杂性和难度。在个人选择回报时，既要考虑短期利益，也要考虑长期利益，还要适当考虑个人付出的努力。最终在努力和近期、远期的回报之间取得平衡。

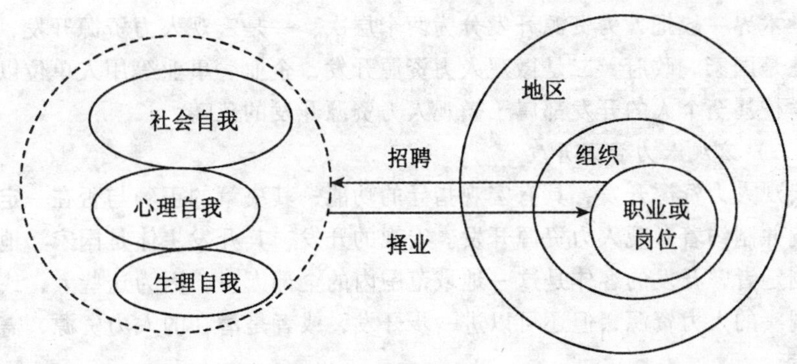

图 1-2　择业与招聘的模型示意图

（二）工作找人的假设

从工作的属性来看，工作由一定的程序和活动构成，要完成或出色完成这些程序和活动，不是所有的人都能够胜任的，这是一个基本假设。过去，我们片面强调人的弹性或可塑性，忽视人的遗传制约性或先天特点，走了许多弯路。所谓“我是一块砖，哪里需要哪里搬”，“人有多大胆，地有多高产”，“没有做不到，只有想不到”。工作属性或事情的差异性越大，对人的属性要求的差异也就越大。比如姚明打好篮球的素质，与钱学森研究系统工程的素质差异是非常大的，不能互相替代，不能盲目地突出训练的作用。

组织中的岗位或事情找人，通常有多方面的目的，首先需要能够完成任务；其次，需要能够与周围的人群处理好关系；最后，可能是希望有能力的人多在组织中呆一段时间，以降低用工的替代成本。

组织和人一样，也需要生存和可持续发展，不能完成企业规定的任务，效率低下，产品和服务质量很低，就可能被市场淘汰，失去生存能力。如果生存下来了，组织还希望发展壮大，变得坚强起来，这时就要考虑可持续发展。如果一个人很善于合作、有较高的工作自觉性和主动性，就可以减少管理成本，避免人际矛盾所产生的内耗，提高效率和竞争力。

因此，组织挑选员工的标准一般很明确：第一，要能够胜任工作；第二，要能够持续地为组织创造价值。比如，高校招聘一个大学教师，第一个考虑是应聘者的专业能力素养，包括专业基础知识、研究能力；第二是教育能力，包括表达能力、沟通能力、组织教学的能力等；第三才是可持续发展的能力，比如爱心、责任心、合作精神、成就愿望等。

三、宏观人力资源开发和微观人力资源开发

学术界一般把人力资源开发分为两个层次：一是宏观人力资源开发，其主体往往是国家、政府；二是微观人力资源开发，企业、事业等用人单位以及家庭、学校甚至个人的开发都属于微观人力资源开发的范畴。

（一）宏观人力资源开发

宏观人力资源开发，具有宏观指导的功能，其决策的正确与否在一定程度上影响并制约着微观人力资源开发。宏观的开发，其开发主体是国家、地区的政策制定者，开发的客体是这一地域范围内的全部人口，因为这些人，或者已经是现实的人力资源，但还可以进一步开发，或者是潜在的人力资源，需要大力开发。

宏观人力资源开发的手段如下：（1）制定并调整人力资源开发的方针、政策。好的政策，可以最大限度地调动人的积极性，所以，政策是最有力的开发人力资源的杠杆。（2）制定并实施人力资源开发的法令、法规，为人力资源开发创造法律环境。（3）变革和完善人力资源开发的制度和体制，为人力资源开发创造体制环境。（4）提供人力资源开发的投资并创造投资环境。人力资源开发投资的内容主要有：教育投资，包括学校教育投资和在职培训投资；卫生投资，包括医疗、保健、劳动保险；文化体育投资，包括用于新闻机构、图书馆、体育机构及其活动的投资等。（5）加强人力资源开发的组织工作。（6）开展人力资源开发的宣传教育，创造舆论环境。（7）开展人力资源开发的研究与咨询。

（二）微观人力资源开发

微观人力资源开发的主体包括学校、家庭和个人以及企业、事业等用人单位。

学校教育在人力资源开发中具有的突出地位和作用是其他任何开发形式都不可替代的。学校开发的客体是在校学生，开发的手段是教育、培养；开发的目的是传授知识、培养和提高学生的能力和素质。学校作为一个专门的人力资源开发机构，同家庭、用人单位和国家政府的人力资源开发活动相比较，其特点是计划性强、系统性强和组织性强。

家庭是一个人生活的基本单位，人力资源的开发是家庭的职能之一。目

前，人们越来越重视家庭人力资源开发，家庭对微观人力资源开发的投资比重越来越大。家庭环境对一个人成才有着重要影响。家庭人力资源开发的主体是家庭成员，开发的手段是生育、抚养、教育和培养。开发的目的是优生、优育。家庭人力资源开发和学校、社会人力资源开发相比，其特点是奠基性强、感染性强、针对性强，但组织性差。

用人单位的人力资源开发的主体是组织，如各种企事业单位，开发的手段有人员计划配置、招聘甄选、薪酬激励、绩效管理、培训与发展、职业生涯管理等，主要体现在组织如何选人、用人、育人和留人的各个环节中。开发的目的是实现员工发展和组织发展的双赢，其特点是组织性强，更多地强调组织的战略目标的实现和组织的发展导向。

（三）宏观与微观人力资源开发的联系

宏观人力资源现象与微观人力资源现象并不是能截然地、绝对地划分的。简单地说，一个较大范围的较长时间里反映出的一般微观人力资源现象，即构成宏观人力资源现象。例如在一个企业里，如果个别的职工不安心工作，热衷于在其他领域寻求挣钱的机会，这也许可以解释为是个别人的利己驱动，通过企业的劳动纪律约束等微观人力资源管理方式，就可杜绝其行为的发生，但如果许多企业的职工都有类似的行为，并屡禁不止，这时就得从更深的层次，如劳资关系、福利待遇、用工制度、人力流动机制等方面进行检讨和思考，甚至要采取新的政策性措施加以引导和完善，这方面就需要宏观人力资源开发的指导。

四、人员测评与人力资源管理

（一）人员测评的概念

人员测评在企事业单位、政府部门的人力资源管理中发挥着越来越重要的作用，成为很多机构进行人事决策的重要参考依据，了解和掌握人员测评的理论和技术是对人力资源管理者的基本要求。那么如何理解科学的人员测评呢？

人员测评就是通过多种科学、客观的方法，对人才的知识、能力、技能、个性特征、职业倾向、兴趣、动机、价值观等特定素质进行测试与评价，以判定被试与职业、岗位、组织的匹配程度。人员测评是为招聘选拔、培训开发、绩效管理、职业规划、员工关系管理等人力资源管理职能提供服务的一种技术手段，人员测评是提升组织人力资源管理水平的一种有效工具。

（二）人员测评的作用

人员测评的作用体现在对组织和个人两方面。

对组织来说，人员测评具有：

1. 鉴定功能——优化配置人力资源。鉴定指对人才素质状况优劣、水平高低作出鉴别和评定，这是人员测评直接的基础功能。

2. 预测功能——科学开发人力资源。预测功能表现为通过对人员素质现有状态的鉴别评定，可以预先推测其素质发展的趋向，探测人员测评结果与某一段时间后的工作行为表现（绩效）之间的关系，这种预测的有效性取决于人才素质特征的稳定程度。

3. 诊断功能——及时反馈人员状况。人员测评不是一劳永逸的，需要周期性的开展，对企业人力资源的发展状况和成长阶段进行诊断与改进，以促进整体性人力资源的长远规划和优化开发。

4. 导向功能——合理整合人力资源。人员测评的导向功能体现在测评的内容和评价指标反映了社会以及组织对人才的需求标准。如果被测评者均以测评的内容和标准为导向，自觉地用他们所认可的测评要素及其标准来调整自己的行为，强化自己不足的基础知识和实际技能，则社会与组织人才的寻求和供给的差距就会大大缩小。

5. 激励功能——有效提高人力资本。这一功能是指将测评结果反馈后，激发受测者进取向上的愿望与动机，使他们自觉自愿地努力学习和工作，从而不断地提高每一个人的素质和工作能力。

对个人而言，人员测评的作用体现为个人的自我认识、职业选择和潜能开发三方面：

1. 自我认识。通过现代人员测评技术，促进自我认知，帮助了解自己，清楚地认识自己，知道自己的知识经验、态度倾向、能力水平、个性特点、兴趣爱好、价值观等。

2. 职业选择。了解自我特点可以更清楚地明白自己的喜好，了解从事什么职业将更有利于自我发展。

3. 潜能开发。在人员测评后，一方面了解自己的长处适合什么样的工作，一方面更促进自己正确认识自己的短处和不足，有针对性地接受教育培训，开发自己的潜能，并在实践中取长补短，不断地、更好地实现自我发展。

（三）人员测评与人力资源管理的关系

现代企业人力资源管理一般划分为三个层次：战略层次、职能层次和基础层次，这三个层次分别体现为战略人力资源管理、职能人力资源管理和基础人力资源管理。战略人力资源管理决定人力资源部门的工作方向；职能人力资源管理决定人力资源部门的工作内容；基础人力资源管理决定人力资源部门的工作质量。人员测评成功与否，取决于基础人力资源管理工作的质量，即职位分析或胜任特征模型是否客观、准确；人员测评技术的价值，主要体现在职能人力资源管理的过程中。受传统观点的影响，有很大一部分人力资源管理者认为，“人员测评只能在人才选拔过程中发挥作用”，随着对人员测评价值的认识不断深入，越来越多的管理者认识到，人员测评既是贯穿人力资源管理过程的技术方法，也是现代人力资源管理的基础方法之一。

人员测评对人力资源管理的作用可以总结为以下几个方面：

1. 提升招聘甄选的准确率

企业人力资源管理实践中，经常面临大量内外部招聘、内部晋升、人员调配、工作轮换、裁员的工作。当前，在企业中完成以上工作的主流方法就是传统的面试，或者靠管理者的个人经验，甚至主观臆断。人员测评则是在职位分析或者胜任特征分析的基础上，建立针对岗位所需的测评指标（测评维度）体系，并制定系统的评价标准，选择科学的测评工具和流程设计，有效地避免单纯使用面试的局限性，以及过于依赖管理者个人经验的情况，避免员工晋升调配中的不公平性，从而全面地提升组织人员招聘和甄选的准确率，提高企业人事决策的科学性和公平性。

2. 提高培训的效果

很多人力资源经理都有一个共同的困惑：为什么培训总是不能达到期望的效果？这个问题可从诸多方面来分析，比如培训需求分析是否准确、培训目标与制度设定是否合理、培训项目和方法是否得当、培训师是否胜任等。从培训需求分析来看，很多企业多采用“自下而上”的层层汇报式的方法搜集信息，忽视了员工个性化的培训需求和岗位的特征，结果浪费了大量的培训资源。人员测评技术能够帮助企业客观地分析员工个体或部门的培训需求，将针对员工个体测评的结果与岗位所要求的素质标准进行对比。从培训方法而言，人员测评中有很多测评工具本身就是卓有成效的培训方法，比如情景模拟中的角色扮演、无领导小组讨论、模拟面谈、公文筐测验、案例分析等，这些方法与传统的授课式培训最显著的区别就是具有生动、真实、学员能得到有效的反馈与指导的特点。

3. 提升绩效水平

传统的绩效考核中，对能力的考核往往习惯于采取“民主评议”的方法，其弊端在于评议者的评价标准与目的之间缺乏统一性，所以绩效考核变相地成为对被考核者在组织内部人际关系水平的考核，因此传统的绩效考核对于提高被考核者的绩效水平的作用不显著。人员测评技术在绩效考核，尤其是能力方面的考核具有显著的效果。测评技术能够帮助受测者发现自身的素质特点，对于受测者的优势与不足均有直接的行为依据，具有较强的说服性。将测评结果用于培训与开发过程中，并帮助员工制定详细的绩效改善计划，既可使受测者在自身素质的提升上有一个明确的方向，又可使主管对下属的工作过程进行有效指导，从而全面提升员工的绩效水平。

4. 提高团队配置效率

团队配置效率决定着团队未来工作的绩效水平。团队成员之间能否按照特定的机制进行有机组合，是团队能否取得成功的关键。俗话说“一山难容二虎”，加入一个团队中正职和副职的权力动机都比较高，都希望对他人进行情绪、行为上的控制和影响，那么这个团队就会陷入内部权力争斗之中。金刚石和石墨的构成元素相同，但由于其结构不同，两者的硬度却有天壤之别。人力资源管理中也有这种“同素异构”的观点，讲的是同样的人，处在不同的组织方式中，各自承担不同的职责，最终的工作效率和绩效水平也会有较大的不同。人员测评的技术能够充分发现团队中每个人的素质中动机、个性和能力方面的特点，帮助决策者将合适的人放在合适的位置上，发挥合适的角色和功能，从而实现团队成员的优化配置，提高团队效率。

5. 全面提升人力资源竞争力

人员测评在人力资源管理过程中的应用，首先体现的是组织“以人为本”的管理思想，比如关注员工的素质特点、注重人职匹配、关注提升员工个性化的需求和兴趣、注重通过提升员工个人的绩效水平，来达到提升组织整体绩效的目的。因此，总的来看，人员测评技术在人力资源管理过程中的应用，可以系统地提升员工的素质水平，进而全面提升组织人力资源的竞争力。

第二节　人员配置的优劣标准

一、人员配置优劣标准的含义

组织选择合适的人到合适的岗位；个人从事适合自己的工作，这是组织人员配置工作理想的做法。然而，受组织价值观和个人价值观的影响，在人与事的匹配上，呈现出一些不利于人力资源最佳开发的情形。比如，有的行业或组织能够满足人们物质、社会和精神的需要，人们可能委曲求全，即使自己的能力高出职位的需求，也在所不惜，比如电力、通信、能源部门，人满为患；也有一些地区，由于社会经济发展水平较高，能够满足人们可持续发展的愿望，也有许多人不惜牺牲自己的特长、潜力，低就一些岗位，浪费人力资源。很多能力过人的大学生，为了能够留在一个社会经济发展水平较高的地区，宁愿委屈自己，做一些非常简单的工作。同样，还有一种情况，人们为了获得自身的利益满足，常常追求自己明显不适合的岗位，出现高位低能现象。一旦这种现象变成现实，这些庸人就可能为了自己的虚荣心、利益，压制能力较强的人，影响工作效率，对组织造成伤害。

因此，在组织人员配置工作上存在一种质量优劣的标准。这种优劣标准可以从三个方面来看待：

1. 从社会的角度来看，人员配置优化要实现的是人人从事自己最合适的职业、最合适的工作，每个人能发挥自己的最大潜力，获得较高的工作满意度。社会的角度看重的是客观标准。

2. 从组织的角度来看，组织一贯追求的是用最小的成本获得最大的收益，相对个人来说，同样更加看重客观标准，即是否能够完成企业的目标，为企业创造价值。考虑这个标准，员工能够基本胜任岗位的要求是最为基本的要求，当然也不排斥高于基本标准，因为组织通常有内部培养和提拔人才的需要，在不同层次的岗位有一些超越现有的职位要求、有潜质的员工，有利于接班人的培养。组织最担心的是所招聘的员工不能基本胜任岗位的工作，给组织任务的完成设置障碍。

3. 从个人的角度来看，适用的是职业生涯成功的标准，此时，主观标准和客观标准并重。客观标准有薪酬回报、晋升、职业地位、声望等，主观标准强调的职业成功与否更多的是个人的一种主观的内心体验和感受，比如工作满意度、职业满意度、工作成就感、心理意义上的成功等。个人使用的标准有自己的价值取向，有时是客观标准，有时是主观标准，到底采用哪种标准，与许多个人因素有关。比如，性别价值观的差异对人们行为的影响就非常显著，“男主外，女主内”的社会价值观一旦被人们接受，在个人的能力与社会价值冲突的时候，人们往往选择社会接受的价值观。女性在许多情况下会为了家庭、为了舒适和稳定，放弃自己的专业，闲置自己的能力，降低自己的职业成功标准，选择更为主观的法则，比如家庭的和谐、子女和丈夫的成就标准等。

二、人事匹配的数量与时间

一个人是否有最佳的岗位或职业？最佳的岗位是不是唯一的？如何找到最佳的？

（一）人事匹配的数量

根据职业心理学的相关研究，个人与岗位或职业的匹配是一种区间的关系，即职业岗位之间本身有一些重叠，只要人们进入了这个区域，都能够适合，这种情况下，成功靠的是努力和毅力。

如图 1-3 所示，有的人喜欢在工作中与人打交道，有的人则喜欢在工作中更多地进行物的操作，而不需要经常与人沟通和交往；有的人擅长对数据进行工作和处理，有的人则更精于思想观念的创造思维。从这两个维度出发，我们便可以在职业或工作的属性与人的特征之间找到一种匹配的区域，在这个区域内，适合个人的岗位或职业不止一种，往往有很多，比如既喜欢与人打交道又喜欢观念思考的人，适合社会服务工作、医学工作、社会科学工作等。个人可以在相关或相近的职业领域内找到适合的多种工作和岗位。如果让擅长与物打交道的人，从事与人交往最多的工作，或者让习惯于观念思维的人去进行枯燥的数字处理工作，无疑是一种“痛苦”。

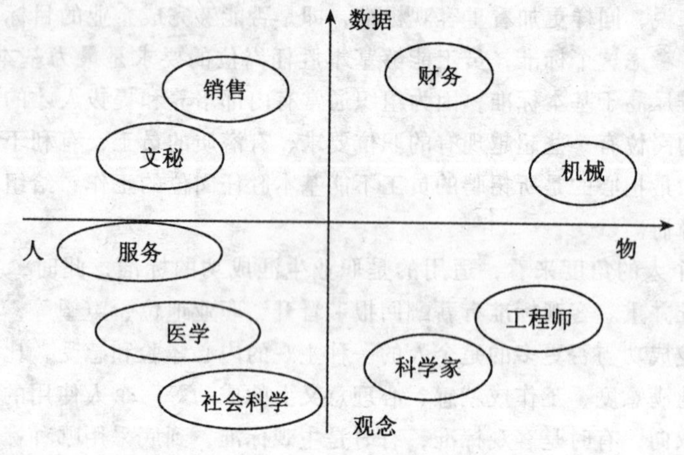

图 1-3 个人的职业领域示意图

因此，在人事匹配中如何兼顾个人兴趣、能力和职业、工作属性之间的平衡极其重要，在属性和要求相关或相近的职业和工作间进行选择是合理的。最可怕的是一个铅球运动员去从事跳高的运动。铅球可以和铁饼运动合并，速度型的运动可以合并，球类的活动之间可以交替。

（二）人事匹配的时间

寻找匹配的最佳时间多长合适？西方为了充分地开发人力资源，主要抓了两个方面的工作：第一，尽早地让学生寻找和发现自己的职业自我，找到自己最适合的领域；第二，从职位回报的角度，尽量考虑岗位对组织的价值、岗位本身的难度以及市场供给量。这样一来，每个人如果找到了发挥自己特长的领域，只要将事情做到最好，就不必担心回报的过大差异。可以设想：如果一个职位，待遇很好、难度很小、风险很小，谁都想干，没有谁愿意从事付出多、回报低的事情。

寻找最佳匹配的时间可能因职位而有差异。例如，对于专业技术人员，定位早一些更容易集中精力发展；对于经营管理人员，可能需要频繁地改变自己的职位，积累更加丰富的经验，拓展自己的全方位处理问题的能力和经验，可以管理更多的事情和人员。

随着科学技术的进步，加上经济的全球化，经济动荡的可能性增加，稳定性下降。例如IBM就将个人电脑业务转让给联想公司，克莱斯勒与奔驰公司合作，等等，公司的稳定性下降也就决定了个人职业发展的稳定性下降。许多人不可能一辈子呆在一个组织里，需要不断地变更，这种变更不仅仅是单位的变动，也可能是岗位的变动。在许多情况下，计划不如变化快，为此寻找匹配的机会增加了，时间延长了，准确度下降了。不过，对于一般人来说，寻找合适的岗位的时间不宜太长，长期的摇摆不利于知识和技能的积累，不利于个人发展，产生激光效应，有可能贻误发展机会。

三、人事匹配的结果

人事匹配的结果可以划分为以下四种：高配、适配、低配和绝配。高配指能力高于岗位的配置；适配是能力与岗位刚好配合；低配则是能力低于岗位的要求；绝配是能力与岗位达到一种最佳的结合。

高配如果是短期的，旨在锻炼员工、丰富员工的工作经历，有向上发展的机会和空间，通常不会出现人力资源的浪费；如果长期处于高配状况，而且这种状况是否得到改善不能由自己控制，就可能出现人才流失。

适配是组织追求的，但对于个人的长期发展来说，可能不利。这些人本来只有这个水平，但是考虑到自己的面子，如果不能得到晋升，可能将这种晋升的瓶颈归因于外部，即组织没有善待他/她，导致心中不愉快。

低配最可怕。一方面，能力不及，可能导致工作不能很好地完成，耽误工作，影响效率；另一方面，为了保住自己的位置，千方百计地压制人才，让下属永远比自己差。管理学中所谓的“彼得定律”正是低配的表现。

绝配是人力资源开发的终极追求，但很难实现。就是个人刚好就适应所需要的工作或任务，比如姚明打篮球的中锋，刘翔跑110米栏。如果姚明换一项运动项目，甚至在篮球场上换一个位置，都可能使其价值受损；而刘翔如果参加100米、200米竞赛，也许是不错的选择，但不是绝配了。

从组织人事工作来看，越是高层次的岗位，岗位的价值越重要，准确用人也就越关键。因为岗位重要，其影响的范围大而广泛，一旦用人错误，出现低配的情况，不能胜任岗位的工作，对组织的影响和损失就非常大，因此成本和代价也越高。正因为如此，组织特别需要加强人员测评工作，将合适的人选拔到工作岗位上来。

第三节　人员测评历史与学科基础

一、人员测评的历史

（一）中国古代人员测评的产生和发展

在中国古代，没有“人员测评”一词，也没有直接论述人员测评的文字，但对人的素质特点的测度，在远古时期就有了。早在商周时代就已经有了《周易》，它以卜卦方式，预测自然现象和人的生死祸福。中国较古老的一部历史文献《尚书》中说“知人则哲，能官人”，意思是说，只有聪明睿智的人，才能了解别人，才能用人得当。

中国早期的作品就认为选拔人才是必不可少的，要选拔人才就少不了测评。孟子认为“权然后知轻重；度然后知长短。物皆然，心为甚。”（《孟子·梁惠王》）。荀子认为，应该根据人的“德能”素质而任官。孔子说，“始吾于人也，听其言而信其行；今吾于人也，听其言而观其行。”听其言而信其行，是自我报告的人格测验和情境或行为访谈的理念；听其言而观其行，则是工作样本、情境模拟和评价中心的理念。

远在商周时代，中国就通过庠序（指学校）培养，采用层层选拔和考核的方式选拔人才，这在古诗文中随处可见。到了汉代常常采用察举的方式，不仅有举贤良方正、孝廉，还有察举，并且每年或隔年还有随计吏入京举才以及自举的行为。汉魏六朝时期，流行品评人物的风气，由于没有现代测量手段和工具的支持，因此没有上升为系统的理论，但经验十分丰富，有时还和相术联系在一起。隋炀帝大业二年（公元606年），为了加强中央集权而补充官吏的需要，开科取士，并在朝廷中设“文才秀美”科，即进士科，揭开了中国古代选举和考试历史的新篇章，标志着中国古代科举制度的开端。唐代完善了这一制度，把智力测验引入考试。宋元明清的科举大多承袭前朝，无重大改变，直到因不适应时代要求而于1905年被废止。中国古代诠选制度，不仅是世界上最古老、最完备的人才选拔制度，同时，所使用的方法也为世界以后的考试和测量带来了巨大的启示。

（二）西方人员测评的产生与发展

虽然中国早在古代就含有朴素的人员测评与选拔的思想、制度和方法，但是现代人员测评却是在西方文化中产生的，并随着在军事上的成功运用、管理科学的有力促进而不断地发展和完善。

西方人员测评与选拔的产生是以心理测验的发展为基础的。心理测量的先驱高尔顿曾发明了许多测验的仪器分别测量人的身高、体重、拉力、压力、手击的速率、听力等；卡特尔则曾在实验室编制了50个测验，分别测试人的肌肉力量、运动速度、痛感受性、记忆力等。

法国心理学家比奈所编制的世界上第一个智力测验，突破了高尔顿、卡特尔等人仅仅测量人的感觉和知觉等低级的心理测量的局限，把高级的心理品质当作测量的研究对象，同时，他还将智力测验成功地运用于教育领域，使人们看到心理测验的广泛应用前景，完成了心理测量的奠基工作。

科学管理思想的创始者泰勒提出的科学管理及量才分工的思想，对于现代人员测评技术广泛应用于现代企业管理之中起到了极大的推动作用。美国电话电报公司是最早将现代人员测评方法应用于管理人员选拔与评价的工业企业。经过10年的追踪研究，其结果强有力地支持了现代人员测评方法的有效性和可靠性。相应的，一些社会性的现代人员测评机构或组织也相应建立，如美国普林斯顿的ETS等著名的考试公司也面向全社会开展人员测评服务。

从早期的高尔顿、比奈等人的心理测验阶段，到随后在军事上成功的推广、管理科学的推动，以及心理学、统计学等学科的理论支持，当代西方人员素质的测评与选拔已经发展到较为成熟的阶段，形成了相当独立的一门学科。

（三）近代中国人员测评的发展

在中国，现代意义上的人员素质测评与选拔始于20世纪初期，共经历了4个阶段：引进阶段、停滞阶段、复苏阶段和繁荣阶段。在引进阶段，1916年，樊炳清最早将比奈-西蒙量表引进中国；20世纪30年代，出现了一批职业介绍所，开始采用最简单的心理测量进行人员的测评；从80年代初开始，人员素质测评工作走向复苏；而从90年代开始，人员素质测评与选拔走向繁荣。

公务员制度的推行，把全国干部素质测评与人员素质测评的研究与实践工作推向了新的阶段。1994—1996年国家人事部成立了考试中心与公务员测评机构后，全国各地的人才服务中心与许多中介组织都纷纷建立了人员测评机构；1998年底，中共中央组织部开始在全国范围内建立全国公开选拔领导干部考试题库，扶持开发用于企业的人员素质测评系统；1999年，中共中央组织部专门成立了领导干部考试与测评中心，为中央直属的各部属机构与大型企事业组织的领导人选拔，开展大量卓越有效的测评活动，进一步推动了领导干部素质测评工作的发展。

除此之外，企事业单位也从观念上接受现代测评技术，开始运用现代测评技术方法为本组织的人员选拔提供支持。如在1994年，中国民航与德国汉莎航空公司携手合作，将德国较为成熟的飞行员选拔系统LH/DLR汉化，并按照中国文化进行修订，该测试系统包括人格、心理运动以及诸如航空知识、操作等能力因素的测量与评价，选择了346名中国飞行候选者接受本套系统的测试，以降低淘汰率，消除日后安全隐患，从而有助于中国飞行员选拔系统的进一步完善。

二、人员测评的统计学基础

一个好的人员测评方法，应该是可信的、有效的，并且是可重复的，这就涉及人员测评中的一系列统计学指标。

（一）标准化与常模

在收集测评数据时，要从测评的材料、情境、考官、被试和结果的处理方式等几个方面进行考虑，对其加以系统的控制，以保证所收集信息的客观性。要尽量控制无关变量的干扰，集中收集与测试维度关联最大的信息。

标准化是指测评的一致性、测评条件的共同性。在同一条件下，标准化能够对测评中的无关因素加以控制，从而使误差减小或降至最低。标准化的过程包括：统一内容、统一施测、统一指导语、统一时间、统一评分标准、统一分数解释。测评方法的标准化，要在测评题目、测评环境、测评程序控制、测评时间、考官培训几个方面加以控制。

常模是从另一个方面来保证测评结果的质量。一个标准化的测验，不但其内容、施测和评分要标准化，对分数的解释也必须标准化。一个测验的原始分数本身并不具有任何可比性。在传统的心理测验中，多是把个人所得的分数与代表一般人同类行为水平的分数分布情况相比较，来辨别其所得分数的高低。此处所说的“代表一般人同类行为水平的分数分布情况”，即称为“常模”。我们从国外引进心理测验必须经过本土化修订，其中很重要的一项内容就是要进行常模修订，以让测验能够适用于国内特定的被试群体。

（二）信度

信度是衡量人员测评方法质量的指标之一。所谓信度，就是指测评结果的可靠性、稳定性，即测评结果是否反映了被测者稳定的、一贯性的素质特征。信度是人员测评结果稳定性和一致性程度的指标，同时它也能够代表测量的准确程度。测评结果的可靠性体现在：被测者在不同时间所测结果一致；同一测验内的各部分题目所测的是同一种行为或行为特征；不同评分者对同一测验结果的评分一致。一项成熟的心理测验一般都具有比较理想的信度。信度较低的测验，由于其测验分数的稳定性较差，往往不能反映被测者的真实水平。

在实践中，通常用各种信度系数来表示测评方法的稳定性与可靠性。(1)折半信度，或称分半信度，指将测评的项目分成两部分，分别计算这两部分的分数，以这两部分分数的相关系数作为折半信度系数。(2)复本信度。复本是指研究人员同时编制两份量表，它们在内容、形式、难度等方面相同，请被试分别接受两次测验，一次做一份，然后把被试的两次测验得分的相关系数作为复本信度系数。(3) 重测信度。若编制两个量表有困难，可以用一个量表对同一样本施测两次，从中得出两组分数的相关系数，即可作为重测信度系数。(4) 同质性信度。同质性是测量单一特质的必要条件，指测验题目得分反映的心理特质一致。同质性信度也是常见的内部一致性信度，指测验所有题目性质的一致性，即测的是同一种心理特质或行为。

(三) 效度

效度是另一个衡量人员测评质量的指标，它是指一个测评方法能够恰当地测量出所要测量指标的程度。信度是效度的必要条件，但却非充分条件，效度需要进一步解释经验水平的指标与理论构念的联系。由此可以把效度大体上分为两大类：一类是经验效度，这是比较普遍的一类，它们主要表征一些可观测变量间的关联程度，因此，这类效度通过分析两个或两个以上变量间的关系，用一些观测变量预测另外一些观测变量；另一类效度是理论效度，它主要表征观测变量与理论构念间的关系，这些理论构念往往是潜在变量，不可直接观测。比较常用的效度主要有内容效度、效标关联效度、结构效度这三种。

三、人员测评的方法论基础

人员测评作为一门应用性的学科，有着支持其存在发展的理论基石，这就是一些更为基础的学科。宽广的学科基础支持了人员测评发展出一套自身的理论和方法。这些基础学科包括：哲学、心理学、组织行为学、社会学、统计学、心理与教育测量学等。

(一) 哲学

哲学是系统的世界观、价值观，是对事物发展规律、社会运行规律、思维发展规律的总结，对其他学科具有指导作用。人员测评理论的形成和发展，也离不开哲学的指导。在进行理论研究和实践操作过程中，人们都会有一整套的世界观作为最基本的假设，也会有价值观在指导价值的判断。只有以辩证唯物主义为指导，坚持可知论，才会通过不断的探索和研究去开发能进行测评的工具，不断改进素质测评工作。

(二) 心理学

到目前为止，心理学是人员测评理论与实践最重要的基础。也可以说人员测评的理论方法是心理学的理论和技术的应用。人的高级神经活动类型直接影响到人的心理过程、行为方式以及个性心理的形成和发展。所以，神经类型与人的认知能力水平、行为方式特点和个性心理特征有着十分密切的关系。正是从心理学的理论出发，人员测评的理论认为通过对人的个性心理特征的区分，可以预测人员在不同方面的表现。

（三）组织行为学

当心理学运用到工业方面，延伸到组织内部，就直接影响了组织行为学的产生发展，而组织行为学又是人员测评最直接的基础。组织行为学研究个体、群体和结构对组织内部行为的影响，目的在于使组织运作得更有效。组织行为学为分析人员的行为提供了一个框架和方法，并寻求从已知行为到未知特性的联系，从而预测未来在一定外界刺激下的反应，这正是人员测评在有限时间和成本条件下所要达到的目的。可以说，组织行为学是人员测评最为直接的学科基础。

（四）社会学

社会学与人员测评有着密切的联系。心理学、组织行为学都需要社会学这样一个基础性的学科支持。社会学研究社会、民族的发展演变规律，研究社会中群体的运动等，这些都是从人的社会性方面来进行的研究。只要是与人有关的研究，就不能忘记人的社会属性，这是人的根本属性。从社会学的角度可以帮助理解、认识社会人，指导人员测评从各方面去研究、分析复杂的社会人。

（五）统计学

统计学运用数理的方法分析客观事物数量关系和数量特征。人员测评中要大量运用到统计的方法。通过将测评量化，有利于以简洁的形式表述测评的结果，也有利于通过数理方法研究过程，修正结果。统计学是一种手段和工具，为认识事物本身的规律提供了途径。统计工具的发展促进了人员测评实践和理论的科学化与规范化。

（六）心理与教育测量学

心理与教育测量学是一门科学。它有自己一套严谨、系统和科学的研究方法。心理与教育测量是通过科学、客观、标准的测量手段对人的特定素质进行测量、分析、评价。这里所谓的素质，是指那些完成特定任务工作或活动所需要或与之相关的感知、技能、能力、性格、兴趣、动机等个人特征，它们是以一定的质量和速度完成工作或活动的必要基础。心理测验是心理与教育测量的一种具体方法和手段，它通过结合行为科学和数学方法，对个体的特定素质进行测量，并将结果与特定群体进行对照和比较。在人员测评实践中，心理与教育测量法已经逐渐成为一种最常用的测评方法，已广泛应用于知识、心理和生理素质测评实践。

第四节 人员测评的内容布局

一、人员测评的基本原理

（一）人员测评的理论基础

1. 人员测评的科学基础

人员测评的科学性是与人的心理实质紧密相连的。人的心理实质是人员测评研究工作的立足点和出发点。现代认知心理学对人的心理实质作了深刻的研究，认为人的心理是人脑的机能，是人脑对客观世界的反映。人是社会的存在物，其素质可以用语言行为和非语言行为及对外部世界的反映表现出来，即一个人的每一个行为（先天性的条件反射行为）表现，都是其相应的心理素质在环境中的特定表征。而且，每个人的素质是不同的，否则，如果世界上所有的人内在素质及其外显出来的绩效都是一样的，人员测评就失去了意义。

2. 人的素质的差异性

如前所述，人与人之间素质的差异性普遍存在，素质差异性的思想已经被社会广泛接受。素质差异性观点一方面强调人与人之间存在知识、能力、技能、个性、气质、兴趣、价值观等方面的先天与后天所形成的量上的差异；另一方面，不同的人所具有的素质侧重点是不同的。正如世界上没有完全相同的两个人一样，不同个体的素质倾向存在差异，如需要、动机、兴趣、爱好、信念及价值观等侧重点不同，这一点为人员测评的广泛推广提供了发展空间。素质差异是造成人在不同岗位上成就差异的基础，也是人与人之间在相同岗位上出现绩效水平差异的根本原因。人的素质的差异性正是人员测评的客观依据。

3. 人职匹配的思想

由于不同的职业或岗位对任职者的知识、能力、技能、性格、气质、价值观和身体素质等方面的要求都会有所不同，所以当任职者具备职业或岗位所要求的素质时，其所产生的绩效水平，也就会明显高于个人素质与职业素质要求不相匹配的任职者。因此，个人择业必须选择与个人素质特点相适应的职业，企业在选拔任用人才时，也需要挑选能够满足职位素质要求的人才。无论是从个人方面，还是从企业方面来看，“人职匹配”是共同的需要和追求，也是需要进行人员测评的现实基础。

4. 素质的相对稳定性

人的素质是相对稳定的组织系统，在一个较长的时间段内不会发生质的变化，个人的某种品质在不同的环境、不同的时间往往会做出相对一致的反应行为，正如一个有正义感的人，对任何有违法律和道德的行为都会存在潜意识的反感一样。当然素质的稳定性是相对的，人的素质也会随着时间的推移而变化。由于个人素质是相对稳定不变的，因此，在对被测者给予不同刺激所做出的反应的判断就具有真实性和可靠性，人员测评活动也才有存在的意义和价值。

5. 素质的间接测量性

素质是一种特定的心理活动、心理现象，是隐蔽在个体身上的客观存在，具有内在抽象性，因此素质具有内隐性的特点。显然，我们无法对人的心理活动进行直接的测量和观察。但人的素质可以通过日常生活与工作中的行为表现出来，可以通过对人的各种有代表性的行为进行观测、测量和评价，从而间接地推断人的心理素质。素质可以间接测量的特点，为人员测评成为现实可能创造了条件。

6. 基于统计学的基本规律

如果人的行为是一个总样本的话，显然我们无法对人所表现出来的全部行为进行测量。人员测评工作只是对人所表现出来的各种典型的行为进行测量，其背后运用的是统计学的原理，对人的各种行为的强度、行为的频次、行为的效果进行测量和评估。统计抽样、概率、描述和推论等思想和原理是人员测评科学性的保障。因此，人员测评所选用的行为一定要有代表性、典型性，我们必须明白，任何测评手段所做出的推论都不是百分之百的准确，而只是达到统计学上的显著性水平而已。

以上几点依据为人员测评的可操作性和发展空间提供了理论基础和前提条件，现代认知心理学和马克思主义的哲学观点，即物质的可知性为人员测评提供了可测性前提。人的素质的差异性、人职匹配的需要为人员测评提供了现实基础和广阔的发展空间。同时，人员素质的相对稳定性为素质测评提供了可显现性基础。个人素质的外在表现行为为测评提供了可操作性条件。

（二）人员测评实践的原理

人员测评实践的原理就是在进行人员素质测评实践操作时，其背后隐含的原理性的机制。根据心理学和组织行为学的研究，下面两个原理可以认为是其中原理性的机制。

原理一：个人的每一个行为（先天性的条件反射行为除外）表现，都是其相应心理素质在特定环境中的特定表征。用一个简化公式表示就是：

$$B=f(Q, E)$$

其中，B 代表行为，f 表示表征方式与机制，Q 代表素质，E 代表环境。举例来说，一个人当看到同事很忙，下班时还不能完成工作，就愿意主动上去协助完成。在这里表现出的行为 B 就是去协助完成工作，f 是看到、主动协助，环境 E 是单位快下班时，而个人的素质 Q 就是具有协作精神和热情。

原理二：素质是一种相对稳定的组织系统，各个个体不尽相同，它可以综合不同环境中的刺激，使个体对这些不同的刺激做出一致的反应行为。用公式表示就是：

$$Q = \int B\mathrm{d}E$$

其中，Q 代表素质，$\int$ 是积分符号，表示总和，B 表示行为，$\mathrm{d}E$ 表示不同环境下的环境刺激变量。

原理二是在原理一的基础上更进一步说明人的素质是一个触不到的复杂体系，要通过多方面的研究与观察才能把握住其本质。另外，可以看出两个原理都是表达了这样一个假设：人的素质是会通过行为表现出来的，通过人的行为可以了解人的素质状况。原理一体现了人员测评的可能性，原理二则说明人员测评的可行性。

尽管人员测评的可行性是肯定的，但具体怎么去实施，一直是近几十年来各国企业界和理论界普遍关注的焦点和难点，各国都在致力于建立更加有效的人力资源管理系统的研究，目的在于更好地寻求企业有效的人力资源管理的切入点和管理模式。

二、人员测评的基本流程

人员测评有其特定的技术规程的要求，具体表现为以下几个步骤：(1) 明确人员测评的目的；(2) 确定测评的指标体系；(3) 确定测评的方法与题目；(4) 测评方案设计与测评实施；(5) 测评结果统计分析与撰写测评报告；(6) 测评结果的反馈。

(一) 明确人员测评的目的

开展人员测评工作，首先要明白“为什么要进行人员测评”，即测评的目的是什么。一般而言，企业开展人员测评工作有如下目的：

1. 以选拔为目的。企业在进行外部招聘与内部晋升的过程中，往往会面对各具特点的候选人，如何从中选择出与岗位素质标准最合适的候选人，实现“人职匹配”，是要解决的关键问题。企业一般会根据岗位素质标准，有针对性地选择和运用测评手段和方法对各种候选人进行测试和评价。

2. 以诊断为目的。为什么相同的岗位、相同的政策与环境下，不同的任职者的绩效水平有很大的差异？这一直是困扰企业管理者的问题。人员测评可以通过多种科学方法，对员工的素质和能力进行诊断，从而发现造成绩效差异的关键性因素，并通过提高其中经培训和指导可以获得显著提高的素质，达到提高员工绩效水平的目的。

3. 以考核为目的。在传统的绩效考核中，对能力的考核往往采用民主评议、上下级评议等受人为因素干扰较大的方法，其评议结果受人际关系的影响较大，很难客观反映任职者的真实素质水平。在绩效考核中运用人员测评的方法，可以有效地解决这一问题，比如很多企业都将评价中心技术引入到绩效考核与绩效管理体系之中。

4. 以培训为目的。对员工进行培训是组织人力资源开发的重要环节，然而很多企业的培训效果与预期的差异太大，培训资源浪费较大。为此，很多国际知名企业都将人员测评技术作为培训需求分析的有效工具，还将很多人员测评的技术引进到培训方法中，以提升员工的素质，比如情境模拟技术、案例分析、角色扮演等，其效果卓著。

5. 以配置为目的。企业运营过程中，经常会遇到“搭班子，建队伍”的问题。人的素质千差万别，正如“世界上没有完全相同的两片树叶”一样，企业在部门、团队的成员配置过程中，必须充分认识到每个成员的特点，实现成员间能力、个性、经历、知识、性别等多种因素的有效互补，团队才能高效运作。人员测评技术能够帮助部门和团队实现最优化、最科学的配置。

（二）确定测评的指标体系

明确了“为什么要进行人员测评”的问题后，就要解决第二个问题“测什么”，即确定测评的指标体系。用来确定岗位测评的指标体系的方法很多，但常用的较为科学的方法主要有两种：一是通过职位分析工作，系统地了解一个岗位的任职资格条件；二是通过岗位的胜任特征分析，得到该岗位的胜任特征模型和素质要求。除此之外，还有一些方法，比如专家法、问卷调查法、访谈法、文献法、典型人物法等都可以帮助我们确定人员测评的指标。由于岗位对不同素质的要求是存在差异的，确定了具体测评指标以后，还需要对测评指标和维度进行定义，还要考虑到权重的不同、分级标准、代表性行为表现等，从而建立比较科学全面的评价标准。

（三）确定测评的方法与题目

解决了“测什么”的问题，接下来要解决“用什么测”的问题，即测评采用何种方式、用什么题目来进行。众所周知，人员测评的技术方法和题目众多，必须有一个基本认识：任何一种测评方法和题目都有其局限性，不同测评要素和维度可能适用于不同的测评方法，同一个测评维度可能同时适合两种以上的测评方法。比如“影响并试图控制他人”维度可以采用心理测验中的动机测验；“沟通能力”可以用面试或沟通能力测验；“创新与变革能力”可以采用公文筐测验、无领导小组讨论或面试法；“关注他人”可以采用面试或无领导小组讨论法来测试。此外，还应该值得注意的是，企业自己开发测评题目和建立题库很重要，但并不是所有的题目都需要自己开发，一是没有这样的精力和时间，二是开发具有测评信度和效度的题目是一件专业性较强的工作，比如个性测验，我们很难在短时间内开发出来，而且也没有必要开发，我们完全可以采用比较经典的个性测验来解决这个问题。

（四）测评方案设计与实施

这一环节要解决的是“怎么测”的问题，即根据测评方法的特点以及实际情况来决定测评的程序。设计测评方案要根据“成本低、时间短、用人少”的原则，精确计算测评成本、准确规划测评时间、合理安排测评场地、详细安排人员分工。测评实施过程就是按照测评方案规定的时间计划与分工计划、测验前后顺序完成测评任务的过程。需要注意的是，为了保证测评的科学和公平性，测评方案和具体实施必须严格做到标准化。

（五）测评结果统计分析与撰写测评报告

测评结束后，考官需要对各项测评的结果进行统计，并在定量和定性分析的基础上撰写测评报告。有些测评方法是通过计算机系统实现的，其得分和结果分析报告计算机能够直接给出，比如很多心理测验、智力测验、人格测验等都可以通过电脑软件来完成。但企业人员测评往往具有十分明确的目的，要根据测评要素使用多种测评方法和工具，有些测评结果还必须依赖考官或专家进行综合分析，对于不同测评方法得到的同一测评要素的分数还需要加总与合成，进行综合分析。这些方面需要运用很多的统计学、测量学、数学的知识和工具，进行专业性的分析和撰写测评报告。

（六）测评结果的反馈

企业运用人员测评技术往往与内部选拔、培训开发、绩效管理、人事决策、咨询诊断等相结合，因此测评结果需要对被试进行反馈。反馈是向被试说明其在测评过程中的行为与心理表现，并进一步剖析其素质特点，向被试说明测评结果与岗位的匹配程度，根据被试的素质特点为其提出素质发展和改进的建议和方案。

三、人员测评的指标体系

世间万物的测量可以分为物理测量和心理测量两大类。对物理现象的测量需要采用长度、重量、体积、密度等能够表现物体的物理指标特点的测量单位。心理测量是对人的心理活动和心理现象进行的测量，心理现象与物理现象存在较大的差异，人员测评属于心理测量的范畴。

进行人员测评，也应该建立与物理测量一样的测评标准体系，这种标准体系由一组相互联系、互相作用的测评指标构成，但每项测评指标都保持了独立性，是从不同的侧面来表现人或岗位要求的特定素质。测评指标体系的标准化是测评结果准确、客观和公正的基本保障。

（一）测评指标的概念

测评指标也叫测评要素，指的是能反映测评对象特定属性的一系列考查方面或维度，也是表征测评对象特征状态的一种形式。在人力资源管理中，指标是指“规定”所要达到的目标，如上级给某部门确定生产指标，公司给销售部门确定销售指标，经理给下属确定绩效考核目标，等等。确定人员测评指标就是要确定评价被试的维度，亦即测评要素。测评指标是测评指标体系的基本单位。根据测评对象、测评目的和要求，选择一系列评价点或方面（指标），这些测评指标的集合就组成了测评某类人员的测评体系，也叫素质模型。

测评指标体系和体系中指标（测评）结果的表现程序和形式构成了某类人员的素质测评工具。指标体系的各层指标都是经过文献研究与行业、企业、岗位的经验总结，经过调查研究，统计分析得出的。对于不同行业、不同岗位系列和不同层次岗位的人力资源素质确定的测评指标体系会有所不同。

（二）测评指标体系设计的基本原则

1. 针对性原则

由于各类从业人员及其岗位的工作性质、特点、专业技术不同，选择的测评指标也应有所不同。因此，在人力资源素质模型及测评指标体系的编制时，要针对测评的目的和对象来选择相应的指标，充分体现出所测评对象的特点。如测评对象是炼钢专业技术人员，其指标除了应具备的基本要素之外，还应具备一些特殊要素如创造力、空间判断力等。

2. 科学性原则

评价指标体系应符合科学技术工作的规律，反映人力资源的实际；各级指标的功能既相对独立，又相互关联，使指标体系成为一个有机整体。建立科学的评价指标体系是做好人力资源评价的基础。

3. 完备性原则

这一原则要求处于同一个标准体系中的各种标准相互配合，在总体上能够全面反映工作岗位所需具备的素质及功能的主要特征，将整个测评对象纳人评价标准体系内容之中。并且在获得被测评者素质结构完备信息的基础上，以尽可能少的指标个数来充分体现测评的目的。

4. 精练性原则

从理论上来讲，测评内容越全面、越完整，就越能较清楚地反映各类人员的各种素质结构。但是，实际测评实践中，测评指标越少，越有利于测评工作的开展和测评信度的提高。所以指标的设计应尽量简单，只要能达到既定目的并获得所需要的功能信息就行。

5. 可操作性原则

设立的标准应该可以辨别、比较和测评，即评价标准所展示的标志是可以直接观察计算或能通过一定的方法辨别、把握和计算的。在进行评价标准设计时，应尽量考虑可操作性。

6. 独立性原则

设计的评价标准在同一层次上应该相互独立，没有交叉。比如同一层级上X指标与Y指标不能存在重叠和因果关系。

（三）测评指标体系的基本结构

一个完整的测评指标体系应该包括如下要素（参见表1-1）：

表1-1　一个完整的测评指标体系

指标名称	战略管理能力				
指标定义	能够准确地发现组织目标，并主动进行战略规划，分析出战略或目标成功的关键要素，可以根据组织的局限性有效地平衡各种因素，能从不同的角度、层面考虑战略问题，能考虑现实与未来、局部与整体之间的关系。能够制定明确的战略执行计划并将其付诸实施				
指标构成	发现目标	主动性	要素识别	多元思考	制定计划
评价要点	是否发现隐含的目标				
	对目标的理解正确				
	强调以目标为出发点				
权重关系	0.15	0.1	0.25	0.15	0.30
	优（8～10分）			中（5～7分）	差（1～4分）
评价标准	具有主动进行战略规划的意识，能识别出组织的关键成功要素，能够有效地平衡各种因素（市场、人力、竞争等），能从生产与销售的角度考虑战略问题，考虑现在与扩大投产后的资金及人员调整问题，战略执行计划操作性强				

资料来源：寇家伦．人才测评．中国发展出版社，2006.

1. 指标名称

测评指标是从不同角度来表现岗位的素质要求，所有的维度共同构成特定岗位的素质标准，指标之间既存在相互联系，又各自具有一定的独立性。比如，人力资源经理的测评指标包含专业知识、分析能力、计划组织能力、沟通能力、服务意识、人际亲和动机等。

2. 指标定义

指标定义即用不同方法来描述测评指标的内涵和意义，是对测评指标所做的概念说明，其目的是让考官及相关测评人员清晰地了解每个维度的意义和内容。对指标进行定义的方法一般有三种：（1）典型行为描述定义，即详尽列出被试在该指标上可能表现出的各种可能行为；（2）操作定义法，即具体描述被试具备该素质的理想的行为表现；（3）极端特征定义法，即将在该指标上高分者与低分者的行为表现进行对照。人员测评中对测评指标一般采取操作定义的方式。例如对“组织能力”的操作定义为：依据部门目标，预见未来的要求、机会和不利因素，并做出系统规划的能力；能够分析各种信息所反映的问题、问题产生的根源以及各种问题间的相互关系，并能据此确定工作目标、任务、方法和实施步骤的能力。

3. 指标构成

指标构成也叫素质剖面，是对构成某项测评指标的各项要素进行分解的结果，代表的是构成某项指标的各个组成部分。指标构成的意义在于能够让考官更加客观地对被试所表现的行为进行评价。比如“沟通能力”的指标构成因素包括：主动性、反馈意识、倾听能力、沟通技巧、有效性等。

4. 评价要点

评价要点是针对某项测评指标的单项构成要素进行评价的行为要点，是通过具体行为来阐述测评指标的构成要素，评价要点往往带有很强的指向性特征，为考官评价结果的客观性提供了重要保障。例如“沟通能力”中的“反馈意识”的评价要点分别是：（1）对别人的主动沟通能够及时地做出反应；（2）通过语言、表情、动作表现出来；（3）使沟通对象能够准确理解自己的观点、意见或态度。

5. 评价标准

在实际工作中，评价标准表现为能够导致不同结果的素质水平。评价标准能够很好地解释多个不同岗位对一项素质维度的共同要求之间的差异性。比如对营销经理和营销主管来说，都要求具备组织能力，但对营销经理的要求较高，对营销主管的要求则相对较低。制定评价标准能够让考官对被试的某项素质进行深入、客观的评价。评价标准一般与不同的分值区间相对应，不同岗位对特定素质的要求并不是越高越好，而是需要根据岗位的特定要求确定对应的标准，并用不同的分值来表现。评价标准的制定过程比较复杂，需要在职位分析和胜任特征分析的基础上，通过标准测验或企业相关人员进行行为实践后确定。评价标准一般通过量词标度（比如多、较多、一般、少、很少）或者等级标度（比如优、良、中、差）来表现。

6. 权重关系

任何岗位的各项素质都不是简单地堆砌或加总在一起的，而是有机地结合而成的。结合的规律是由岗位任务的特征决定的。每个岗位素质群中，都会存在重要素质与次要素质之分，表现在测评指标上就是对其赋予不同的权重关系，来体现不同测评素质指标的重要性程度。越重要的指标权重越高，反之权重越低。对于权重关系一般可以通过横向加权、纵向加权、专家评议、因素分析、回归分析等方法来确定。

四、人员测评的基本方法

（一）履历分析

履历分析是一种比较传统的测评方法，从被测评人的履历分析及对过去经历的剖析中可得知一个人过去的行为表现，亦可得到十分有价值的预测数据。根据被测评人履历中记载的事实，可了解一个人的成长历程和工作业绩，从而对其人格背景有一定的了解。使用被测评人履历资料，既可以用于初审个人简历，迅速排除明显不合格的人员，也可以依岗位要求的高低，事先确定履历中各项内容的权重，把被测评人各项得分相加的总分作为人才选、育、用和留的参考。这种方法用于人员测评的优点是较为客观且成本低，但存在着较多的“人工装饰”问题。例如应聘者填写履历时，总避重就轻，掩盖对自己不利的事实真相。

（二）笔试

笔试是最古老且最基本的人员测评方法，其主要用于测评人的基本知识、专业技术、管理技能、推理及综合分析能力、文字表达能力等，至今仍是企业组织经常采用的选拔人才的重要方法。在测定知识面和思维分析能力方面效度较高，评定比较客观，可以广泛地应用到人才选拔录用程序的初步筛选中。

（三）心理测验

心理测验实质上就是对行为样本组的客观和标准化的测量，是通过观察个体的少数有代表性的行为，对于贯穿在个体行为活动中的心理特征，依据确定的原则进行推论和数量化的一种科学手段。

标准化的心理测验一般有事前确定好的测验题目和答卷，以及详细的答题说明，测验题目往往以客观题居多，但也有不少是主观自陈评价题。有的测验限定时间，有的则不限定时间。被试的内容一般很简单，只需要按照测验的指示语回答问题即可。一个标准的心理测验系统还包括计分系统、解释系统、良好的常模，以及值得信服的信度、效度和项目分析数据。

大多数智力测验、人格测验、成就测验、能力倾向测验，都采用心理测验的形式。心理测验的优点在于：一是简单易用，一般花上一两个小时就可完成对一批人的测量；二是其计分和解释比较客观，因为测验通常都是由客观题组成的；三是比较经济，心理测验大多可以团队施测，节约大量时间和精力。不足之处一是开发周期长，开发投入大；二是由于受测验形式的局限，有些能力和个人特点无法准确测验，如语言表达能力、组织管理能力、操作能力等。

（四）面试

面试是指在特定时间、地点进行有着预先精心设计好的明确目的和程序的谈话，通过主试与被试的双方面对面的观察、交谈等双向沟通的方式，了解应试人员的素质特征、能力状况以及求职动机等方面情况的一种人员甄选与测评技术。

面试的内容包括很多方面，比如仪表举止，专业知识，教育经验与工作经验，言语表达能力，思维能力，应变能力，自我认知能力，情绪稳定性与自我控制能力，人际交往意识与技巧，进取心与成就动机，求知动机，业余兴趣与爱好等。

根据面试的标准化程度可以将面试划分为非结构化面试、结构化面试与半结构化面试。结构化面试就是在针对特定工作的所有面试中，始终如一地使用事先确定了答案的一系列与工作相关的问题。非结构化面试就是在面试中事先没有固定框架结构（指没有预先确定测评要素等），也不对被试使用有确定答案的固定问题的一种面试。半结构化面试是指介于结构化和非结构化之间的一种面试。相比较而言，结构化面试比非结构化面试能更有效地考查一个人。一项研究表明，结构化面试的效度是非结构化面试的两倍。

（五）操作测评

操作测评就是考官让被试按照标准化要求完成特定操作任务的一种测试方式。操作测评主要适用于操作性的岗位，比如电焊工、车床工、司机等，主要测评被试实际操作的熟练程度、动作的协调性和标准化程度。比如某造船厂招聘电焊工，要求所有应聘者现场切割并焊接两块厚2厘米的铁板，目的就是为了测评被试是否熟悉电焊的操作规程，能否正确使用设备以及操作的熟练程度。

（六）情境模拟

情景模拟是通过设置一种逼真的管理系统或工作场景，让被试参与其中，按测试者提出的要求，完成一个或一系列任务。在这个过程中，测试者根据被试的表现或通过模拟提交的报告，总结材料为其打分，以此来预测被试在拟聘岗位上的实际工作能力和水平。情景模拟测验主要适用于管理人员和某些专业人员。常用的情景模拟测验包括文件筐作业、无领导小组讨论、管理游戏、案例分析、角色扮演、模拟面谈、演讲等。由于情境模拟的测评方法具有直观性、与未来绩效高度相关等特点，现已成为备受企业界青睐的测评方法。

（七）评价中心

评价中心是在第二次世界大战后迅速发展起来，它是现代人事测评的一种主要形式，被认为是一种针对高级管理人员的最有效的测评方法。一次完整的评价中心通常需要两三天的时间，对个人的评价是在团体中进行的，被试组成一个小组，由一组测试人员（通常测试人员与被试的数量为1/2）对其进行包括心理测验、面试、多项情景模拟测验在内的一系列测评。测评结果是在多个测试者系统观察的基础上综合得到的。

严格来讲，评价中心是一种程序而不是一种具体方法，是组织选拔管理人员的一项人事评价过程，不是空间场所、地点。它由多个评价人员，针对特定的目的与标准，使用多种主客观人事评价方法，对被试的各种能力进行评价，为组织选拔、提升、鉴别、发展和训练人员服务。评价中心的最大特点是注重情景模拟，在一次评价中心中包含多个情景模拟测验，可以说评价中心既源于情景模拟，但又不同于简单情景模拟，是多种测评方法的有机结合。评价中心具有较高的信度和效度，得出的结论质量较高，但与其他测评方法比较，评价中心需投入很大的人力、物力，且时间较长、操作难度大、对测试者的要求很高。由于这个原因，在实践中人们只对比较重要的工作种类和较高的职位才应用这一技术。

（八）计算机测评

随着计算机、网络技术的发展，人员测评技术与现代信息技术、网络技术紧密地结合到一起。比如研究者开发出了单机版与网络版的各种心理测验，还有一些针对特定岗位的测评系统，现在有很多企业甚至将面试题目开发成网络程序。有些测评机构和企业将纸笔测验计算机化，编制和使用测评软件，大大简化了测评过程的计分工作，节约了测评人力，提高了计算的准确率。随着互联网技术的发展，在互联网上开展测评，不受时间与空间限制，使用户可以随时开展测评工作，进一步拓宽了测评的渠道。

关键概念

人员测评　人的差异性　素质　人事匹配　测评指标体系

复习思考题

1. 如何理解人的差异性与人员测评的关系？
2. 如何理解人员测评与人力资源管理的关系？
3. 人员测评有哪些作用？
4. 人员测评的基本流程是什么？
5. 人员测评有哪些技术和方法？

第二章　人员测评的理论基础

本章要点

- 理解建构人才素质模型的常见方法
- 理解人才素质的冰山模型
- 理解人员测评的基本理论
- 了解人事匹配的基本理论

第一节　人才素质模型

人员测评的前提无外乎两个方面：首先是要什么样的人？其次是用什么方法获得想要的人。如果二者能够形成良性循环，就可以不断地优化对人才的评价标准，并完善素质测评方法。这个问题看起来是分离的，实际上二者联系紧密，因为评价需要什么样的人才规格时，也有一个数量化的评价标准问题。

一、理论推演法

理论推演法指的是根据岗位或职业的属性，推断该岗位所需要的知识技能、能力、性格等属性。这种方法比较全面，简单易行，但可能有些属性的推断不具有客观性；有些属性枚举容易出现交叉和重叠，导致测量的复杂度急剧增加；不容易把握属性的程度或水平。

比如，对于销售经理，我们可以推断这个岗位需要知道产品的知识，需要懂销售理论，以便确定销售战略和策略，具备指导和教育下属的能力；需要与人交往的能力；需要带领下属的能力（这些能力包括激励能力、沟通能力、协调和指挥能力、计划能力）。其实，教育能力本身也包含了沟通能力、激励能力、表达能力等，如果将两者看成不同的因素，可能出现测量的冗余，增加测验的成本，出现过度评估。

在我国的人才素质测评实践中最常用的是德才兼备模型，具体而言就是德能勤绩模型。所有的岗位，决定人能否胜任的因素很多，无外乎几类：品德、能力、努力、已经取得的业绩。由于品德含义非常丰富，可能包含了勤或努力。严格地讲，品德是一种态度体系，包括对自己、对他人、对工作、对单位、对集体，乃至对国家的态度以及与态度相关联的行为体系。在这个意义上说，对工作的态度和行为体系可以包含主动地开展工作，有责任心，有恒心和毅力，不达目的誓不罢休等。这种对工作的态度，正是取得良好的工作业绩的重要组成部分。

从普通的意义上看，德主要是指人性的善恶，个人是自私的，还是无私的；是合作的，还是单打独斗的；是负责任的，还是消极怠工的；是自我约束的，还是靠他人约束的，等等。如果个人的品德是亲社会的，替他人着想的，组织的制度约束、监管力度就会减少，组织运行的效率就可能提高，组织的竞争力就会极大地改善。然而，个人都是亲社会的假设很难保证，特别是在市场经济的背景下，以付出和利益回报为标准，可能会强化人们对利益的敏感性，相对淡化亲社会行为。在知识经济时代，由于组织运行效率、速度的提高，已有的比较僵化的制度体系往往不能满足组织发展速度的要求，为此，西方社会提出了一种角色外行为，即所谓组织公民行为（organizational citizenship behavior)，强调为了组织的利益，对组织还没有规定的、没有付酬的，但对组织有利的行为，应该予以鼓励，其本质是雷锋精神，强调无私奉献。制度的力量是巨大的，但所有的行为都靠制度来规定，必然导致管理成本增加，组织效率低下，最终伤害组织运行的效率。自觉地、主动地为组织谋取利益，恰恰是最理想的选择。

德的重要性及其对组织效率的影响，可以简单地理解如下：第一，有德的人，一般不会故意伤害组织的利益，即使管理制度不健全、不完善，也会根据自己的理解，积极地维持组织的生产和经营活动。第二，从个人与群体的关系看，有德的人，能够处理好个人利益与集体利益的矛盾，能够与他人很好地合作，产生集体的凝聚力，最终能够促进组织的运行和发展。可以说，品德高尚是一个人做人和做事的基础，是人才选拔的必要条件。第三，品德高尚的人，能够宽容他人的缺点和不足，减少人际矛盾冲突，对工作效率起到润滑作用。

如果满足了品德的基本要求，要想取得良好的业绩，能力和努力很重要。其中，能力是必要条件，努力是充分条件，有能力又努力，就会取得优异的业绩。

根据已有的研究结果，决定业绩的主要有两个因素：能力和努力。所谓努力即个人的自觉性、主动性、积极性、毅力、成就愿望、自我约束、自我激励能力等。爱迪生的名言，成功 = 99% 的汗水 + 1% 的机遇，说明了努力的意义和价值，不过爱迪生比较谦虚，没有指出能力的价值，其实，他个人的能力也应该是过人的，至少在创新性方面如此。

能力属于与完成任务直接相关的要素，而能力之外的属性则属于润滑剂或动力范畴，为能力的充分释放、工作任务的超水平完成进行催化。考虑到能力之外的属性定义比较模糊，归类也比较复杂，这里将其分成三个部分：第一是动力属性部分，即努力与否，包括成就愿望、主动性、自我约束、毅力等要素。第二部分则归属到与工作岗位相关的部分，比如内外向、乐群性、紧张性等。有的岗位可能需要外向的人，比如市场营销人员，有的岗位需要内向仔细的人，比如图书分类员；有的岗位要有适当的紧张性，比如保安人员；有的岗位需要比较舒缓，避免因为紧张而出事情，比如安全设备操作员。第三部分是道德品质，这个部分主要是价值导向，一个人有能力，如果只是为自己的利益而行动，违背了公共利益，能力越强，对社会、单位的危害越大。此外，有亲社会取向的个人，能够团结大家做事情，不计较个人得失，可以取得增强凝聚力的效果，间接地增加工作绩效。

由于工作业绩的取得既有个人能力的因素，也有外部机遇的原因，一旦外部情境相似，个人能力和努力就成为主要的贡献者，如图 2-1 中的虚线所示。因此，可以从业绩反推个人的特点：如果一个人经常保持高的业绩，不是个人能力强，就是很努力。如果用于人员测评，也可以有一定的诊断价值。

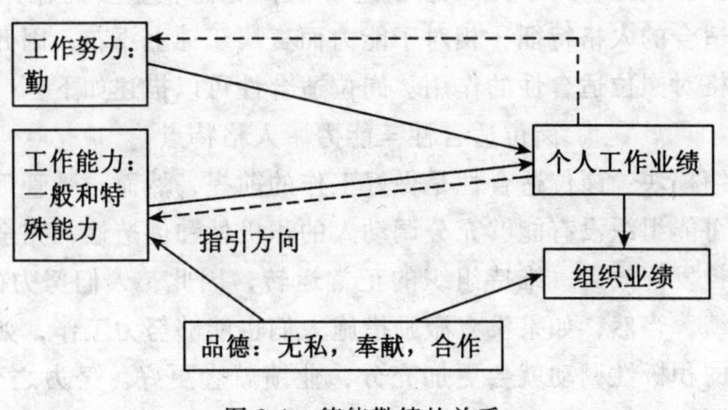

图 2-1　德能勤绩的关系

根据上述分析，这里进一步将德能勤绩的人员测评模式分解成下面几个模块，见图 2-2。

道德价值模块：由于道德指明了努力的方向，相当于船的舵手，只要能够发现一个人的道德品质败坏，可以采取一票否决的措施和办法。比如在华为公司，一旦发现员工的道德品质有问题，就会将这些员工划入另类，只能从事目前的工作，不允许晋升和重用。然而，以道德价值进行评断，也是很困难的事

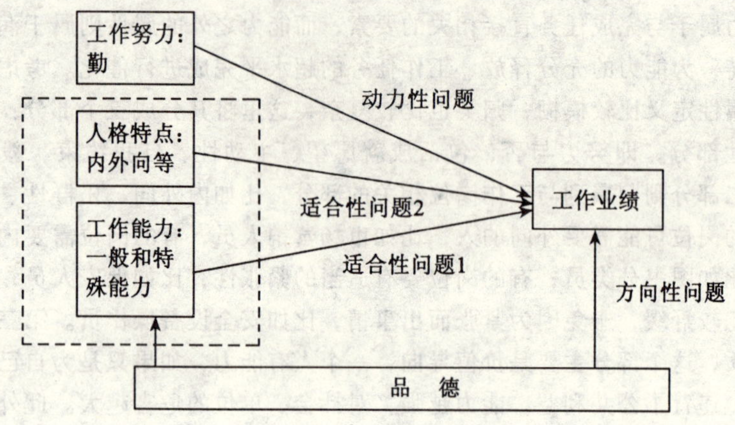

图 2-2 修正的德能勤绩人员测评模式

情，因为许多时候，个人的道德品质具有很强的伪装性，客观诊断非常困难，尤其需要时间检验，所谓“路遥知马力，日久见人心”就是这种观点。

岗位适合性模块：过去强调人职匹配，仅仅突出能力，事实上，除了能力外，还有个人的人格特点对岗位的适应性产生影响。人格特点不像能力直接影响工作的效率，但是，对于持久地创造价值，有比较重要的作用。客观地估计，与岗位适合的人格特征，相对于能力而言属于锦上添花，因此，这里用公式来表示人格对岗位适合性的作用。岗位适合性可以描述如下：

岗位适合性 = 能力 + 人格特点

工作业绩模块：岗位适合性是做好工作的前提，然而，受管理水平或体制的限制，也可能组织没有能够充分调动人的积极性和创造性，完全靠人的自觉性和奉献精神发挥效果，维持组织的正常运转，因此，人们努力的程度较低，影响工作业绩。当然，如果没有激励措施人们也能够努力工作，如果激励措施得当，个人的积极性调动就会更加充分，业绩就会更好。努力之于工作业绩，不是有无问题，而是大小问题。两者的关系可用如下公式表示：

工作业绩 = 岗位适合性 × 努力

值得注意的是：有些组织或企业特别看重个人的工作业绩，可能忽视个人的能力测试。这里面有一个误区：即个人业绩的取得完全是能力起决定作用，相对忽视了努力的作用。这种人才观的好处是简单，不足可能是出现归因错误。一旦真正决定个人业绩的因素主要靠努力决定，就可能使被看重的人的潜力很快用尽，最终使得提拔和晋升发生困难。

对于能力潜力有限的员工，属于不能重用和放置在重要岗位的人，如图

2-3 中的“人才”。他们如果被放在重要岗位，则可能出于自我防卫的需要，压制比自己能干的人才，形成人才发展瓶颈，最终导致士气下降，人才流失。

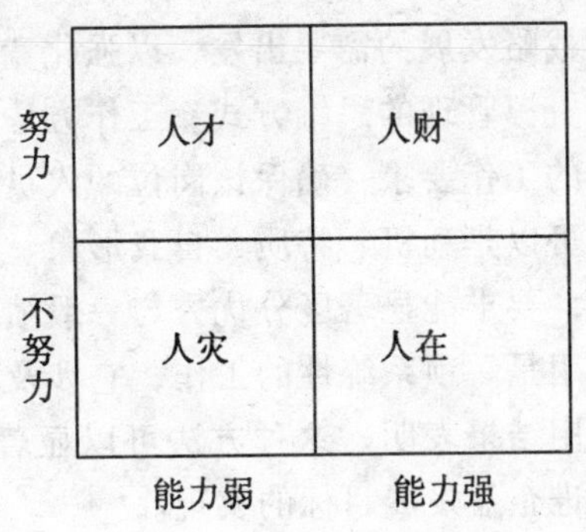

图 2-3 人员分类的四分法

二、经验法（素质模型构建法）

将同一个岗位表现优秀人员和表现一般的人员找出来，进行充分的比较研究，寻找两类人群的差异，将这些差异看成素质的构成因素。这类方法的优点是科学、简洁，能够把握问题的核心，同时能够降低测验的成本。当然，这种方法也存在一些问题。

第一，由于这类方法的逻辑仍然是回溯法，可能过去的成功不能很好地预测未来的成功，特别是变动性比较大的岗位需要引起注意。

第二，这类方法构建模型本身成本很高，可能不适合所有岗位，企业通常只愿意给重要岗位进行模型建构（比如高层和中层管理人员、关键技术岗位建素质模型），对于普通岗位可能不愿意付出太高的成本。

第三，由于这类方法对模型构建人员本身的素质要求较高，实施的可能性或普遍性受到限制。

第四，由于测验要素减少，对于测验本身的准确性要求较高，误差可能增加。

素质（competency）是驱使人们产生工作绩效的各种个性特征的集合，反映的是可以通过不同方式表现出的知识、技能、个性与内驱力等。素质具有以下特征：

第一，素质与工作绩效有密切的关系，甚至可以预测员工未来的工作绩效。每个人所具备的素质可能导致绩效优异，也可能导致负面效果。

第二，素质是可度量的。通过评价素质等级，能够区分业绩优秀者和一般者。

第三，素质可以通过不同方式表现，有的是显性的（如知识、技能），有的是隐性的（如内驱力）。

胜任素质是从组织战略发展的需要出发，以强化竞争力、提高实际业绩为目标的一种独特的人力资源管理的思维方式、工作方法、操作流程。岗位胜任素质特征是指根据岗位的工作要求，确保该岗位的人员能够顺利完成该岗位工作的个人特征结构，它可以是动机、特质、自我形象、态度或价值观、某领域知识、认知或行为技能，要求能显著区分优秀与一般绩效的个体特征的综合表现。胜任素质方法的应用是一项系统性的工作，它涉及人力资源管理的各个方面。许多著名企业的使用结果表明，这种方法可以显著提高人力资源的质量，强化组织的竞争力，促进企业发展目标的实现。

确定胜任素质的过程需要遵循三条基本原则：

第一，能否显著地区分工作业绩，是判断一项胜任素质的唯一标准。也就是说，在实际工作中，表现优秀与表现一般的员工必须在所确认的胜任素质上有明显的、可以客观衡量的差别。

第二，判断一项胜任素质能否区分工作业绩必须以客观数据为依据。任何主观判断、理论假设和过去的经验必须有客观数据的支持才能成立。

第三，在确定胜任素质后，企业还需要建立能客观衡量个人胜任素质水平的测评系统。同样，测评系统的有效性也必须经过客观数据的检验。测评的结果必须能显著区分工作业绩，在此基础上，设计胜任素质在各种人力资源管理工作中的应用。

胜任素质模型（competence model）就是用行为方式来定义和描述员工完成工作需要具备的知识、技巧、品质和工作能力，通过对不同层次的定义和相应层次的具体行为的描述，确定核心能力的组合和完成特定工作所要求的熟练程度。这些行为和技能必须是可衡量、可观察、可指导的，并对员工的个人绩效以及企业的成功产生关键影响。

建立和发展企业内部员工的核心能力体系，最终目的是为了支持企业的经营发展需要。在企业内部建立和发展素质模型是为了帮助企业找到合适的人员来达到经营目标，与此同时，内部人员也得到与个人相关能力的发展和培养。人员的能力支持企业的经营，企业的经营要求人员不断成长，两者相辅相成，不断更新。企业的经营发展目标，无论是短期的还是长期的，始终是企业内部进行人员能力体系发展的指导原则。在建立素质模型时，必须首先了解整个企业的中长期经营目标和经营策略，从中我们可以分析整个企业的关键竞争优势，即企业在哪些方面的核心竞争能力最终能够支持企业的市场地位。企业的关键能力要靠内部的人员来达到，这就是企业对内部人员的整体要求：什么样的人员能够在企业内生存和发展，并且能够支持企业的生存和发展。

麦克里兰把人的素质模型形象地描绘成一座冰山，冰山水下部分是我们所指的潜在的特征，从上到下的深度不同表示被挖掘与感知的难易程度不同，向下越深越不容易被挖掘与感知。冰山水上部分是表象部分，即人的知识与技能，容易被感知。这样，人的素质就从上到下分为六个层面，见图 2-4。

技能：指结构化地运用知识完成某项具体工作的能力，即对某一特定领域所需技术与知识的掌握情况。

知识：指个人在某一特定领域拥有的事实型与经验型信息。

社会角色：指一个人留给大家的形象。

自我形象：是一个人对自己的看法，即内在自己认同的本我。

品质：指个性、身体特征对环境与各种信息所表现出来的持续而稳定的行为特征。品质与动机可以预测个人在长期无人监督下的工作状态。

动机：指在一个特定领域的自然而持续的想法和偏好（如成就、亲和力、影响力），它们将驱动、引导和决定一个人的外在行动。

个人在工作中的绩效水平由素质的六个层次的因素综合决定，既有易于感知的知识、技能与行为，又有难以被挖掘与感知的潜能。“水面上”的知识与技能等仅仅是冰山的一个小角，“水面下”的更宏大的潜在素质，对绩效起到更大的决定作用。

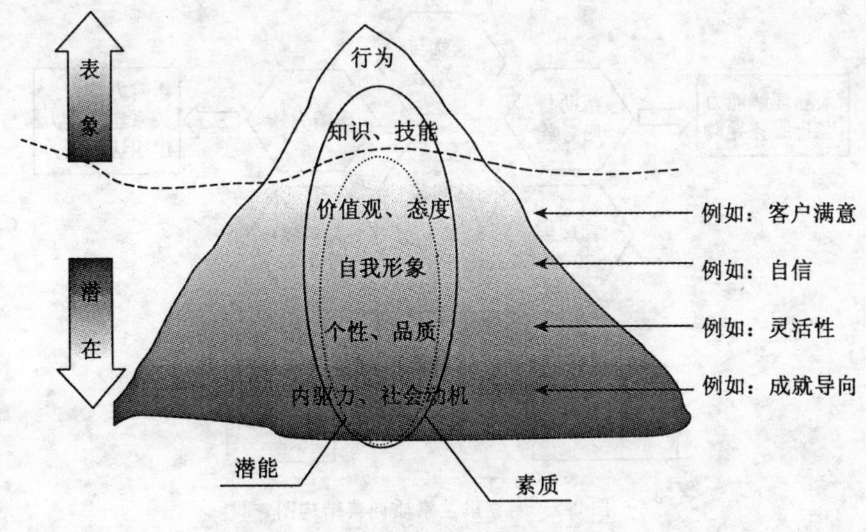

图 2-4　冰山模型

心理学家们经过大量的研究，得出了权威的、公认的素质词典。在这个词典中，人的素质分为 6 大类、20 个具体要素，每个要素又分为很多级别。这 20 个素质要素，对人类的知识、技能、社会角色、自我概念、性格、动机作了全面概括，形成了企业任职者的完整的素质模型，见图 2-5。

(1) 成就与行动族，具体包括 4 个素质要素：成就动机，主动性，关注品质与次序，信息收集意识与能力。

(2) 帮助与服务族，具体包括 2 个要素：人际理解能力，客户服务导向。

(3) 影响力族，具体包括 3 个要素：影响力，关系建立能力，组织认知能力。

(4) 管理族，具体包括 4 个要素：培养他人的意识与能力，团队合作精神，团队领导能力，命令/果断性。

(5) 认知族，具体包括 3 个要素：分析式思维能力，概念式思维能力，专业知识（技术、职业、管理等）。

(6) 个人效能族，具体包括 4 个要素：自我控制，自信，弹性，组织承诺。

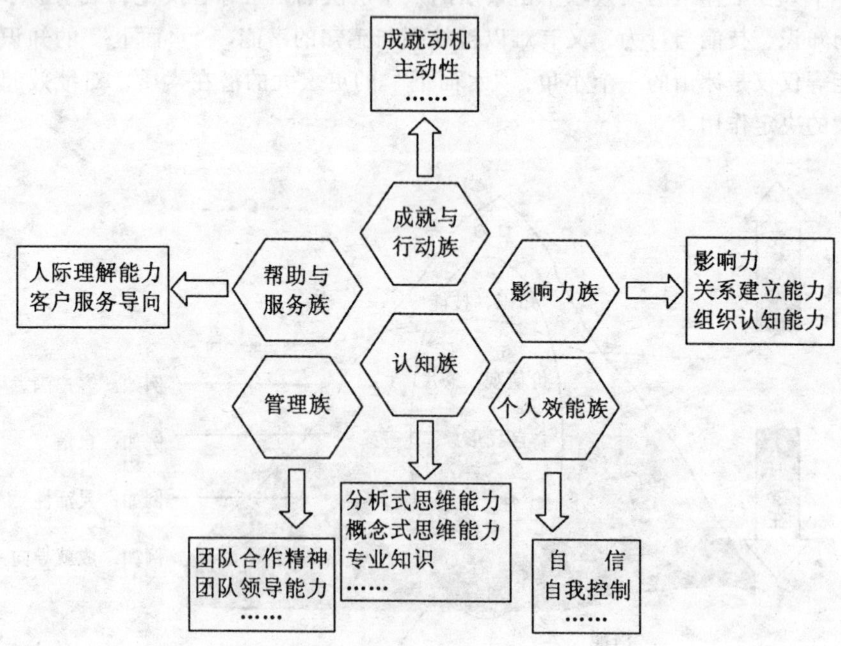

图 2-5 麦克里兰素质词典结构图

组织的职位很多，这些职位存在一些共同的素质元素，就像元素周期表中的元素可以构成复杂的世界一样，职业素质元素组合可以构成不同的职位素质模型，但不同的职位，可能所需要的素质结构和水平是不大一样的。有研究人员归纳出了销售人员通用的胜任素质模型，如表 2-1 所示。

表 2-1　　销售人员的胜任素质模型

权重	胜任特征
★★★★★	冲击与影响力（IMP） 建立可信度 处理客户关心的问题 间接影响 预测自己的语言和行动有何影响力
★★★★★	成就导向（ACH） 设立具有挑战性但可以达到的目标 有效地运用时间 改善客户经营 集中注意力关注潜在的获利机会
★★★★★	主动积极（INT） 坚持不轻易放弃 把握机会 针对竞争性的威胁做出反应
★★★	人际 EQ（IU） 理解非语言的行为 理解他人的态度和含义 预测他人的反应
★★★	客户服务导向（CSO） 做出更大的努力来满足客户的需求 发掘客户需求并满足他们 追踪与客户联系的情况处理客户抱怨 成为客户信任的顾问

续表

权重	胜任特征
★★★	自信心（SCF） 对自己的能力有信心 乐于接受挑战 保持乐观
★★	关系建立（RB） 经营与工作相关的友谊 拥有人际网络并很好地利用
★★	分析式思考（AT） 预测障碍做好准备 思考不同的解释或计划
★★	概念式思考（CT） 使用通用的法则 注意到现在与过去相似之处
★★	信息搜集（INFO） 由很多来源获得信息
★★	组织认知（OA） 了解客户组织的运作模式
门槛	技术上的专业知识（EXP） 拥有相关的技术或产品知识

注：★表示权重，指区别杰出与一般表现者能力的相对频率。

素质能力词典每一能力族都有丰富的内涵。比如，成就与行动族主要是针对如何完成任务，达到目的，反映的是一个人对设定目标与采取驱动目标实现的行动的取向。它主要包括成就动机、主动性、关注品质与次序、信息收集意识与能力等特征。

(1) 成就动机

成就动机是指希望更好地完成工作或达到一个优秀的绩效标准。这个绩效标准可能是个人过去的业绩（自我完善）；可能是一种客观的衡量标准（达成目标）；可能是比他人做得更好（竞争性）；可能是自己设定的更高要求的目标（挑战性）；可能是任何人从未做过的事（创新性）。

成就动机有三个维度。第一个维度（A）为强度，从想把一件事情做好，到达成创新的结果。第二个维度（B）为成就的影响程度，从个人工作影响到整个组织。第三个维度（C）为是否愿意创新，即个别行动与创意在不同组织或工作内容中的新颖程度。

这里给出这三个维度方面的级别表供参考，见表2-2。

表2-2 成就动机的级别鉴定

级别	行为描述
A. 成就动机强度	
A. -1	没有优秀工作的标准。对工作没有特别的兴趣，只关注自己分内的事情
A. 0	关注工作任务本身。工作很辛苦，但绩效不明显
A. 1	要把工作做好。试图把工作做好、做对，但由于工作缺乏效率导致绩效改进并不明显
A. 2	设法达成他人设定的标准。例如管理层设定的各种标准（实现预算、完成销售额等）
A. 3	形成自己关于“绩优”的标准。例如质量等级、成本支出等，但不具备太强的挑战性
A. 4	绩效改进。虽然没有设定具体的目标，但对整个系统或工作方法、工作流程采取了具体的变革或创新，以提高绩效
A. 5	设定具有挑战性的目标，并努力达成
A. 6	进行成本一效益分析。基于投入与产出分析做出资源配置、目标选择等方面的决策
A. 7	敢于承担一定的风险。面对未来的不确定性，在采取行动使风险最小化的情况下，敢于集中一定的时间或资源进行创新，改进绩效或达到挑战性的目标
A. 8	坚忍不拔，直面挫折。采取持久的行动，付出不断的努力
B. 影响程度（要求成就动机强度设定在A. 3以上）	
B. 1	影响个体绩效，通过时间管理和良好的人际沟通努力改善自己的绩效
B. 2	影响一个工作团队的绩效，以提高系统效率，改进团队绩效
B. 3	影响一个部门的绩效

续表

级别	行为描述
B.4	影响一个企业/组织的绩效
B.5	影响某一产业的效益
C. 创新性（要求成就动机强度设定在 A.3 以上）	
C.0	没有任何创新
C.1	对于工作有些创新，但在企业/组织中的其他部门早已做过了
C.2	对企业/组织进行创新，但不具备普遍意义
C.3	对行业标准与规范的创新。通过行业标准创新与变革获得超额利润
C.4	引发行业巨大变迁与创新的活动（例如，互联网的应用改变了整个 IT 产业）

（2）主动性

主动性是指在工作中，相对于别人或工作要求和期望做的工作，自我要求去做更多的工作，在发生的事件要求采取行动之前就主动采取措施，提高工作成绩，避免失败，发现或创造新的机会。主动性有两个维度：（A）为强度，从只对过去的事被动做反应，到提前若干年做准备；（B）为努力的程度，从躲避工作，到影响他人去积极工作。见表 2-3。

表 2-3　　主动性的级别鉴定

级别	行为描述
A. 强度维度：时间维度	
A. -1	只想着过去，错过或把握不住明显的机会
A.0	没有任何积极性和主动性
A.1	显示出持久性，采取多个步骤克服困难和反对意见，工作进展不顺利也不轻易放弃
A.2	能认识到当前的机会，当出现问题时，能及时给予解决
A.3	在危机中的决策性，在存在危机时，反应迅速坚定
A.4	提前 2 个月行动，通过特殊的努力创造机会使潜在的问题用最小代价解决
A.5	提前 3～12 个月，对他人眼里不明显的特别机会和问题进行预先准备

续表

级别	行为描述
A. 6	提前 1 ~ 2 年预先准备，创造机会，避开危机
A. 7	提前 2 ~ 5 年预先准备，创造机会，避开危机
A. 8	提前 5 ~ 10 年预先准备，创造机会，避开危机
A. 9	提前 10 年以上采取行动，避免问题发生及创造良机
B. 努力程度：自我激励及成果	
B. -1	逃避必要的工作，想办法逃避自己的工作
B. 0	只做一般性必要的工作
B. 1	完成工作
B. 2	付出额外的心力去工作，即使没有被要求
B. 3	完成超过工作说明书内容的要求
B. 4	承担远远超过要求的任务
B. 5	表现对工作的狂热，不需任何正式的授权形式，负担个人的风险，极力完成工作
B. 6	加入他人的力量，付出额外的努力去从事工作

主动性是多个能力特征的基础，在成就动机、影响力、公关、技术专长、客户服务意识、团队管理以及领导力方面，主动性都是不可或缺的一项基本能力要求。它存在于人的能力素质的最低层，A. 1—A. 4 级的主动性在实际的行为以及言语中极易表现出来，并容易被观察到，A. 5 级以上则包含至少中低层的分析思维和概念思维，因此更多地被认为是智慧上的主动。

(3) 关注品质与次序

关注品质与次序反应出降低环境不确定性的潜在动机，包括努力缩小误差，保证高质量，严格检查或监测数据与工作，建立和维护组织工作系统。关注质量与次序的级别定义，见表 2-4。

表 2-4 关注品质与次序的级别鉴定

级别	行为描述
A. -1	缺乏次序。尽管由于没有次序而导致问题的出现，但仍然缺乏对次序的关注
A. 0	不保持和维护次序。次序已被别人建立，但对存在的问题不关注
A. 1	对次序和清晰度一般关注，工作要求透明，以书面形式写清任务、作用、预期数据和要求
A. 2	检查自己的工作。例如，对自己的工作和信息的正确性进行二次检查
A. 3	检查别人的工作。例如，对自己和他人的工作与活动有清楚详细的记录
A. 4	建章立制。例如，发展和使用一种系统以组织和保持组织的信息资料可循
A. 5	发展复杂系统。例如，制定新的详细复杂的制度以提高数据的质量，从过去的失误中总结出新的想法

（4）信息收集意识与能力

信息收集意识与能力指收集和利用与工作问题或机会有关的信息，包括获取的有关的参考意见，或在决策之前先调查问题并了解事实。见表 2-5。

表 2-5 信息收集意识与能力级别鉴定

级别	行为描述
A. 强度与完整性	
A. 0	对一个情况而言，除了被给予的信息外，不再收集额外的信息
A. 1	提问。向周围的人或与此事有关的人问直接的问题，参考可用的资源
A. 2	个人调查。亲自去现场、车间等对那些与问题最接近的人提问，而且这些人可能是其他人所忽视的
A. 3	深入发掘。通过表面现象深究了解形势所在和问题
A. 4	探索。在有限的时间随机应变，通过系统化的努力，获得所需的数据和反馈
A. 5	有个人的一套收集信息的系统和多方搜集信息的习惯。例如，定期举行非正式会议
A. 6	调用他人。能通过非正式参加的人，让他们来收集信息

以上只是以成就与行动族为例，对其标准和特征进行了大致介绍。其实，整个素质模型的六个方面的类别，即成就特征、人际特征、影响力特征、管理特征、认知特征、个人效能特征，其特征的划分不是绝对的。一个能力特征被划分到哪一类，取决于该能力特征在行为中体现出哪种意图。例如，某位管理者在行为事例中表现出强烈的意图去发展与晋升下属，可能反映了他的影响力特征（我想要对他有所影响），或反映成就特征（若是他能做好，我们将节省多少资金），或反映亲和关系（若是我将他提升，他将会喜欢并感激我），或是这些意图的组合。因此，通常以意图最强一个特征为主导，其他特征作为辅助与参照，在维度与级别上也是如此，由此也可解释同种行为产生不同结果的原因。

对于实际工作而言，所需各项能力的级别不是越高越好，它更多地代表一种行动努力的方向。正如同能力本身对于“选择合适的人”的意义一样，能力级别的定义对于特定工作和岗位也是“匹配导向”。那些高能力的人所完成的工作，其实能力级别相对较低的人可能一样可以完成，只是相对于工作绩效标准要求而言，可能有好坏的相对差异。因此，企业或组织要对发展战略、职种职能能力要求进行分析，并对现行人员的能力进行评估，通过培训、工作轮换、内部调配、晋升等多种人力资源管理和开发手段来尝试能力词典中界定的高级别的行为要求。

能力词典本身的生成原理是不变的，它根据人们赋予能力的某些普遍意义，挖掘并提炼导致高绩效的任职者的某些特征的集合，为员工能力模型的建立提供了理论的依据和可参照的标杆。但由于能力模型要对应匹配企业核心能力的构建，能力词典的内容和分级对于不同的企业和组织也是不同的，特别是级别行为的描述，因此能力词典只有在企业文化、价值观以及发展战略中内化后，才能被员工接受，并依此为标尺。

三、综合法

根据实事求是的原则，在实际工作中，可以将理论法和经验法两种思路结合起来。在基本没有客观科学标准时，不妨使用理论法，根据以往的经验以及组织的文化特征，确定人才标准，进行选拔和招聘；在对人才有一些科学研究的情况下，则尽量采用科学、量化的标准与测评方式和方法，提高人才评价的准确性和科学性。

在很多情况下，有些岗位有一些现成的素质模型或胜任力模型的研究结果，但还有许多岗位没有明确的研究结果支持。在现实测评活动中，我们可以将两者结合起来，以现有的模型为蓝本或参照，一边实践，一边探索，一边修改，构建合适的素质模型。

四、测评要素体系制定的具体技术和方法

（一）工作分析法

即分析所要测评的岗位的具体工作，了解该岗位的具体活动，根据所进行的活动，推断所需要的知识结构、能力结构、性格特点。以营销人员为例，通过分析其工作说明书或观察其具体工作活动，大致可以推论营销人员应具备的素质。见图 2-6。

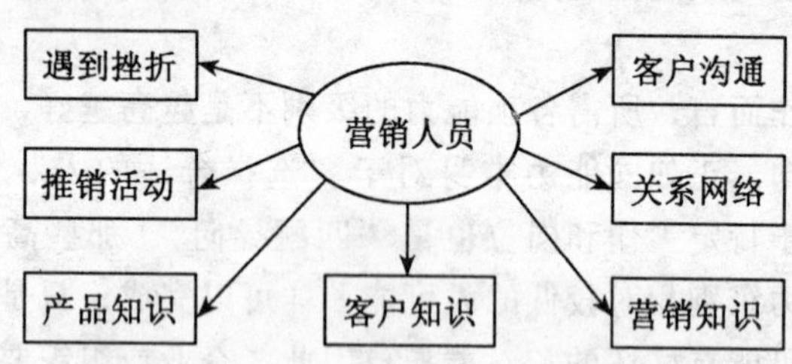

图 2-6　营销人员的工作分析活动

首先，推销活动有很高的体力要求，而年龄与体力有紧密的关系；营销人员应掌握产品有关的知识、与客户相关的知识以及一定的营销知识，这就需要一定的智力、学习能力和概括能力。其次，营销人员重在与人交往，这就需要很强的口头表达能力、沟通能力、激励能力和劝导能力，同时应是外向型性格，并懂得社交礼仪；中国是一个关系社会，营销人员还应该懂得维持和开拓社会关系网络。最后，营销应具备很强的成就动机或应对挫折的能力，比如坚韧性、毅力。

（二）专家调查法

根据熟悉该领域的各种专家的意见，逐步确立要素。具体的操作可以采用经典的 Delphi 法，即经过多次的交流和分析讨论，最终确定岗位人才的素质结构。当然，也可以采用头脑风暴法，将专家的智慧发掘出来，进行整理，形成人才素质标准。

（三）问卷调查法

专家法的最大缺点是费时、费力、成本高。问卷调查法则经济得多。问卷调查法根据对熟悉该岗位的不同人员的问卷调查，了解胜任该岗位的员工需要具备的素质，然后按照提到的频次、重要性进行综合评估，最终得到素质模型。

实施问卷调查法一般采取开放式与封闭式问卷调查相结合的方式。对于比较常见或比较有把握的岗位，可以列举出一系列素质能力，采用封闭式问卷要求被调查者选择或作重要性评价，对于比较陌生的岗位，则要求被调查者自己概括完成该工作应具备的能力和素质。表 2-6 是一项采用问卷调查法得到的不同管理人员的素质组成。

表 2-6 **普通员工和管理人员素质组成差异**

人员	适用的测评指标
普通员工	智力、综合知识 一般职业能力、专业技术 职业人格
基层管理人员	一般职业能力、专业技术 一般管理能力 职业人格、管理风格
中级管理人员	专业技术 职业人格、管理风格 胜任特征
中高级管理人员	管理风格 胜任特征 高级管理能力

（四）典型人物分析法

这种方法是通过对典型人物的工作情况、具体表现或工作角色特征的剖析研究，来编制人力资源素质测评的指标体系的方法。典型人物分析法的操作步骤，首先要明确测评的目的与对象，其次依据测评目的与对象特征来选择典型榜样，再次是要选择适当的分析方法，对典型人物作一个透彻全面的分析，关键是要能在众多的特征内容中找出最主要的特征，要能在众多特征的观察中找到最为客观的标志。

（五）典型资料分析法

此方法是以表现典型人物或事件的文字资料为直接研究对象，通过对这些材料的总结分析，归纳出测评指标体系。选择典型资料时，可以选择成功的典型资料，作为正向测评指标，也可以选择失败的典型资料，作为反向测评指标。例如每个企业都可以找到自己企业某种工作岗位的不成功者的素质特征来做反向测评指标的分析。

（六）胜任特征分析法

这是一种基于胜任力概念的素质测评指标体系。胜任力指标系统的形成一般应经过以下步骤：

（1）确认企业战略。需要对组织面临的竞争挑战和组织的文化进行研究，同时明确胜任力模型将主要运用在何处，是侧重于绩效考评、薪酬管理、选拔，还是侧重于职业发展或培训。只有了解企业的远景，才能了解组织与员工的目标与共同利益，发展出符合企业文化和员工可接受的有效胜任力模型。

（2）数据收集。需要选择合适的方法来收集模型构建中必要的数据信息，这将是构建过程中的主要工作。了解胜任力的主要模块和指标体系。

（3）数据集成。需要将已收集的数据进行归纳，经常会采用一些统计方法，得出对应于各个工作领域或职位的成组的素质模型。

（4）有效性分析。模型初步成型之后，构建过程并没有结束，还需要通过绩效考评进行效度验证。只有在一定时间后，员工的绩效符合素质模型中的预测，才能证明此模型是有效的。这一步往往被很多企业忽视，构建出的模型就失去区分绩效的效用了。

第二节　测评理论模型

一、人员测评的概念

（一）测量的概念

简单地说，就是给被测量的事物的属性赋予一个数字。比如，给重量一个数字 1 000 克，给长度一个数字 1 米。

测量的事物属性不同，测量的精确度和稳定性也不同。对事物的特性变量可以用不同的规则分配数字，因此形成了不同测量水平的测量量表（测量尺度、测量单位），基本的测量量表有四种：类别量表、顺序量表、等距量表和等比量表。按照测量的规则，测量有两个属性，第一是绝对零点；第二是相同的单位。没有绝对零点（起点），也没有相同的单位，就要么是分类测量，要么是顺序测量；没有绝对的零点，但是有相同的单位，属于等距量表；有绝对的零点，也有相等的单位，就属于等比量表。具体说明如下：

1. 类别量表

类别量表中的数字分配，仅仅是用作识别不同对象或对这些对象进行分类的标记。例如：男性计为1，女性计为0；管理类岗位计为1，技术类岗位计为2，营销类岗位计为3。类别量表的数字不能反映对象的具体特征的性质和数量。对类别量表中的数字，只能计算发生频率，以及和频度有关的一些统计量，如百分比、众数、卡方检验、二次检验等。计算平均数是没有任何意义的。

2. 顺序量表

顺序量表是一种排序量表，分配给对象的数字表示对象具有某种特征的相对程度。顺序量表可以让我们确定一个对象是否比另一个对象具有较多（较强）或较少（较弱）的某种特征，但并不能确定多多少或少多少。顺序量表规定了对象的相对位置，但没有规定对象间差距的大小。排在第1位的对象比排在第2位的对象具有更多的某种特征，但是只多一点儿还是多了很多则无从得知。例如，将员工按照年龄大小排序。只要能保持对象间基本的顺序关系，可对顺序量表施以任何变换。因此，除了计算频度，顺序量表还可用来计算百分位数、四分位数、中位数、秩次数等。

3. 等距量表

等距量表也称区间量表。在等距量表中，量表上相等的数字距离代表所测量的变量相等的数量差值。等距量表包含顺序量表提供的一切信息，并且可以让我们比较对象间的差别，它等于量表上对应数字之差。等距量表中相邻数值之间的差距是相等的，1和2之间的差距就等于2和3之间的差距，也等于5和6之间的差距。有关等距量表最典型的实际例子是温度。对于等距量表可采用类别量表和顺序量表适用的一切统计方法。此外，还可以计算算术平均值、标准差以及其他有关的统计量。

在对人的心理量进行测量的过程中，往往通过一些数学的转换把顺序量表变成等距量表，比如智力高低，智商值越高，智力水平越高，智商值越低，则智力越差。用平均数智力为100计算，高于100表示智力比一般人高一些；低于100，则表示智力比一般人差一些。但是，并非智力为0表示没有智力，可能真正的含义是智力很低。还有领导力水平、情绪智力水平、心理健康水平、职业成熟度的估计等，都可以这样来理解。

4. 等比量表

等比量表具有类别量表、顺序量表、等距量表的一切特性，并有固定的原点（零点）。在等比量表中，我们可以将对象进行分类、排序，并比较不同对象某一变量测量值的差别。测量值之间的比值也是有意义的。不仅“2”和“5”的差别与“10”和“13”的差别相等，并且“10”是“5”的2倍，身高、体重、年龄、收入等都是等比量表的例子。所有的统计方法都适于等比量表，包括几何平均数的计算。但是，在人员测评实践中，对于知识、技能、性格、兴趣、价值观等属性的测量，很少能够找到真正意义上的等比量表，比如智力、焦虑等，顶多能算得上等距量表，因为很难找到绝对的零点，即智力、焦虑度为零不好定义。

（二）人员测评的概念

人员测评主要测量人的属性，特别是与干好工作相关联的属性。人的有些属性比较容易测量，有些属性则难以测量。比如：测量人的身高、体重，相对比较容易，可以借助物理的方法；对于测量人的运动素质，可以借助现代体育学的测量方法；对于测量人的身体机能或健康状况，可以借助医学检查。真正比较困难的测评主要是人的高级心理属性和技能。

根据人的心理特点，人的稳定的心理属性主要分成三个部分：能力、动机体系和人格特点。能力是与解决具体问题相联系的稳定的心理特征，包括知识技能、智力、情绪智力、特殊能力、创造力等方面；动机体系包括人的兴趣、动机、价值观；人格体系主要指个人的态度体系以及与态度体系相关的行为方式特征。见图 2-7。

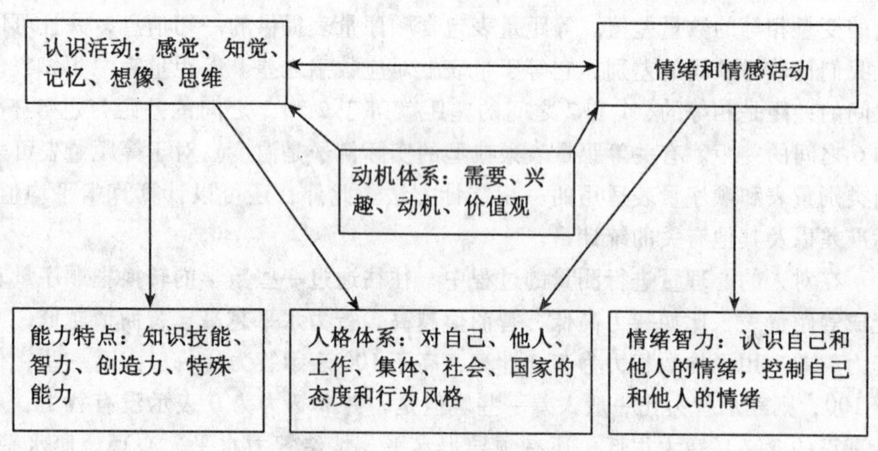

图 2-7　心理活动及其结构示意图

人的心理特点是通过活动、问题解决来展示的，因此，要了解这些活动，通常需要通过一些知识测验、操作测试、行为情境测试、假设情境测试、现场观察等方式来了解和推断。理论上，人的行为规律有一个总体数据库，但通常情况下，由于时间和成本的限制，很难全面地观察和了解人们行为的数据库，这时就要借助于我们能够观察到的行为、活动、事件，来推断一个人的总体行为规律。由于这种推断有偏差，因此，如何选择测试点、观察点、行为样本，成为制约测评准确性的重要因素。

以智力为例，首先对智力本身定义不清楚，也不知道智力水平高，其所导致的必然结果是什么？过去，人们总是认为智力高，人聪明，就能获得社会成就，特别是专业技术成就。获得专业技术成就高的人，被看成智商高的人。

现在人们发现，专业技术成就不再是成功的标准，人们认识客观事物、认识人、认识社会都很重要，仅仅认识客观事物、寻找客观事物活动的规律是不够的。成功不再是单个人的事情，需要集中集体的智慧。为此，人们就拓展了智力的概念，将与人交往的能力、与社会互动的能力也纳入到智力之中。目前对情绪智力的重视，也是这种需求的反映。而且，有人认为，除了智力和情绪智力外，抗拒挫折的能力也十分重要，有人提出了逆境商的概念。

人员测评的时候，总是希望挑选出的人能获得更大的成功，那成功是什么？全球市场经济浪潮一浪高过一浪，获得经济回报日益被人们看重。在某种意义上看，成功的标准也需要重新定义。科学研究领域的成功，社会活动领域的成功，企业经营管理活动领域的成功，社会服务领域的成功，是否也有差异？这是现代人们困惑的问题。

二、测评理论

（一）经典测评理论（CTT）

经典测评理论（classical test theory）又称真分数理论。它起始于19世纪末，经过几十年的发展，到20世纪30年代逐渐成熟，50年代便形成了一套相当完整的理论体系。它在人员测评的发展中有着特殊地位，既是历史上的第一个人员测评理论，也是人员测评中最一般、最基本的理论，目前仍具有很强的生命力，经典测评理论的基本思想是把人员测评的得分看作真分数和误差分数的线性组合，可归结为如下简单数学模型：

$$X = T + E$$

其中 X 是测评分数，T 是真分数，E 是误差分数。

真分数理论有三个基本假设：（1）误差分数的平均数是零；（2）误差分数和真分数相互独立，真分数反映的是不同被试在测量对象上的水平，而误差是和测量目标无关的变量所引起的测量的不一致效应；（3）两次测量的误差分数之间完全不相关。误差是随机出现的，每次测量所产生的误差是独立的，两次测量之间没有必然联系。

传统人员测评的信度、效度、项目分析的原理与方法均建立在这一模型之上。真分数理论认为，测评中的误差来源于三个方面：测评工具本身引起的误差、测评过程引起的误差，以及被试引起的误差。

经典测评理论计算简捷，意义简明，广泛应用于人员测评的研究和实践中。但是，随着时代的发展，经典测评理论明显地显露出自身的局限性及不足。比如，按经典测评理论计算得到的测评项目质量评价的指标（如难度和区分度）过度依赖计算这些指标时所用的被试样本，这就造成其普遍性是有限的。

（二）项目反应理论（IRT）

任何一种测评理论都试图从可以观察到的测评分数去推测潜在的心理特质。CTT 中运用的是线性模型，而近年来人员测评专家的注意力已转向非线性模型。项目反应理论（item response theory，IRT）便在这时应运而生。IRT 的诞生改变了人们测评的思路和指导原则，改变了测评呈现和记分的方式，也改变了对测评分数的处理方法。

项目反应理论的基本思想是：假定人们对于测评项目的反应受某种心理特质的支配，那么首先就要对这种特质进行界定，然后估计出该被试这种特质的分数，并根据该分数的高低来预测和揭示被测评者对于项目或测验的反应。它主要研究人们在测验项目上的反应与测评所测特质之间的关系。项目反应理论的基本原理是通过建立合适的数学模型来解释人们特质水平与其在项目作答反应之间的关系。

项目反应理论包含许多模型，这些模型通常有一些共同的假设，如认为影响人们测评表现的通常是不可直接观察的、潜在的心理特质；人们在测评项目上的作答反应受到他自身的能力水平，以及项目某些性质的影响，而不是他人或他在其他项目上作反应的影响；项目反应理论采用项目特征函数把被试在项目上的成功概率与项目所测量的内部潜在特质关联起来；另外，项目反应理论模型假定影响项目答对或答错主要是由被测者的潜在心理特质及项目的特性决定，而与测评的时间无关。

与经典测评理论相比，项目反应理论具有许多优越性，比如参数不变性、特质水平与项目难度处于共同量尺、项目和测验信息量概念。这些优越性使得建立于该基础之上的测验具有比经典测评理论基础的测验更良好的特性——可以提前控制测评的难度、测评的误差；可以根据项目信息量来挑选项目；可以按照预先设定的测验信息曲线编制出符合要求的测验。

第三节　人事匹配理论

一、霍兰德（J. L. Holland）的职业匹配理论：兴趣和能力

在现实生活中，人们很容易发现事情的差异，比如脑力活动与体力活动、复杂的脑力劳动与简单的服务活动。就是在同样一个领域，比如音乐，虽然有一些共同性，但仍然很容易看到差别性，如管乐和弦乐的差异、弦乐和弹奏乐器的差异；在体育领域，差异更加明显，如体操运动员和足球、篮球运动员，田赛和径赛的差别等。

事物的活动是有规律的，如果所从事的活动不同，干好这些活动所需要的能力组合、工作方式可能也不相同，也就是说，不同的岗位需要不同的人。

生活中有这么多的事情，又有这么多的人，两者之间如何才能对接起来？有没有什么规律可循？针对这个问题，有几种不同的解决思路：一是经验式的解决办法，不祈求个人与工作之间有什么规律，而是看在某个领域或职业成功的人们有些什么共同的反应规律，如果你的反应与这些人一致，就建议你从事这类活动。这个方法的首创者是斯特朗（E. K. Strong），他用这种方法编制了经验式的测验办法，将个人与一些职业联系起来。

由于斯特朗的方法缺乏理论基础，虽然用起来很放心，但解释起来非常困难。霍兰德则试图从理论的角度构建理论。受人格类型理论的影响，霍兰德将人的职业特点分成六种类型，而外界的职业环境也可以分成六种类型，这样就可以在两者之间建立一种联系。六种职业类型的特征简要概括如下（参见图 2-8）：

1. 现实型。通常表现为男性化，稳定，重与物打交道。他们不喜欢从事主观性太强的智力活动，愿意从事实际的操作活动。他们喜欢摄影工作、机械安装与调试工作等工程技术类职业，他们掌握技能技巧的能力较强，并能在实际工作中发明、创新。他们所推崇的人是发明家爱迪生一类的。

2. 研究型。这种类型的人喜欢智力活动，他们重视分析，重视理性思维，比较激进、独立，批判性强，通常较内向。他们喜欢从事的职业一般是科学研究工作。这类人的社会技能较差，但常能在科学领域作出贡献。他们推崇的人是达尔文一类的。

3. 艺术型。这种人善于运用他们的感情、直觉、想像力创造艺术形式或艺术产品，以此来处理工作与生活环境的关系。他们喜欢的职业有家具设计、艺术表演、音乐创作与表演、服装设计、文学与诗歌创作等。他们的知觉与运动技能高于一般人。他们的活动主要表现在充分发挥其艺术创造性方面。

4. 社会型。他们通过运用社会技能，控制他人行为的方式来对待环境。这类人的社会技能很强，热衷于社会交往。在解决问题时，他们不大注意智力因素，而更注意情感因素。他们喜欢的职业大多是直接为他人服务，为他人谋福利或与他人建立与发展各种关系的职业，如咨询工作、教育工作、宗教工作等。他们认为这类职业最能体现自身价值。这种人的语言能力较强。

5. 企业型。这类人的特征是敢于进取，富于支配性，热情，爱冲动，外向。他们喜欢做企业领导、出席各种仪式活动、做推销工作等职业。他们的价值观是注重政治与经济事物，愿意充当男性化的领导角色，通过这类活动满足其支配欲望。他们比其他类型的人更喜欢活动，觉得科学研究枯燥乏味，现实型工作没刺激，传统型工作单调、刻板，他们更爱选择和从事能获得经济效益的职业。

6. 传统型。这类人遵从社会规范，在与环境作用时，表现得很实际，刻板，守旧。他们选择的职业往往是职员类的，如银行出纳员、统计员、图书馆员等工作。这类人员精于数字计算，但缺乏数学想像力。

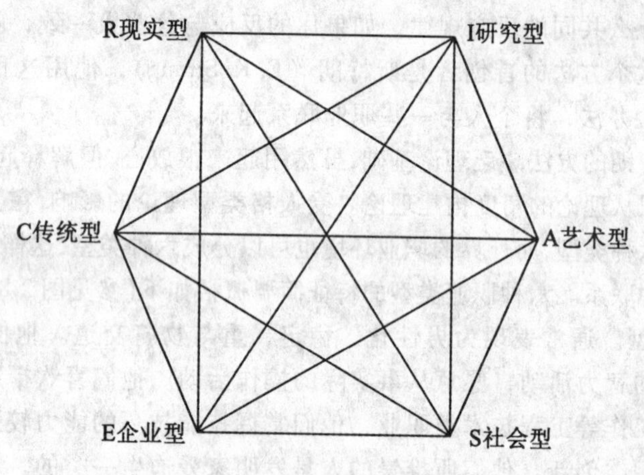

图 2-8　Holland 的六边形模型

霍兰德进一步研究发现，人格的六个维度之间有一些特殊规律，即有些维度之间距离比较近，而有的维度之间距离比较远，比如现实型与研究型之间距离较近，与传统型之间距离也近，但现实型与艺术型、企业型之间距离远一些，与社会型之间最远，其他的类型也有一定的规律，最后将这些结果汇总，呈现出一个六边形的结构。

在所有的人群中，不乏典型的六种类型的人，然而，人们可能同时在这六个维度都有表现，只是表现的强度组合不同。考虑到此，霍兰德认为可以从6

个维度中选择 3 个维度来刻画个人的职业自我属性，按照这种思路，理论上，可以获得 120 种排列数，即 6 × 5 × 4 = 120 种。

与这种假设相对应，霍兰德开发了与各种人格类型组合对应的职业分类系统，他将美国劳工部的职业词典（简称 DOT，*Dictionary of Occupational Title*）按照六边形模型的六种维度进行分类，并最终与个人的人格六边形组合匹配，帮助人们择业。

霍兰德的职业匹配理论的核心假设如下：(1) 在我们的文化中，多数人可被纳入六种类型之一；(2) 六种环境中，均被相对的人格类型所支配；(3) 人们寻找适合个人类型的环境，以锻炼他们的技巧与能力，来表现他们的态度及价值观，并面对相似的问题和扮演一致的角色；(4) 一个人的行为表现，是其人格与环境特质交互作用所决定的。

同时，霍兰德的职业匹配理论还有四个辅助假设：(1) 各类型或环境的关系可利用六角形模式解释；(2) 人与环境之间，某些类型的配合情况较其他类型更为接近，如 RI 比 RA 更相似，即所谓一致性；(3) 某些人或环境的界定较为清晰，较为接近某一类型，而与其他类型不相似，即所谓区分性；(4) 不同类型的人需要不同的生活或工作环境，如研究型的人需要有研究型的环境，因为此环境才能给予其所需要的机会与奖励，这种情况称为和谐。

该理论是集职业理论与技术于一体的、影响很大的职业理论。其主要特点是注重人的分类和职业的分类，并主要以心理特性为中心，将二者和谐地统一起来。从霍兰德的测验结果看，他主张个人的职业选择是一个区域，而不是一个精确的固定的点，其实个人有一定的选择空间；自然，组织挑选人也是有一定的空间的。

该理论主要的影响是在职业进入前期，然而，随着时代的变革，外部的职业、工作世界的变化加快，人的一生往往要经历多次职业选择，受客观条件的制约，加上人所特有的灵活性或弹性，尽管有时人们起初对所从事的职业并不满意，但适应一段时间后，也可能满意。因此，该理论对人的弹性估计不足。

下面介绍的工作调适理论（Lofquist & Dawis，1964），将类型论进行了扩展，使其呈动态变化。工作调适理论（theory of work adjustment，简称 TWA）是个人—组织匹配形成过程的重要理论。该理论认为，人是有弹性的，个人和组织不可能完全一致，个人影响组织，组织也塑造个人，正是在个人和组织的相互调适、影响、作用的过程中，人与组织达到一定程度的匹配。

严格地说，霍兰德的模型采用的是一种人员测评的思路，对于进行自我择业指导很有帮助，因为个人不会对自己撒谎或进行伪装。一旦进行人员测评和选拔，撒谎或有意无意伪装的情况就可能发生。另外，由于霍兰德的理论和测评工具并不注重人—职之间精确的匹配，是一种粗放的测评，而个人与职业或岗位之间的弹性区间很大，不够精确，所以霍兰德理论在人员测评中的实践价值是有限的。

霍兰德的理论经过了历史的检验，目前在职业指导界非常权威，在不同的国家也获得了支持证据，具有跨国界的效度。然而，在我国霍兰德的理论只得到了部分支持。因为中国人是比较注重环境价值观的，由于霍兰德的模型过于注重心理属性，相对忽视社会、经济回报，因此，与中国的现实有一定的距离，最为明显的冲突是：在我国，研究型与艺术型之间距离较远，在现实型与传统型之间的距离也比较远，从源头上与霍兰德的模型有差距。

后来，特里斯（T. Tracey）考虑职业的价值属性和社会声望属性，提出了以霍兰德的理论为基础，增加职业社会声望的球形模型（PGI 理论），龙立荣等（2005）对该模型在我国的适用性进行了研究，得到了支持证据。

二、达威斯等的工作调适理论（TWA）

达威斯等（Dawis，England & Lofquist，1964）等认为：人们不是一开始就能找到合适的岗位或工作的，需要在个人与工作之间不断地调试，逐步适应或改变，最终实现个人与工作的匹配。

他们在研究工作调适时，以任职年限（tenure）为调适的终极指标，提出了两个重要预测任职年限的概念：满意（satisfaction）和令人满意（satisfactoriness），其中，满意是与个人的工作动机或需要相联系的个人感受；而令人满意则是与工作岗位或工作需求相联系的状态，即用人单位觉得某人是否合适的感受。满意与令人满意是相互作用的，这种相互作用体现在两个方面：首先满意与令人满意是任职年限的重要预测变量；其次，满意与令人满意相互有一定的预测性，满意影响令人满意；令人满意影响满意。具体地说，个人的能力与需要和环境的能力需求与强化系统（reinforcer system）的一致性是任职年限的函数。其中，个人的能力与环境的能力需求一致；个人的需要与环境所能满足个人需要的强化系统的一致是一致性的核心。如果这两个方面一致性高，个人就会感到满意；环境也满意，或个人令环境满意。

1968 年，达威斯等（Dawis，Lofquist & Weiss）对自己提出的理论进行了修正，主要是对一致性概念进行了修正。过去的一致性主要是指符合或匹配（fit or match），即个人与环境二者的一种相似性。新的一致性概念不只是匹配与否，而且还赋予了一种动态的特性，即相互反应性（co-responsiveness，mutual responsiveness），职业调适不只是一种状态，而且是一种过程，即个人追求实现和维持与环境一致的过程。1976 年，达威斯等（Dawis & Lofquist）又扩展了过程概念，主张为了使任职年限增加，个人或环境，有时两者都需要改变。

TWA理论的基本概念列举如下：在环境中的人通过环境获得生存和幸福，这些要求称为需要；而满足需要的事物称为强化物，因此需要可定义成对强化物的需要。与之相应，环境的需要也可能要由特定的人来满足。个人通过发挥能力来满足需要，而这种能力在为环境提供服务时，个人从环境获得所需的强化物。环境亦如此。当环境与个人相互满足，个人和环境处于一种一致性状态。此时，个人与环境努力实现和维持相互的一致性。

在工作调适的情况下，个人是工作环境中的工作者；环境是工作环境。工作者有工作需要，即获得工作强化物如工资、有趣的工作等；工作环境的需要则是与组织的存在有关的任务要求，它以职位的形式存在，通常叫工作（job）；一组有共同任务要求的工作叫职业（occupation）；在某职业的任职年限叫职业生涯（career）。在工作背景下，工作者的能力体现为工作技能，而作为交换的工作环境强化物是工资、工作条件、真诚的合作者、优良的管理等。工作环境的需要是工作技能要求，而满足这些要求的工人则是令人满意的工作者。具体如图2-9所示。

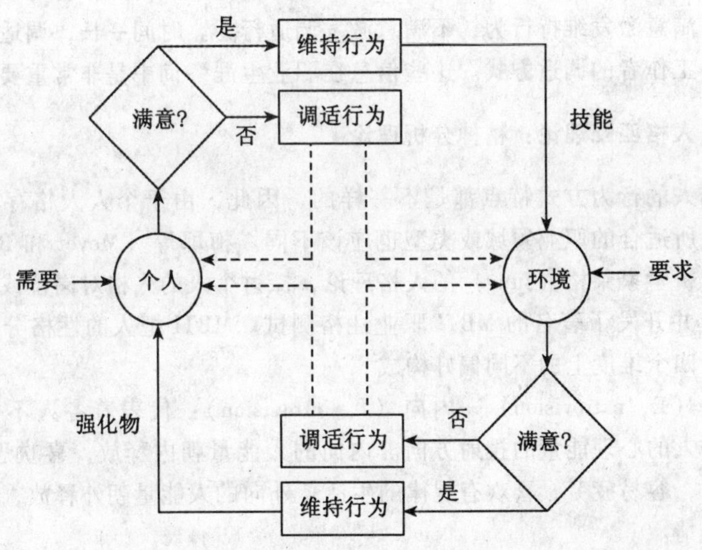

图2-9　工作调适理论的过程模型图

如果将个人—环境一致性模型用于职业生涯，任职年限就十分重要，因为有了一定的时间，才能言职业生涯。为使该模型适合职业生涯规划（career planning），TWA模型中对个人职业特点的描述术语就不再是工作技能、工作需要了，因为工作技能相对于职业不太稳定，会经常变化，与职业匹配困难，而用能力倾向（aptitude）和价值观则抽象程度更高，能更好地反映个人的职业人格结构。

在工作调适中，个人与环境对对方的需求协同反应是一种理想状态。这样，双方的愿望都能满足，然而事实不都是如此。有时是个人变化，有时是环境改变。如果不是共同协同变化的，其中就会有一方会感到不满意。个人对不满意的反应不会是立即离职，更可能是促使组织环境改变，或者是改变自己等，以增加满意或减少不满意，这称为调适；环境对不满意的反应也不是立即解雇人，更可能是改变组织或改变被雇用者，以增加满意或减少不满意。个人会对不满意有一定的容忍度，对不满意的容忍力多大，什么时候会引发调适反应，与工作者的灵活性有关。调适还可能主动地改变环境，如改变环境的要求或改变强化物；工作者也可改变自我，寻求与工作环境一致，如改善自己的技能或改变工作需要的重要性。调适行为的持久性就是工作者的坚持性水平，坚持性差的人在调适失败时，更可能离职。

从图 2-9 可以发现，工作者和工作环境相互作用，相互提供反馈。满意控制着系统。满意和不满意驱动行为，这些行为包括个人的工作行为和环境的组织行为。满意激发维持行为，不满意激发调适行为。时间一长，调适行为趋向就变成了工作者的调适方式。这些信息在职业生涯咨询中是非常重要的信息。

三、人格匹配理论：精神分析理论

每个人的行为方式特点都是不一样的，因此，由于个人人格存在的差异性，个人所适合的职业领域或类型也应该不同。梅耶等（Meyer 和 Briggs）根据精神分析学家荣格（Jung）的人格理论，探讨个人的人格对岗位或职业选择的影响，并开发了著名的 MBTI 职业性格测试。MBTI 把人的性格分为十六种类型，由四个维度上的不同偏好构成。

外向（E，extrovision）—内向（I，introvision）：代表着各人不同的精力来源以及人的心理能量的投射方向。内向的人能量朝内释放，喜欢思考问题，善于内省，容易疲劳，喜欢有规律的生活；外向的人能量朝外释放，喜欢与人交际，热情。

感觉（S，sensing）—直觉（N，intuition）：感知型的人以事实为依据，从实际出发，实事求是；直觉型的人跟着感觉走，喜欢新生事物，对新观点、新思想很敏感，有很多点子，因为脱离了实际，所以可以产生无穷的幻想和灵感。

思考（T，thinking）—情感（F，feeling）：反映的是人们决策方式的差异。思考型的人，在决策时特别注重逻辑，尽量不受感情的影响；而情感型的人则相对忽视理性和逻辑，注重人与人之间的关系、情感，用人情和社会关系来辅助决策，不在乎事情正确与否，而在乎事情合乎情理与否。

判断（J，judging）—感知（P，perceiving）：反映的是人们行为方式与生活方式的差异，以及人们如何适应外部环境。判断型的特点是行为严谨，执行力强，凡事讲究程序和方法；感知型的特点是做事讲究灵感，缺乏程序和规范，应急性强。

根据荣格的理论，每个人在上述四个方面的强弱表现是不同的，按照梅耶等（Meyer 和 Briggs）的测量研究，可以将每个人在这四个方面的表现进行测量和描述，为职业或岗位选择奠定基础。

根据测评结果，每个人都可以得到由四个字母组成的代码，这些代码经过在职业人群中的测试和分类，就可以发现不同的代码在职业群体中的多寡与胜任情况。研究结果表明：SJ 性格组合的人，适合经理、会计、警察、医生、教师等职业；SP 组合的人适合表演者、企业家、排除故障者、自由职业者、抢险队员等；NT 性格组合者适合科学家、建筑师、工程师、经理人员等；NF 性格组合者适合咨询师、记者、心理学家、艺术家和神职人员等。

附录：MBTI 职业性格测试方法

从下列每道题 A、B 两种描述中，请您考虑一下您喜欢哪一个，哪一种情况更符合您的想法或做法。也许您可能会觉得两个选择都是您采取的办法，这时就需要您考虑自己到底更倾向于哪种做法，也就是说您必须二选一。请将您的选项直接填写在所选择的答案上。

答案没有正误之分，因此回答时请不要有太多顾虑，请尽量凭第一感觉选择。

1. 我更重视

   A. 别人的感受　　B. 别人的权利

2. 当要和生人打交道时，我

   A. 感到需做出努力　　B. 感觉愉快，不费力

3. 按照时间表做事

   A. 是我喜欢的方式　　B. 对我来说是个束缚

4. 我常常和________相处得较好

   A. 喜欢幻想的人　　B. 注重现实的人

5. 在群体中，我

A. 愿意安静地默默工作　　　　B. 是个很好的协调者

6. 对我来说，适应________较困难

A. 规定好的程序　　　　　　B. 经常性的变化

7. 你更喜欢接受哪一种赞扬？

A. 你是个感性的人　　　　　B. 你是个理性的人

8. 你认为自己

A. 比一般人更热情　　　　　B. 没有一般人那么易激动

9. 当和许多人合作时，我倾向于

A. 遵循既定的方式做事　　　B. 自己创造新的方法

10. 当________时，我发挥得更好

A. 仔细订出计划来做事　　　B. 处理意外突发事件

11. 我对________更感厌烦

A. 奇幻的理论　　　　　　　B. 不喜欢理论的人

12. 你认为哪个是对人更大的夸奖？

A. 有洞察力　　　　　　　　B. 有共同的见地

13. 你常常

A. 让你的情感控制了你的思想　B. 用你的思想控制你的情感

14. 当你想起要做某件小事或想起要买某件小东西时，你常常

A. 想过后没多久就忘记了　　B. 趁没忘就记在纸上

15. 你可以

A. 很容易和一个人想谈多久就谈多久

B. 只在特定的环境下或对特定的人才会有很多话说

16. 你认为________是个糟糕的失误

A. 表现得过于热情　　　　　B. 表现得冷漠无情

17. 如果你是个教师，你更愿意教

A. 讲理论的课程　　　　　　B. 讲实际的课程

18. 当被事先设定好你要在某个时刻做某件事情时，你会

A. 很高兴，可以按计划行事　B. 有些不高兴，因被束缚住了

19. 和新认识的人通常在什么时候能说出你的兴趣点？

A. 马上　　　　　　　　　　B. 只有开始真正了解我后才行

20. 在你的日常工作中，你

A. 更喜欢在紧急情况下赶时间工作

B. 更喜欢列好计划，这样就不用赶时间了

21. 在很多人的群体中，你常常

A. 介绍别人　　B. 被别人介绍

请选择您较喜欢的词。

22. A. 怜惜　B. 远见　　23. A. 准时　B. 闲适、悠然

24. A. 公正　B. 宽容　　25. A. 制作　B. 设计

26. A. 柔和　B. 坚定　　27. A. 不批判的　B. 批判的

28. A. 安静　B. 生动活泼　　29. A. 理论　B. 经验

30. A. 文字　B. 图形　　31. A. 想像　B. 现实

计分方式见表 2-7。

表 2-7

纬度（a＝1，b＝0）		项目	反向计分
E～I	8	2，5，8，15，16，19，21，28，	2，5，16，28
S～N	8	4，11，14，17，25，29，30，31	4，14，17，29，31
T～F	7	1，7，12，13，22，24，27，	1，7，22，27
J～P	8	3，6，9，10，18，20，23，26，	6，20，26，

各维度的总分＞4，则分别记为 E，S，T，J；各维度的总分≤4，则分别记为 I，N，F，P。

各维度含义见表 2-8。

表 2-8

外向 E	和人打交道精力旺盛 在说的时候，边说边想 社会性的 渴望成为关注的焦点 行动，然后思考 说的比听的多 广而不深	内向 I	和人打交道容易疲惫 说话之前，先要自己思考 个人空间较大 讨厌成为关注的中心 思考，然后行动 听的比说的多 和广度相比，更喜欢深度
感觉 S	相信他们感官获得的信息 关心现实 关注具体细节 需要事实和详情 喜欢实用性 喜欢使用已经掌握的技能	直觉 N	相信自己的直觉 关心遥远的未来 喜欢概念和理论 看重想像和创造力 关注模式与事物间的关联 喜欢学习新的技能，也容易厌倦

续表

思维 T	使用逻辑推理进行决策 客观的判断 很自然的看到不足，倾向于批判的 不会因为决策被他人接受的程度而动摇 希望被看成有智慧的	情感 F	使用价值来进行决策 考虑对他人的影响 注重关系的和谐，理解规则的例外情况 会受到他人是否接受的影响 希望被看成是有同情心的
判断 J	设定目标，然后努力工作按时完成 喜欢有截止期限的 想尽快地做出决定 从完成任务中获取满意感 具有工作优先、玩在后的准则 喜欢过有序的生活 喜欢确定的秩序与组织结构	感知 P	对时间的感觉机动灵活，直到最后一刻才完成任务 厌恶截止日期 准备好了再作决定 从开始一项工作中获得满意感 具有先娱乐后工作的行为准则 倾向于灵活的生活方式 喜欢去适应新的环境

人格的匹配自然涉及个人与职业或岗位的重要匹配，然而，人们对人格的重要性重视程度仍然不够，主要强调能力匹配，相对比较忽视个性或人格的匹配，可能导致个人长期业绩的波动性。

四、价值观匹配理论

在过去的职业选择或指导理论中，比较注重个人属性和岗位属性的匹配，认为这是影响职业生涯决策的最重要因素。其实，岗位属性只是满足了人的部分需要，比如基本的谋生愿望，能胜任工作而得到尊重，与自己的性格适应，感到比较舒服。但是，某个特定的岗位是镶嵌在组织文化中的，岗位给个人提供的满足不能代替组织文化给个人提供的满足。比如，组织文化是个人主义取向还是集体主义取向？是注重能力还是注重结果？是注重关系还是注重能力？是强调创新还是因循守旧？是强调合作，还是个人英雄主义？岗位只提供了小范围的亚文化作用，对宏观政策、个人发展、组织的持续发展能力反映得比较少。

组织和个人可以在雇用协定中说明能互相提供什么和互相要求什么（参见图 2-10）。组织提供了员工需要的财政、物质和心理的资源，以及一些发展机遇。当组织的这些供应适合员工的需求时，就实现了需要和供应之间的符合(箭头 b)。同样，组织会要求员工在时间、努力、承诺，以及知识、技能和能力（简称 KSAs）方面做出贡献。当员工的能力适合组织的要求时，要求和能力之间的符合就产生了（箭头 c）。实际上，无论需要—供应还是要求—能力方面的符合都属于补偿符合度的范畴。

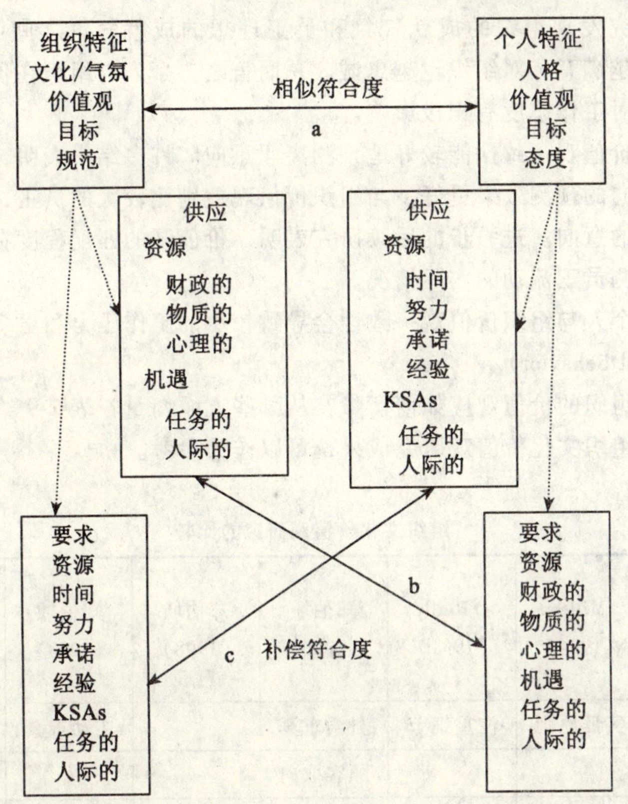

图 2-10 个人—组织符合度的概念结构

克里斯托弗（Kristof，1996）将个人—组织符合度定义为个人和组织之间存在以下三种协调性：（1）至少有一个实体提供了另一个实体的所需，或者（2）他们有相似的基本特征，或者（3）以上两者都具备。

事实上，随着人们物质生活质量的相对满足，人们对人生的价值追求日益纳入议事日程。人们的工作不仅仅是为了生活，而且也是为了生活的感受。在一个缺乏人性的组织工作，个人可能获得很高的经济回报，但为价值生存的人可能会拒绝这份高回报的工作；而一个待遇一般的岗位，可能满足了社会的价值需求，比如为残疾人谋福利，一个人可能接受这份工作。

沿着这个思路，许多学者在探讨组织的文化价值观与个人的文化价值观匹配对个人和组织的影响。首先，价值观一致性对工作态度的积极影响已经得到许多有力的支持。许多研究结果都表明：个人与组织在价值观上的一致性对工作满意度和组织承诺或忠诚度有重要的决定作用。工作动机、群体凝聚力、个人成就感等，也都会受到个人与组织价值观一致程度的影响。特日纳(Tziner, 1987) 的研究发现组织的成就气氛和员工理想的成就气氛之间的差异越小，员工对工作越满意，对组织也越忠诚。总而言之，个人与组织在价值观上的高水平的匹配对工作态度有积极影响。

其次，价值观一致性能较好地预测离职意向。许多结果表明，价值观一致性对离职意向的预测效果更好，与组织价值观差别比较大的员工，更可能表现出离开组织的意向。进一步的后续研究表明，价值观的匹配程度在两年内能比较准确地预测员工流动的实际情况。

最后，个人与组织价值观一致性会导致较小的工作压力和更多的亲社会行为（prosocial behavior）。

个人与组织的价值观应如何衡量？从哪些方面衡量？表 2-9 给出了一些比较有影响的组织文化价值观研究成果，可以作为参考。

表 2-9 组织文化价值观研究的比较

Peter & Waterman (1982)	Miller (1984)	O'Reilly (1991)	郑伯壎 (1990)	郑伯壎 (1998)	郑伯壎 (1998)	忻榕等 (2004)
崇尚实验	实证原则	注重细节	科学求真		主动求真	实用主义
接近顾客			顾客取向			顾客导向
创新精神	卓越原则	改革创新 积极进取	卓越创新	绩效取向（含技术创新）	竞争能力	创新
尊重员工	一体原则	尊重员工	甘苦与共		组织公正与员工取向	员工发展
形成共识	共识原则	团队取向	团队精神	团队取向	团队精神	和谐
做内行事	目标原则					
组织单纯						领导行为
自主自律						

续表

Peter & Waterman (1982)	Miller (1984)	O'Reilly (1991)	郑伯壎 (1990)	郑伯壎 (1998)	郑伯壎 (1998)	忻榕等 (2004)
	正直原则		正直诚信	敬业取向		贡献
	绩效原则	结果取向	表现绩效	绩效取向	绩效取向	奖酬
		积极进取（含社会责任）	社会责任 敦亲睦邻		社会责任	结果导向
		稳定性		安定取向	终极目标	未来导向

根据工作价值观匹配的理论，赵慧娟、龙立荣（2004）结合我国企业管理的实际，编制了个人—组织价值观匹配的测验问卷，可以帮助了解组织员工与组织价值观的匹配状况。

附录：个人—组织价值观匹配问卷

请您依照自己的看法回答，题目分为两类：①实际情况：在实际工作中，贵单位重视这种价值或做法的程度。数字越大，表示您个人越同意贵单位在实际工作中重视这种价值或做法。②个人期待：对您个人而言，您期待贵单位在工作上应该重视这种价值或做法的程度。数字越大，表示您个人越期待贵单位重视该项价值。

记分办法见表2-10，可以将代表性的员工样本的期待与实际价值观的差距作为两者价值观的一致性指标。其基本含义是，员工与组织有一种交换关系，员工期待的与组织实际提供的价值观或制度保障之间差异越大，表示两者的一致性越低。一旦偏离较大，可能员工长期的稳定性受到影响。

实际情况						个人期待				
非常不同意	不同意	难以确定	同意	非常同意		非常不重要	不重要	难以确定	重要	非常重要
1	2	3	4	5	调查产品的需求状况以及市场前景	1	2	3	4	5
1	2	3	4	5	经常调查和评估竞争对手的状况	1	2	3	4	5

续表

实际情况						个人期待				
非常不同意	不同意	难以确定	同意	非常同意		非常不重要	不重要	难以确定	重要	非常重要
1	2	3	4	5	投资重大项目前组织专家进行分析和论证	1	2	3	4	5
1	2	3	4	5	用科学的方法制定方案	1	2	3	4	5
1	2	3	4	5	依据事实和数据来进行决策	1	2	3	4	5
1	2	3	4	5	鼓励员工参与管理和决策	1	2	3	4	5
1	2	3	4	5	善于听取和采纳各级员工的意见	1	2	3	4	5
1	2	3	4	5	鼓励团队合作，倡导协作精神	1	2	3	4	5
1	2	3	4	5	经常组建各种任务团队，注重每个人的优势互补	1	2	3	4	5
1	2	3	4	5	强调团队业绩	1	2	3	4	5
1	2	3	4	5	工作考核结果与报酬直接挂钩	1	2	3	4	5
1	2	3	4	5	各岗位都有明确的工作考核标准	1	2	3	4	5
1	2	3	4	5	工作考核制度严格完善，具有可操作性	1	2	3	4	5
1	2	3	4	5	工作考核公平	1	2	3	4	5
1	2	3	4	5	重视员工的个人发展	1	2	3	4	5
1	2	3	4	5	上下级关系融洽	1	2	3	4	5
1	2	3	4	5	关心员工的生活和情绪问题，帮助员工解决困难	1	2	3	4	5
1	2	3	4	5	开展职业道德教育	1	2	3	4	5
1	2	3	4	5	倡导积极负责的工作态度	1	2	3	4	5
1	2	3	4	5	强调敬业奉献精神	1	2	3	4	5
1	2	3	4	5	注重激发工作热情	1	2	3	4	5
1	2	3	4	5	对待顾客真诚友善	1	2	3	4	5
1	2	3	4	5	善于倾听和接纳顾客的意见	1	2	3	4	5
1	2	3	4	5	为顾客提供细致周到的服务	1	2	3	4	5
1	2	3	4	5	尽量缩短顾客等待的时间	1	2	3	4	5
1	2	3	4	5	妥善处理同顾客之间的争端	1	2	3	4	5
1	2	3	4	5	不断更新产品与技术	1	2	3	4	5
1	2	3	4	5	发展优势项目，强调核心竞争力	1	2	3	4	5
1	2	3	4	5	强调可持续发展	1	2	3	4	5
1	2	3	4	5	明确的近期和中期发展目标以及长远的战略规划	1	2	3	4	5
1	2	3	4	5	积极纳税	1	2	3	4	5
1	2	3	4	5	注重环境保护	1	2	3	4	5
1	2	3	4	5	热心公益活动和公共事业	1	2	3	4	5
1	2	3	4	5	帮助社会解决就业问题	1	2	3	4	5
1	2	3	4	5	帮助政府应对重大灾害	1	2	3	4	5

表 2-10　　各因素价值观一致性与计分办法

	因子	统计的项目	α 一致性系数
1	科学求真	1 ~ 5	.871
2	员工与团队取向	6 ~ 13	.902
3	绩效取向	14 ~ 17	.861
4	敬业取向	18 ~ 21	.819
5	顾客取向	22 ~ 26	.905
6	创新发展	27 ~ 30	.844
7	社会责任	31 ~ 35	.863

五、综合匹配

人员选拔观念也是与社会物质文化生活发展紧密相连的。在早期的管理中，管理者突出做事的能力，常常将个人是否能够完成岗位规定的任务当成主要的人员测评标准。随着管理思想的转变，人们发现除了完成任务外，有些人干得轻松、自在，留任时间很长；而有的人也能完成任务，但对工作缺乏热情，很容易离职。对这种现象的关注，考虑到人员替代的成本，人们可能重视人格的价值。

只有当人们觉得衣食无忧，主要开始品尝生活本身的意义，为无悔的人生而工作时，价值观的作用才得到凸现。西方国家目前推崇文化管理、价值观管理，就是这种社会经济发展水平的需要。从胜任力模型来看，西方国家主流的人员招聘和任用模型除注重知识技能和能力等显性的素质，更加注重测量很困难，但对预测成功很重要的动机、人格、价值观等素质。

根据我国目前的发展水平和特点，个人更多的是为了物质利益和尊重而拼搏；组织更多地为了利润和效益而运作。双方的需求很明显：个人需要通过劳动付出，换取生活的必需品和作为人的尊严；组织则为了生存和发展，通过降低成本、提高效率，适当满足员工的合理需求，稳定队伍。从目前的情况来看，以能力为基础，辅助人格特征和道德品质的评价，仍然是我国主流的人事匹配准则。

为了更好地满足员工和组织发展的需要，我们主张权变的人员测评观点，即根据社会发展阶段以及组织发展阶段，逐步地由经验和能力本位转向动机、人格和价值观并重，使个人与组织长期地和谐和稳定，实现基业常青的发展梦想，具体见图 2-11。

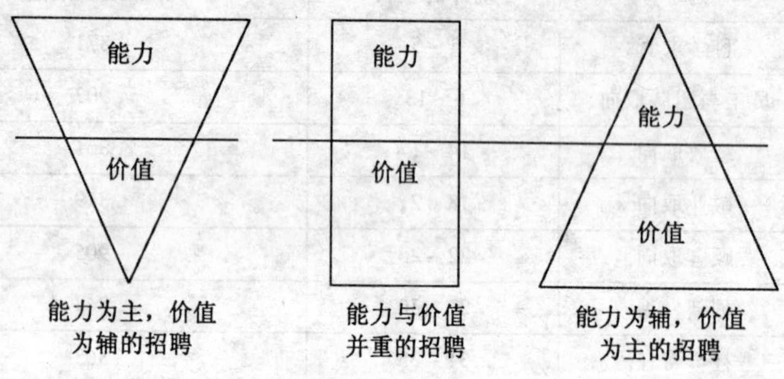

图 2-11　招聘模式的转变示意图

第四节　人员测评的分类

根据测评的内容、方法、测查的性质等，可以将人员测评分成不同的类型。这里简单介绍如下：

1. 按照机能来分类，可以分为心理机能测评和生理机能测评。

在目前的企业人才选拔实践中，企业愿意花费很多时间、精力和成本的往往集中在高端人力资源，所以在测试活动中，主要以心理机能为主，特别是复杂的心理机能，如智力、领导能力、管理风格等，对身体机能的检测往往是通过体检来实现的。

在某些特殊行业或职业的人才选拔中，生理机能的检测则非常重要，比如军人的选拔。事实上现代人员测评技术很多就来源于第二次世界大战时期美国对军人甄选技术的重视和发展。飞行员、航天员等与生理机能关系密切的岗位，生理机能的全面检测价值更为重大。生理机能的检测包括感官机能、呼吸系统、肌肉力量和耐力、消化系统，还有传染病等检测。

2. 按照测评进行的时间点划分，可分成历史表现测评和现实表现测评。

所谓历史表现测评主要是根据个人的经历来评价，比如按照家庭教育环境、中小学教育、大学教育、工作履历、工作成就、所在的职位等进行评价，还可以通过背景调查予以求证。所谓现实表现测评则主要是根据招聘选拔时的项目进行评价，包括知识和技能考试、心理测评、情境测试等。

3. 按照测评的内容，则可以大致分为三类：知识和技能测评、人格类型测评、动机和价值观测评。

对于知识和技能的测评而言，一般能力、特殊能力、创造力是过去最常见的测试领域，每个人一生都要经历许多次的这类测试。这类测试的一大特点是希望将个人的潜力充分地表现出来。这类测试不担心个人不表现，关键是测试的项目的选择是否适当，如何用最小的题量测查出人的差别。由于不同的能力对不同的事物敏感，因此需要开发各种各样的测试内容。

经过100多年的科学研究和开发，目前在不同的能力领域有不同的测试方法。在智力测验领域，有韦克斯勒智力测验、比纳智力测验、瑞文标准推理测验等比较权威的工具；在特殊能力测验领域，有通用能力倾向测验（general aptitude testing battery，简称GATB）、区分性向测验（differentiate aptitude testing，简称DAT），还有专门的特殊能力测验，比如文书性向测验、机械能力测验、音乐能力测验、美术能力测验等；在创造力测验领域，有创造力个性测验、创造力测验，比较著名的有托兰斯创造力测验。

4. 按照测评要素的属性则可以分为最高表现测评与典型表现测评。

人格类型、动机、价值观属于典型表现测评，由于这些行为在社会活动中有好坏之分，涉及价值观、道德问题，人们很容易出现做假行为。

5. 测评还可以分为直接测评与间接测评。

有些素质可以直接测量，比如音乐的音高、节奏、乐感、音色的把握；对记忆力的测试，对理解力的测试；对于运动能力的测试，如速度、力量、协调性的测试等，都可以采用直接测评的办法。有些素质通过直接测评往往很难，准确性较低，比如价值观、道德品质，需要通过其他的方式和方法鉴定。

6. 按照测评的参照对象可以分为常模参照测评与目标参照测评。

常模（norm）指的是用于评价测评结果的标准。比如，智力测验的分数就是与各自年龄段的常模相比较得出的，它可以准确定位你在该年龄段相对的智力水平。目标参照测评则没有常模，不需要具体区分被测者的差异，往往是根据需要指定测评应该达到的标准。比如，为某个职位设定工作经验的要求为两年，达到此标准即为合格，不需要进一步区分工作经验的多少。

7. 按照测评的手段可以分成纸笔测试、面试、情境测评。

纸笔测试，主要具有规模效应，适用于比较广泛、人数众多的评价。由于纸笔测验时考查者与候选人没有口头、面对面的交流，不能很好反映行为方面的属性。面试则是考查者与候选人面对面的测试过程，除了思维、记忆能力、知识和技能的考查外，还可以看到很多行为表现，比如发音能力、情绪稳定性、抗拒压力的能力等。情境测试则比面试更加深入，可以考查具体完成一件任务时的系统表现，更加全面。参见表2-11。

表 2-11 纸笔测试、面试、情境测评的适用性

纸笔测试		面试		情境测评	
考核要素	适用性排序	考核要素	适用性排序	考核要素	适用性排序
知识面	1	口头交往	1	宏观决策	1
业务水平	2	自信心	2	应变能力	2
书面交往能力	3	成就感	3	领导能力	3
兴趣广度	4	知识面	4	组织协调能力	4
思想政策水平	5	业务水平	5	行政决策能力	5
自学能力	6	兴趣广度	6	决断性	6
科技性向	7	实际工作经验	7	灵活性	7
实际工作经验	8	竞争意识	8	竞争意识	8
宏观决策能力	9	应变能力	9	知识面	9
行政管理能力	10	宏观决策	10	创造性	10
创造性	11	思想政策水平	11	自信心	11
		求实精神		主动性	
		精力水平		业务水平	
		人际关系技能		调研能力	
		行政管理水平		人际关系技能	
		领导能力		口头交往技能	
		寻求上级赞同		坚持性	
		科技性向		冒风险程度	
		创造力		个人影响力	
		个人影响力		精力水平	
		自学能力		激励	
		灵活性		自我管理能力	
		自我管理能力		科技性向	
		寻求同事赞同		成就感	
				兴趣广度	
				实际工作经验	
				求实精神	
				寻求上级赞同	
				自学能力	
				书面交往能力	

关键概念

人才素质模型　冰山模型　胜任素质模型　人员测评　人事匹配

复习思考题

1. 你如何理解人才素质的冰山模型?

2. 企业选拔人才应如何应用德能勤绩模型?

3. 有人说大学教育应该培养通才，这样毕业生才能适应尽可能多的工作，你怎么看?

第三章 人员测评的质量标准

本章要点

- 了解人员测评项目质量的判断指标
- 理解难度、区分度、信度以及效度的概念
- 熟悉测评误差的来源以及相应的控制方法
- 掌握测评分数合并的方法

人们的心理属性一定是在解决问题的具体行动中表现的，客观地说，只要让人们进行思考、解决问题、回答问题，就可以透过这些表现来推断人们的行为特点和品质。人员测评活动的目的就在于设计这样的活动，以有效而准确地推断人们的行为特点和品质。然而，有些测评活动、测评项目能够很好地反映和区分人的行为品质，而有的测评活动和项目则未必。

比如，这样一个问题：树上5只鸟，打下了1只鸟，还剩下几只鸟？

回答剩下4只,可以,就是说,鸟是静止的,可以用传统的减法计算;回答剩下0只,也可以,因为鸟是活动的,鸟有求生的本能反应,遇到危险飞走；当然还可以回答很多种条件下的结果。像这样没有准确答案或者说没有准确标准的题目，用来作人员测评就具有很高的随机性，随着测评目标的不同，题目的计分标准会发生改变，结果它并不能有效而准确地区分人与人之间的差异。

另外，由于当今回报高的就业岗位较少，这些岗位出现了恶性竞争，为了获得竞争优势，许多人参加各种面试培训活动，知道了测评项目的答案选择规律，降低了测评项目的本来价值，使测评的结果变得不可靠。就像TOFEL考试在我国的情况一样，由于应考者总是希望自己得高分，以获得更好的学校的更高的资助，因此，不论自己的实际语言水平如何，今后是否真正能够帮助很好地适应国外的学习和生活，努力多做过去的考试题目一定没错。为此，TOFEL考试的组织机构不得不年年增加投入，编制新题目，避免重复的试题以提高选拔的效果。另一方面，由于某些测评的规范化程度不高，加上许多从事测评的人员缺乏必要的专业训练，许多测评项目没有经过科学的检验，评价标准非常随意，也导致了测评结果不可靠。同样一个事物，经过不同人的大脑

加工后，出来的结果是不同的，有时候差异还非常大。如何尽量减少由于人的主观性所导致的系统偏差，也是需要十分小心的。

中国古老的人员测评方法——看手相，以及现在更流行的星座能作为判别人与人之间性格、能力差别的依据吗？答案当然是否定的。手掌纹路反映的是婴儿在母亲子宫内的伸展发育状况，这一先天因素与后天的教育、社会环境因素相比，对人的作用是微不足道的，所以拿手相来判断一个人的性格、能力甚至智力是完全不可靠的。星座对人的判断更是没有科学依据，更多的是依靠个别案例来支撑，没有考虑拥有这种星座而不具有这些特征的人的概率，从逻辑上考虑是有偏差的。

总之，用于人员测评的项目必须经过科学的检验，评价这些项目必须有稳定、可靠的标准；从事测评的人员也必须具有相应的专业知识，参加专业训练。目前，很多杂志上流行刊登各式各样的测评、测验题，显然这些“测评”是不能满足合格测评要求的，与看手相、星座没有本质的区别。

第一节　测评项目质量的判断方法

人员测评是管理科学化的重要方面，其本身的质量直接关系测评结果的应用价值，因此必须对测评项目的质量进行检验分析。合格的人员测评工具必须满足测量学的质量要求，一般而言要考查测评项目的难度、区分度、信度以及效度。下面分别进行介绍。

一、难度

直观地说，人员测评的目的就是要区分很能干的人和能力一般的人。从很能干的人到一般的人，梯度很多，需要测评者根据被测评对象进行精确的定位，从而选择适合的难度，区分各种不同水平的人。比如，打篮球的水平有NBA的，有国家队的，有省队水平的，有校队水平的，还有业余水平的。如果用业余水平的测试题目，可能所有的人得分都偏高，这样的测试就肯定不能用于NBA选秀；如果用NBA水平的测试，可能没有几个人是合适的，也无法选择到校队水平的人。

难度的确定是测评成功与否的关键，测评项目难度过高的话，所有参加测评的人得分都很低，很难区分不同水平的个体，测量学上称之为地板效应；相反，如果测评项目难度过低的话，所有参加测评的人得分都很高，同样不能区分不同水平的个体，测量学上称之为天花板效应。地板效应和天花板效应都是人员测评项目编制者要极力避免的。要想避免难度过高和过低的测评项目，一方面要求编制者具有相当的个人经验，即编制者对所编项目的难易程度有一个大致的把握，更重要的是通过试测来精确地计算测评项目的难度。

比如，由ETS组织的著名的全球性英语考试——TOFEL、GRE，它们题库中的每一道题目都是英语考试专家精心编制的，这样依靠专家经验能对题目的难度有一个大致的把握，但这还不够，ETS题库中的每一道新编题目都会被编进每次的TOFEL、GRE考试中（不计入考生的成绩，当然考生也不知道哪些是用于测试的新编题），这样经过实际的测试，通过计算就能准确地知道这些新编题目的难度，合格的才能进入正式题库。同样，中国的高考题目编制也是如此，为了准确地控制难度，每年的高考题目的编制者都是各科的专家和教学能手，同时所编题目会放在小部分地区高三学生的模考、调考题中，通过计算难度排除掉难度过高、过低的题目，最终形成难度合理的试卷。

如前所述，对于测评项目难度的控制不仅要依靠编制者的个人经验，更可靠的方法是精确计算项目的难度。根据测评项目的类型，其难度的计算方法也有所差异，下面分别加以介绍：

（一）是非题

是非题的难度，用参加测评的人员在该题上的通过率（P）来表示：通过率越高，难度越低；通过率越低，难度越高。具体计算公式如下：

$$P = R/N \times 100\%$$

其中：

R——通过的人数

N——参加测评的总人数

当参加测评的人数较多时，可以将被测试者按照测验总分由高到低排列，然后将总分最高的27%和最低的27%定为高分组和低分组，分别计算两组在某一项目上的通过率，然后以两组通过率的平均数来表示总体的通过率/难度。计算公式如下：

$$P = (P_H + P_L)/2$$

其中：

P_H——某项目上高分组的通过率

P_L——某项目上低分组的通过率

（二）非二分法的项目

对于非二分法的项目（写作题、问答题、计算题等），用所有受测者的平均分除以该项目的满分值，就可以知道该题目的难度。得分率越高，表示难度越低；得分率越低，表示难度越高。计算公式如下：

$$P = X'/X \times 100\%$$

其中：

X'——项目平均得分

X——项目满分值

人员测评项目的难度和人员测评的目的是紧密联系的。通常而言，如果人员测评的目的是人才选拔，也就是说我们要在所有受测者中挑选出更优秀的，那么考查项目难度是相当必要的；有些情况下，人员测评的目的并不是为了选拔，而只是希望判断被测验者是否掌握了某项应该掌握的知识，这时，项目难度的作用就不是很大了。

比如，某公司希望知道一批新员工是否掌握了上岗所需要的基本操作技能和知识，那么把这些基本操作技能和知识拿来测试就可以，通过测试就表示该员工已经具备了这些基本知识和能力，可以上岗了；没通过就表示该员工还不具备上岗的基本资质。这种情况下，测试题目就无所谓难度，因为我们不需要知道哪些人掌握得更好，只需要知道受测者有没有达到最基本的要求即可。当然，如果公司想通过这个测评挑选出能力比较突出的新员工作为储备干部或者重点培养对象，那么测试的项目就需要有合适的难度，这样才能区分出一般和能力突出的员工。

对于测评项目编制者而言，测评项目难度没有一个很固定的标准，而是与选拔性测验的挑选比例相关联的，测评项目的难度与挑选的比例相匹配。简单而言，如果挑选的比例较低，比如10%，就需要难度较高的题目；如果挑选比例较高，如40%，则测评项目需要的难度相对下降，否则也容易造成区分能力较低的结果。以全球规模最大的英语考试——CET4为例，它要求每次考试的通过率在60%左右，那么题目难度要与之相匹配，难度太高或太低都会降低考试对受测人员英语能力的区分能力。如果难度偏大，得高分的人比例就会下降，统计学上称为正偏态；如果难度偏低，得高分的人的比例就会上升，统计学上称为负偏态，如图3-1所示。高考题目一般难度偏大一些；而大学的学期期末考试则难度偏低一些。

相对于测评项目最高水平表现，受测者的典型表现不叫难度，而叫通俗度。与难度一样，如果每个人在项目上的表现都一样，也不能区分个人。

二、区分度

对于测评项目质量的评价，与项目难度经常一起出现的是项目的区分度。项目区分度指的是测评项目对被测试者的心理特性的区分能力。区分度高的项目，能够将不同水平的受测者区分开来；区分度低的项目，则不能很好地鉴别被测试的对象。

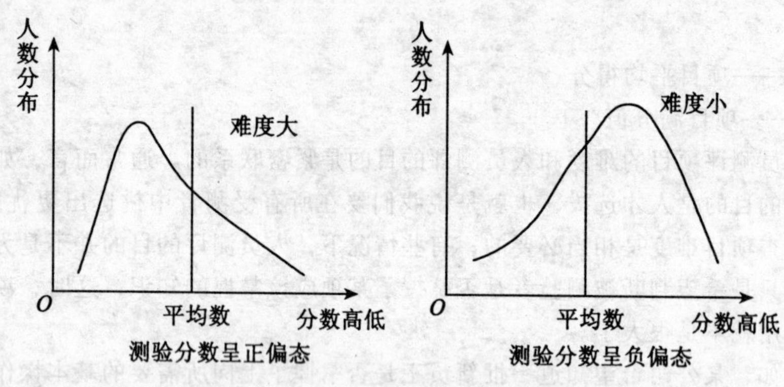

图 3-1 选拔比例、测验难度的关系

难度与区分度是有联系的。如果项目过难，所有人回答都不正确，得分都偏低，就不能很好地区分能力的细小差别；如果项目过于容易，大家都得很高的分，也不能区分能力的细小差异。

计算区分度一般采用鉴别力指数法，具体方法如下：

将测评的总分由高到低排列，将 27% 的高分者看成高分组，将 27% 的低分者看成低分组。如果该项目有区分能力，高分组的通过率应该高于低分组的通过率。

$$D = P_H - P_L$$

其中：

P_H——高分组的通过率

P_L——低分组的通过率

D 值就是鉴别力指数，D 值较大，表示高分组在该项目上的通过率高，而低分组的通过率低，该项目有较好的区分能力；如果 D 值较小，表示高分组和低分组在这个项目上的得分接近，那么该项目就缺乏区分能力。

1965 年，美国测验专家 L. Ebel 根据长期的经验，提出了评判项目鉴别力指数高低性能的标准，如表 3-1 所示。

表 3-1 项目鉴别力指数与评价标准

鉴别指数 D	项目评价标准
0.40 以上	很好
0.30 ~ 0.39	良好，修改后更好
0.20 ~ 0.29	尚可，但需要修改
0.19 以下	差，必须淘汰

另外，也可以采用相关法来计算项目的区分度。具体做法是将某一项目分数与效标分数或分测验总分的相关作为该项目的区分度指标。相关越高，表示区分度越高；相关越低，表示区分度越低。

第二节 测验的信度和效度

一、信度

信度（reliability）指的是测评结果的稳定程度。人的行为本质上是波动的，有时候反应好，有时候反应不是很理想。这种情况在运动员身上表现得非常明显：在一次比赛时取得好成绩，并非表明下一次也一定能取得好成绩。运动成绩的波动性较大，表示信度较差，为了控制这种波动导致的测量准确性下降，就需要增加竞赛的次数，以减少误差。如果一次不能很好地反映水平，多次的水平就会比较可靠了。因此，有些随机波动的误差需要衡量和控制，否则就可能影响到测评的准确性。例如，若我们需要了解受测者的智力水平，采用某种测评方法对其施测数次，如果测量结果差异很大，就说明这种测评方法信度很低。

描述信度的数量指标被称为信度系数（reliability coefficient），理论上其数学含义是测量结果的真分数的变异（S_T^2）与实得分数的变异（S_X^2）之比。

$$r_{XX}=\frac{S_T^2}{S_X^2}$$

在实际操作过程中，考查测评项目的信度通常有五种方法：重测信度，复本信度，分半信度，内部一致性信度，评分者信度。下面分别介绍。

（一）重测信度

重测信度（test-retest reliability）指的是用同一个测评工具对同一组人员在不同时间施测两次所得结果的一致性程度，其大小等于同一组人员在两次测验上所得分数的皮尔逊积差相关系数。重测信度又称稳定性信度、再测信度、施测—再施测信度、跨时间一致性。其数学公式如下：

$$r_{XX}=\frac{\sum X_1X_2/N-\overline{X}_1\overline{X}_2}{S_1S_2}$$

其中：

N——两次测评结果配对总数

X_1——第一次测评的数据

X_2——第二次测评的数据

$\overline{X}_1$——第一次测评的样本平均数

$\overline{X}_2$——第二次测评的样本平均数

S_1——第一次测评的标准差

S_2——第二次测评的标准差

重测信度越接近1说明测评结果越稳定、可靠；越接近0则说明测评结果越不可信。使用重测信度必须具备以下前提条件：

第一，所测的特质必须是稳定的，比如智力、操作能力等，要保证在两次测评之间所测的特质基本不发生变化。

第二，遗忘与练习的效果基本上相互抵消。遗忘效应指的是被测者在两次测评期间自然发生的遗忘现象；练习效应指的是经过测评后，被测者对测评的方式、题目都比较熟悉，在以后同样的测评中表现更好。遗忘与练习效应都会对重测信度形成干扰，导致重测信度的降低（两次测评之间的相关系数变小）。只有当遗忘与练习效应基本上相互抵消时，两次测评之间的相关系数才真正反映重测信度。

第三，两次施测期间被测评人无明显的学习效应。学习效应指两次测评间被测评者通过学习活动导致某方面素质能力发生变化。如果两次施测期间被测评者有明显的学习效应，会导致两次测评之间的相关系数变小，但这并不是测评缺乏稳定性而是被测评者的学习造成的，所以使用重测信度时应保证被测评者没有进行针对测评内容的学习活动，或保证无明显的学习效应。

另外，两次测评的时间间隔没有严格的规定，以前一次测评对后一次测评没有明显的练习效应为标准。依据以往的经验，两次测评的间隔时间以大于两周为宜。

（二）复本信度

复本信度（alternate-form，equivalent）指的是用两个平行测验（同一测验的两个复份）在相距最短时间内测量同一组被试所得结果的一致性程度，其大小等于同一组被试在两个复本测验上所得分数的皮尔逊积差相关系数，又叫等值性信度、跨型式的一致性。

$$r_{XX} = \frac{\sum X_1 X_2}{NS_1 S_2}$$

其中：

N——两次测评结果配对总数

X_1——第一次测评的数据

X_2——第二次测评的数据

S_1——第一次测评的标准差

S_2——第二次测评的标准差

与重测信度一样，复本信度也是越接近1说明测评结果越稳定可靠。复本信度使用的前提条件如下：

第一，施测所用的两个复份必须是真正平行的测验（即A、B卷），平行测验的含义是两个测验必须内容相同，难度相当；

第二，被试要有条件接受两次测验；

第三，施测顺序对测评结果无明显的影响。

需要注意的是，在报告复本信度结果时，应报告两次施测的间隔以及在此间隔内被试的有关经历。如果两个复本测验是相距较长一段时间分两次施测的，同一组被试施测结果的一致性程度是一种最为严格的信度指标。

（三）分半信度

分半信度（split-half reliability），指的是将一个测验分成对等的两半后，所有被试在这两半上所得分数的一致性程度。

计算分半信度之前，首先要明确如何将测评项目分成两半。采用前一半后一半的分法是不恰当的，因为一套测评前后题目的难度，受测者回答时的疲劳程度都是有差异的。一般的做法是将所有的测评项目随机编号，然后按照编号的奇偶分为两份。求出所有受测者在奇偶项目总分的相关系数（r_{hh}）。

当奇偶两份项目数相等时，再使用斯皮尔曼-布朗（Spearman-Brawn）公式求出整套测评的信度。

$$r_{XX} = \frac{2r_{hh}}{1 + r_{hh}}$$

当奇偶两份项目数不相等时，先求出奇偶两份分别的变异数，以及整套测评的变异数，然后使用弗拉南根（Flanagan）公式求出整套测评的信度。

$$r = 2\left(1 - \frac{S_a^2 + S_b^2}{S_X^2}\right)$$

其中：

S_a^2，S_b^2 分别是奇偶两份的变异数

S_X^2——整套测评的变异数

或者先求出奇偶两份测评分数之差的变异数，然后再采用卢伦（Rulon）公式求出整套测评的信度。

$$r = 1 - \frac{S_d^2}{S_X^2}$$

其中：

S_d^2——奇偶两份测评分数之差的变异数

S_X^2——整套测评的变异数

（四）内部一致性信度

内部一致性信度（internal consistency）指的是一套测评的内容一致性或测验内部所有题目的一致性（项目同质性）程度，又称同质性（homogeneity）信度。按照估计同质性信度方法的不同，内部一致性信度分为以下几种：

1. 用 1、0 记分项目

对于 1、0 记分的项目，一般采用库德（Kuder）-理查逊（Richardson）方法。

K-R_{20}公式（仅适用于以 1、0 记分）：

$$\alpha = \frac{K}{K-1}\left(1 - \frac{\sum p_i q_i}{S_X^2}\right)$$

K-R_{21}公式（适用于以 1、0 记分，各题难度近似）：

$$\alpha = \left(\frac{K}{K-1}\right)\left(1 - \frac{K\,\overline{p}_i\overline{q}_i}{S_X^2}\right) = \frac{KS_X^2 - \overline{X}\,(K-\overline{X})}{(K-1)\,S_X^2}$$

其中：

K——测评项目数

p_i——第 i 个项目的通过率

q_i——第 i 个项目的未通过率

$\overline{X}$——整套测评的平均成绩

S_X^2——整套测评的变异数

2. 克伦巴赫（Cronbach）系数

当测评项目采用的是非 0、1 记分和连续记分（即多重记分）的情况时，可以采用克伦巴赫内部一致性系数 α。

$$\alpha = \frac{K}{K-1}\left(1 - \frac{\sum S_i^2}{S_X^2}\right)$$

其中：

K——测评的项目数

S_i^2——第 i 个项目的样本方差

S_X^2——所有项目的样本方差

内部一致性信度有一定的适用范围。内部一致性信度适用于同质性测验，而不适用于异质性测验。同质性测验指的是所测的各方面都有很高的相似性，异质性测验指的是所测的各方面相似性很低。如果一套测评里面同时包括智力、性格两方面的题目，这些题目不能用来计算内部一致性信度，因为智力和性格本来就具有很高的异质性。同时，内部一致性信度不适用于速度型测验。

（五）评分者信度

评分者信度指的是多个评分者给一组被测评人评分，所评分数之间的一致性程度。

如果是两个评分者，则采用积差相关或等级相关的方法，计算方法与复本信度一致；如果是多个评分者，则采用肯德尔和谐系数（W）来估计。

$$W = \frac{\sum R_i^2 - \frac{\left(\sum R_i^2\right)}{N}}{\frac{1}{12}K^2(N^3 - N)}$$

其中：

K——评分者人数

N——被评价对象数

R_i——每一对象被评的等级总和

在实际的人员测评中，一般认为经过训练的成对评分者之间的一致性达到0.90以上，评分才是客观的。

（六）信度系数的应用要求

毫无疑问，信度系数的作用就是用来评价人员测评工具的稳定性，如果一个人员测评所得的结果不具备稳定性，那么依据测评结果所做出的人事决策就具有很大的随机性，达不到科学决策的目的，所以在应用人员测评时必须考虑测评工具的信度，低信度的测评项目绝对不能作为人员测评的测量工具。

在人员测评的实践中，一般要求能力与成就测评的信度系数应达到0.90以上，性格、人格类的测评应该达到0.70以上。

二、效度

（一）效度的概念

效度指的是测评结果真实反映所测素质的程度。它反映了两个问题：（1）测评是否测量到了所要测量的东西；（2）测评对它所测量的东西测量到什么程度。

举例说明：我们需要了解的是被测评人的智力水平，拿身高来作为测量结果显然是无效的，因为身高并不能反映一个人的智力水平。在应用效度时应注意两个问题：（1）效度一定是相对于一定的测量目的而言的；（2）测评的效度只有程度上的差异。按照一定目的精心编制的测验，其效度不是“全有”或“全无”的区别，而只是程度上的差异。

信度和效度的概念容易混淆，应注意加以区分。将人员测评比喻为射箭，如果箭都射在一个点上，那么这是一个高信度的测评。如果箭射得离靶心近，那么这是一个高效度的测评。显然，一个好的测评应该是既有高信度又有高效度，即射出的“箭”都在“靶心”集中。

考查测评效度通常有三种方法：内容效度分析；结构效度分析；效标关联效度分析。

（二）内容效度

内容效度（又叫推理效度、逻辑效度，content validity）是指测验项目所涉及的内容对欲测内容范围的代表性程度，或者说所测内容对要测内容范围取样的代表性。要获得较高的内容效度，必须具备两个基本条件：（1）欲测的内容范围必须定义清楚，界限分明；（2）测验项目应是所界定的内容范围的代表性取样。

确定内容效度的方法主要有以下几种：

1. 专家判断法

确定一个测验是否有内容效度，最常用的方法是请有关专家对测验题目与原定内容的符合性做出判断，看测验的题目是否代表规定的内容。如果专家认为测验题目恰当地代表了所测的内容，则测验具有内容效度。由于这种估计效度的方法，是一个逻辑分析的过程，所以内容效度有时又称“逻辑效度”。

2. 经验法

人员测评是否有效有时是可以用经验判断的。比如，某项测试用于考查技工的实际操作技能，如果测评结果表明高级技工比中级技工得分高，中级技工比初级技工得分高，那么从经验判断这个测评具有内容效度。反之，如果初级技工得分比中级技工甚至高级技工还高，那么说明这个测评内容效度很低，很可能其测的并不是技工的实际操作技能。

3. 复本法

克伦巴赫认为，内容效度可由一组被试在取自同样内容范围的两个测验复本上得分的相关度来作数量上的估计。如果相关度低则说明两个测验中至少有一个缺乏内容效度，但无法确定究竟哪一个缺乏内容效度。当相关度高时，一般可以推论测验具有内容效度，但要注意的是，也有可能出现两个测验有相同偏差的情况。

4. 再测法

先对人员施测一次，由于对测验内容了解甚少，因而得分会较低，然后对他们进行训练，结束时再测一次。如果后测成绩显著优于前测成绩，则说明此测验对于这部分知识学习而言具有高的内容效度。这种方法经常用于考查培训的效果，但需要注意的是前后两次测试所用题目相同，间隔时间过短的话有可能存在练习效应。

内容效度较为适合于评价教育、培训、成就和职业选拔测验。在这种测验中，测验内容应是知识、技能和实际工作的代表性样本。内容效度不仅是评价教育、培训、成就和职业选拔测验的较好方法，而且也是编制任何测验都应考虑的基本方面。内容效度对标准参照测验更为重要，因为在标准参照测验中我们主要关心的是被试对一定范围内的知识、技能掌握得如何。

在实际应用中，内容效度容易与表面效度（surface validity）相混淆。所谓表面效度指的是被测者或其他未受过专门训练的人员对测量有效性程度的估计，即外行人从表面上看测验项目是否清楚且容易理解。表面效度不是效度的客观指标，它不能真正反映测量的有效程度，但是它能影响被测人参与测评活动的动机和合作意愿，从而影响测验的效果。所以，在编制测验时，表面效度是一个必须考虑的问题。

内容效度的优点在于直观，但它的主要缺点是缺乏可靠的数量指标，使得不同测验间的效度不具有可比性。在实际应用中，内容效度除了很适合教育或培训和成就测验外，也适合某些选拔和分类的人事（职业）测验，但一般不适用于能力倾向和人格测验。

（三）结构效度

1. 结构效度的概念与使用范围

结构效度（construct validity）是指测验对理论上的构想或特质的测量程度，也叫构想效度。构想或结构是指心理学理论所涉及的抽象而属假设性的概念或特质，如智力、焦虑、动机等，它们通常用某种操作来定义，并用测验来测量。根据结构效度的定义，可知结构效度具有如下特点：（1）结构效度的大小首先取决于事先假定的心理特质理论。（2）当实际测量的资料无法证实我们的理论假设时，并不一定就表明该测验结构效度不高，因为还有可能出现理论假设不成立，或者该实验设计不能对该假设作适当的检验等情况。这就使得结构效度的获取更为困难。（3）结构效度是通过测量什么、不测量什么的证据累积起来给以确定的，因而不可能有单一的数量指标来描述结构效度。

结构效度主要适用于智力测验、人格测验等一些心理测验。

2. 确定结构效度的步骤

一般而言，要确定一个测评的结构效度，包括三个基本步骤：（1）建立关于某一待测特质（或结构）的理论框架，以解释被试在测验上的表现。（2）依据理论框架推演出各种关于待测特质的各种假设。（3）用实证和逻辑分析的方法来验证假设，比如验证性因素分析等。

结构效度问题在学术研究中，特别是测验构想、理论的建立初期使用较多，而在实际的测评过程中，使用较少。

（四）效标关联效度

1. 效标关联效度的概念

效标关联效度（criterion related validity）也称为统计效度、实证效度、经验效度、准则关联效度，指的是测验分数与效标测量分数之间的相关系数，它实质上反映的是测验分数对某一行为表现的预测能力的高低。根据效标收集时间的不同，效标关联效度又可分为：（1）同时效度（协同效度，concurrent validity）：如果效标资料与测验资料同时获得，那么根据这个资料计算的效标关联效度就是同时效度。（2）预测效度（predictive validity）：指测验对效标变量预测的有效性，是效标资料后于测验资料获得的效标关联效度。

同时效度主要用于诊断现状，在于用更简单、更省时、更廉价和更有效的测验分数来取代不易搜集的效标资料。预测效度的作用在于预测某个个体将来的行为。

2. 效标与效标测量

效标就是衡量一个测验是否有效的外在标准，它是独立于测验并可以从实践中直接获得的我们所感兴趣的行为变量。比如考查智力测验效度的效标可以是学业成绩；考查管理者领导能力的效标可以是其管理的团队的工作绩效。效标的选择是考查效标关联效度最重要的步骤。

对于效标的测量也很关键。在实际操作中，一般先根据所测评的内容确定观念效标，即选定的效标是什么。观念效标必须能用数字或等级来进行表达，即要求可观测、可测量。例如，大学入学考试的观念效标通常是大学学习的成功，对大学学习成功的一种常用的效标测量便是大学头两年或一年相关学科的平均成绩。一般说来，效标测量要想较好地体现观念效标，那效标测量本身就必须是有效的、可靠的，而且还必须客观、实用。

某些效标在效度估计中经常用到。比如，学业成绩、学历以及受奖励次数经常作为学业成就的效标。工作中的客观绩效，上级或自主评定的主观绩效可以作为工作成就的效标。

3. 效标关联效度的估计方法

效标关联效度的确定大体上可以分为以下几个步骤：第一，明确观念效标。第二，确定效标测量。第三，考查测验分数与效标测量之间的关系。从效度估计的方法上看，常用的估计效标关联效度的方法主要有以下几种：

效标关联效度的一种常用估计方法是计算测评分数和效标分数之间的相关系数。根据变量的性质不同可以采用不同的相关计算方法。比如，测评分数和效标分数都是连续变量时，采用积差相关系数；测评分数与效标分数都是连续变量，但其中有一个变量由于某种理由被人为地分为两个类别时（比如测评结果被分为通过与未通过两类），采用二列相关系数；当测评分数与效标分数都是连续变量，且都被人为地分为两种类型，即以二分变量表示时，这时应采用四分相关系数；当测评分数与效标分数都是真正的二分变量，如工作状态（有工作和无工作）、婚姻状态、吸烟状况等，这时应采用 Φ 相关系数；当测评分数与效标分数其中一个变量不止分为两个种类时，测验的效标关联系数可用列联相关系数。

（五）效度的应用

效度的核心意义在于人员测评是否反映了要测的东西。低效度的人员测评项目没有任何意义，建立在低效度测评基础上的人事决策也是不可靠的，只会降低人事管理的有效性。

根据测评目的不同，选择合适的效度指标，或者同时应用两个或多个效度指标。结构效度帮助我们运用测评分数解释人的心理特质，可由结构效度研究的资料来回答测验所测量的东西或所测量的变量的性质。效标关联效度可用来了解测验分数能否有效地预测或估计某种行为表现，是关于测验结果的一些实际用途的检验。内容效度研究的问题是变量的内容范围，同时它又帮助我们决定测评所得分数能否代表测评所预期测量的东西，也是关于测验结果的一些实际用途的。

人员测评的质量直接关系测评结果的有效性。测评的难度、区分度以及信度、效度之间要达到一种平衡，但这并不足以判断一个测评的质量，或者说还应该考虑成本因素。要设计以及实施一套高质量的人员测评需要花费相当大的人力、物力与财力，所以在管理实践中，人员测评要找到合适而且经济的测评方法。以招聘为例，有学者总结了各种测评活动的效度、公平程度、实施便利性以及成本因素，可见十全十美的人员测评方法是不存在的，所以经常的做法是采用两个或多个测评方法，综合考虑测评结果从而作出更准确的人事决策。见表3-2。

表3-2　**招聘中各类测评方法的比较**

测评方法	效度	公平程度	实施便利性	成本
智力测验	中	中	高	低
性向测验	中	高	中	低
个性和兴趣测验	中	高	低	中
面试	低	中	高	中

续表

测评方法	效度	公平程度	实施便利性	成本
工作模拟	高	高	低	高
情境练习	中	未知	低	中
个人资料	高	中	高	低
同行评价	高	中	低	低
自我介绍	低	高	中	低
推荐信	低	未知	高	低
评价中心	高	高	低	高

资料来源：王继承．人事测评技术．广州：广东经济出版社，2001：73.

第三节　测评误差的来源与控制方法

随着考查和测评的深入，测评往往不再局限于纸笔测试，而是需要在活动情境中考查。就像体操运动、跳水运动一样，一方面要选择有难度的测试题目，另一方面需要建立评分标准。

为了规范国际体育竞赛项目的评分规则，保持评价的准确性和公平性，各种竞技体育都制定了公认的评价规则，以指导人们的竞技行为。然而，由于人员测评活动的随意性很大，建立统一规范的标准比较困难，普通的人员选拔和招聘测试，至少在我国尚没有建立起规范的评价标准，评价过程比较混乱，影响了测评结果的准确性和公平性，需要注意。

测评误差的来源主要有四个方面：测评本身、施测过程、受测者、评价者。

一、测评本身引起的误差及相应控制方法

测评本身的误差主要指的是测评项目引起的误差。首先是测评项目的代表性。测评的内容是什么，项目能否代表这些内容，是至关重要的问题。当项目较少而取样又缺乏代表性时，测评结果就很难反映被测评者的真实水平。

其次是测评项目的公平性。测评项目中某些内容只为部分被测者熟悉，这种不公平性会导致部分被测者分数偏低，成为测评的误差来源。国内很多人员测评直接套用国外的测量工具，这些工具中有很多不为中国人熟悉的项目，这会直接造成测评结果的误差。比如，国外测评工具中常要求回答每个月打棒

球、高尔夫球的次数，以此来考查是否经常参加体育活动，但棒球、高尔夫球对普通中国人来说非常陌生，按照这样的测评，普通中国人都是不爱运动的，但显然事实并非如此。

最后是测评项目的质量。项目语句表述不清、用词模棱两可、备选项不完整都会导致测评项目质量降低，从而使测评结果出现误差。比如，“我以前的上司和同事对我评价很高”，究竟是问上司的评价还是同事的评价？受测者无法准确回答，这样的测评结果也会造成误差。

对于测评本身引起的误差有两种控制方法。一是由具有专业背景的人员来编制测评项目，并且在编制过程中按照测量学的要求严格把关；二是对初步编制的测评项目进行小规模试测，证实没有明显误差的情况下再进行大规模的测试。或者，组织人员对项目语句的通俗程度、测评项目的命中程度等质量指标进行评价，无明显偏差才能用于正式测评。

二、测评过程引起的误差及相应控制方法

人员测评要求标准化，即每个被测者测试时的流程、环境应该保持一致。在实际运用过程中，人员测评的标准化程度越来越高，但测评过程中一些偶发因素还是会影响被测者的反应，并产生测量误差。

1. 人员测评时的物理环境，包括温度、噪音、照明等会影响被测者的反应。过高的室温会让人烦躁不安，噪音会使人精神难以集中，照明条件不好则有可能使某些技能在测评时表现不佳。对于这一类原因造成的误差，可以通过事先的周密准备，甚至请人对测试场地进行舒适性、适宜性进行评估，尽量减少物理环境对被测者的影响。

2. 人员测评的流程与实施过程。测评的时间不宜过长，持续时间过长的测评会使被测者因为疲劳而影响其行为表现。测评的流程不能过于复杂，过于复杂的测评会降低被测者参与测评的积极性，配合程度降低势必造成测评的误差。对于这一类原因造成的误差，控制的方法是测评之前尽量使测评流程清晰、简单，并在测评过程中坚持按流程进行，不随意变更。同时，在不影响被测者正常表现的前提下，尽量缩短测评的时间。从理论上说，测评的内容越多、越丰富，测验的稳定性越好；但是这种做法一方面增加测评的成本，另一方面，可能使被测试者过于疲劳而影响稳定性。因此，即使高考这种复杂的测试，时间也不宜太长。

3. 人员测评时的气氛也会导致误差。如果测评者处于一种紧张的气氛中，或者对于测评的目的有怀疑和猜测，其行为表现与正常状态下相比就会有差异，有可能某些特质表现不出来，也有可能会故意表现出某些行为。对于这一

类原因造成的测评误差，控制的方法是一方面尽量减少人为因素造成的紧张，比如施测者不要有暗示性的话语；另一方面，可以在真正测评活动之前掺杂一些放松类的活动，待被测者紧张感降低后再实施真正的测评。总之，要尽量使被测者在轻松状态下，做出自然的反应。

三、受测者自身因素引起的误差及相应控制方法

无论测评流程多么标准化，受测者的反应总是不稳定的，其自身的因素同样会造成测评结果的误差。

1. 受测者的动机因素。人的动机不同，行为表现差异很大，对于测评而言，同样如此。如果受测者对于测评活动的动机很低，其在测评过程中的注意力、反应速度、持久性都会受影响，简单地说就是对测评活动积极性不高，兴趣不大；如果受测者对于测评活动的动机很强，在测评活动中的表现会和平时不一样，会表现出好的一面。比如求职者对于某份工作特别渴望，这个时候对其实施测评，由于动机非常强烈，他/她的表现会优于平时，甚至刻意表现出某些行为。对于这一类因素造成的误差，可以通过多次测评来加以控制。多次测评意味着多次取样，其准确性比单次测评的准确性要高，被测者的动机水平在每次测评时会有波动，多次测评就可以减少这种波动带来的误差。

2. 受测者的焦虑。测评对于受测者来说很难成为愉快的体验，一般都伴随着焦虑与紧张。研究表明，适当的焦虑可以提高受测者的兴奋水平、反应速度等，从而提高测评的成绩。过高的焦虑会使受测者过于紧张而分散注意力，思维变得狭隘、刻板，记忆中存储的东西也很难被提取，从而降低测评的成绩。过低的焦虑同样不是好事，对测评结果满不在乎，对测评活动投入不够同样会降低测评成绩。受测者焦虑水平与测评成绩之间的关系如图 3-2 所示。

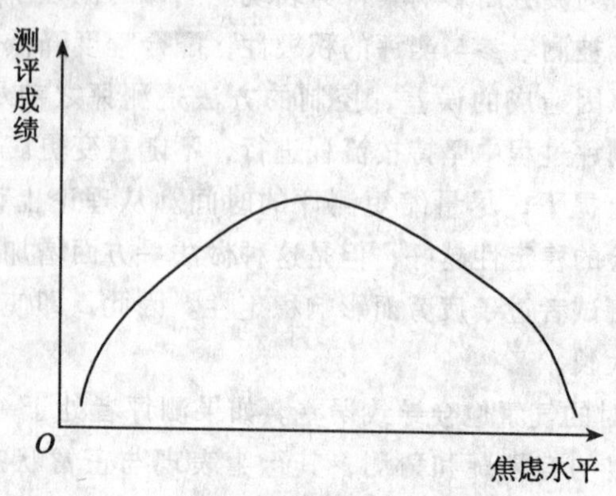

图 3-2　受测者焦虑水平与测评成绩的关系

对于受测者焦虑导致的测量误差，控制方法分两方面。一方面测评的组织者要根据测评的目的估计受测者的焦虑水平可能处于什么样的水平，然后采取措施加以引导；另一方面受测者要注意自我调节。

四、评价者引起的误差及相应控制方法

人员测评要力求客观、公正地反映被测者的各项能力、素质，但即使设计再精巧的测评，也免不了由评价者来对受测人员进行主观评价，因此评价者成为人员测评重要的误差来源。研究表明，评价者引起的误差主要包括趋中效应、光环效应、疲劳效应、宽容/苛刻效应、对比误差、第一印象、主观推测、触角效应等。表 3-3 对这些误差及其控制方法进行了归纳总结。

表 3-3 评价者引起的测评误差及控制方法

误差类型	典型表现	控制方法
趋中效应	对测评指标及评分标准理解不到位，评价时没有紧扣标准，评分高度集中在中间档次，差距拉不开。	深刻理解指标内涵及评分标准，评价时以标准为唯一参照，客观评价。
光环效应	被受测者的某一长处迷惑，提高对其他方面的评价，面试过程中极易产生光环效应的特征有表达能力、仪表长相。	严格参照标准进行评价。
疲劳效应	测评时间持续性长，评价者要连续作战，导致越到后面，评价者的评分标准越容易混乱，尤其是多场次连续面试的时候容易出现疲劳效应。	评价者要一直保持旺盛的精力，不仅考虑和留意主面试官的提问，仔细倾听受测者的回答，认真观察其反应，还要保持清醒的头脑，对受测者的能力和水平做恰如其分的判断。
宽容/苛刻效应	评价者给受测者的评价（分数）明显高于/低于受测者的实际表现。	严格依据测评标准评价。
对比误差	仅通过受测者前后对照进行评分，不按标准评分。	严格依据测评标准评价。

续表

误差类型	典型表现	控制方法
第一印象	测评开始前5分钟受测者给评价者留下的印象影响了评价者的判断，后续的测评过程成为证实自己判断的过程。	全过程的信息都作为评价受测者能力与个性特征的依据，不轻易下结论。
主观推测	联系受测者的职位和经历推测其某项能力，并由此抬高分数。	仅就测评中得到的信息和观察做出评价。
标准拔高	对某一行为信息的归类趋向于向高标准靠拢。	深入理解标准中对于行为性质的界定。
相似效应	当听到受测者某种背景和自己相似，就会对他产生好感，产生同情这样一种心理活动。	严格依据测评标准评价。
触角效应	与光环效应相反，评价者会从受测者所说的话中挑刺。	两个或多个评价者对评分结果进行交流，消除个人好恶偏见的影响。

第四节　测评总分合并的方法

人员测评往往会涉及多个方面，这样才能对受测者有一个全面认识。对于不同方面素质的测评要用不同的方法，如何将这些用不同方法得到的不同方面素质的测评结果加以合并是一个现实问题。对于测评结果的应用来说，人们往往最关心的是受测者的整体表现如何，而非某一方面的表现。

在解决不同的测评结果综合合并方法问题之前，首先要回答是否合并的问题，然后才来解决如何合并的问题。

在人员选拔的过程中，对人才的标准有一些基本的规定，这些规定有些是必要条件，有些是可以弹性变化的条件。比如说财务工作人员，业务能力强虽然重要，但道德素养更重要，而且是一个必备的素质，因此在考核业务能力之前，首先考查其道德素养是否在可以接受的范围之内，这两个要素是否存在合并的问题。还有，有些人特别看重专业，不想因为进入某个公司而放弃自己的专业，即使该员工的其他素质不错，除非有转岗的可能性，否则可能也需要放弃。

与上述情况相似，在不能将测评分数进行合并的情况下，可以考虑采用多重分段法。多重分段法的前提是：当几个预测源不具互偿性时，即在某一变量上的低得分不能由另一变量上的优异成绩来补偿时，就需要给每一个预测源都定一个分数线。不论有多少个预测源，只要一个人的得分在任意一个变量上低于分数线，即被拒绝。比如：集体生活要保证每个人的基本健康，不能有恶性传染病，如果有恶性传染病，即使能力再强，也不能录用。

以两个预测源为例（见图3-3）。两个预测源按照一定标准分别设置拒绝和接受的标准，这样可以分为四种情况，只有在右上角两个预测源都是接受时，这个受测者才是可接受的。

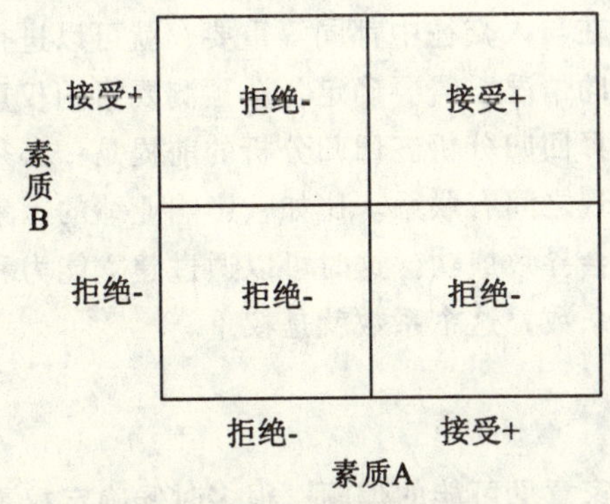

图3-3　两个预测源的分段模式

在很多情况下，多个测评所考查的素质并没有上述的严格要求，那么就要考虑如何将这些测评的结果加以合并。合并的方法无非是将各个测评的分数按照一定的权重求和。所以，测评分数合并的核心问题就变成了如何确定权重，以取得最佳测评效果。确定权重一般有以下几种方法。

一、单个专家权重法

根据相关领域权威专家的观点，确定各个要素测评的权重。该法也称为临床法，就像医生在看病时，不仅仅依靠医学规律，还会综合考虑病人的各种资料和信息，凭借自己的经验进行诊断。

这个方法的优点：能够从整体上对各个因素进行综合考虑，不仅考虑各个因素的作用，还可能整合各种因素的关系；可以综合考虑情境的特点，对某个或某类事件进行判断。这种方法也有其缺陷：凭借单个专家的智慧，可能出现错误的判断，将个人的偏见带到权重中去，不够客观；此外，判断者需要有丰富的经验，受过专门训练，有时这些资源比较难于获得。

二、理论法

根据某些理论研究成果，对各种素质指标进行权重赋值。这种加权方法有等量加权和非等量加权。

在高考中，由于各科成绩在高考总分中的地位不同，可以看到非等量加权；即使在同一门考试中，不同的题目分数也是不同的，也是非等量加权的例子。

但是在有些情况下，可能不好判断各个预测素质的重要性，会选择等量加权的方法和策略。比如：带队伍的能力包括口头表达能力、沟通能力、激励能力，可能这几个要素在与人交往中都同等重要，就可以进行等量加权。

对于非等量加权的情况，需要确定各个预测要素的权重大小，其中一个比较科学的方法就是选择回归分析。回归分析的前提是：必须获得一组数据，这些预测数据与行为表现之间有联系。比如，影响业绩的因素有能力和努力两个要素，能力和努力都会导致成功。这时可以通过建立能力和努力与业绩的线性回归方程来确定回归系数，这个系数就是权重。

三、德尔菲法

为了弥补单个专家意见可能的偏颇，很多时候确定权重采用德尔菲法，即由多个专家共同来确定权重。德尔菲法的一般工作程序如下：(1) 确定目标，拟订出要求专家回答问题的详细提纲，并同时向专家提供有关背景材料。(2) 选择一批熟悉本问题的专家，一般至少为 20 人左右，包括理论和实践等各方面专家。(3) 在互不知晓的情况下，专家独立确定权重。(4) 对返回的意见进行归纳综合、定量统计分析后再将结果反馈给专家，如此往复，经过三、四轮意见比较集中后进行数据处理与综合得出结果。

这种方法的优点主要是简便易行，具有一定科学性和实用性，可以避免会议讨论时产生的害怕权威随声附和，或固执己见，或因顾虑情面不愿与他人意见冲突等弊病；同时也可使大家发表的意见较快收敛，参加者也易接受结论，具有一定程度的综合性和客观性。但缺点是由于专家一般时间紧，回答往往比较草率，同时由于预测主要依靠专家，因此归根到底仍属专家们的集体主观判断。此外，在选择合适的专家方面也较困难，征询意见的时间较长，对于需要快速判断的预测难以使用等。尽管如此，本方法因简便可靠，仍不失为一种人们常用的定性预测方法。

四、对偶比较法

将一些评价要素进行配对比较，考查不同指标体系的权重。通过两两比较，可以发现在所要测量的这些素质中，哪些要素作用更大。由于总体上比较有时候比较困难，而两两比较可以分出高下。将每个测评要素在比较中的获胜次数综合在一起，就可以得到各个要素的重要性值。

如果希望将各个要素的距离拉开，还可以将两两比较分成差异优势很大、差异优势一般、差异优势很小三级，分别赋予 2、1、0 的权重进行频次统计，计算各个要素的频次，即可排出权重大小。

测评分数合并时，除了权重的确定，还应该注意各个要素分制的统一。在一套测评中，有的要素测评采用百分制，有的采用十分制，那么在合并之前要把所有要素的分制统一，比如将十分制同比换算成百分制，然后再加权求总。

附　录

本章涉及一些统计学的基本内容和计算方法，这些内容在基本的统计学教材上都可以查到。为了方便读者理解，特将相关内容简要列出。

一、集中量数

集中量数指的是一组数据中各分数的集中情形的最佳代表值，也是描述一个团体中心位置的一个数值。平均数、中位数和众数都属于集中量数，表示一组数据的集中趋势。

平均数指一组数据中所有数据之和再除以数据的个数，记作 $\bar{x}$。

中位数是将数据排序后，位置在最中间的数值，即将数据分成两部分，一部分大于该数值，一部分小于该数值。当样本数为奇数时，中位数就是第 $(N+1)/2$ 个数据；当样本数为偶数时，中位数则为第 $N/2$ 和第 $(N/2)+1$ 两个数据的平均值。中位数记作 Me。

众数则是一组数据中出现频数最多的那个数值，记作 Mo。

二、离散量数

离散量数是对一组数据中各分数的离散程度进行的描述。简单的离散量数包括极大值与极小值；极差（极大值 - 极小值）；样本离差以及离差平方和。样本离差指的是每个样本数据 x_i 分别与平均数 $\bar{x}$ 的差，数学公式为 $x_i-\bar{x}$，$i=$

1，2，…，n。离差平方和则是样本离差的平方和，数学公式为 $\sum_{i=1}^{n}(x_i-\bar{x})^2$。

离散量数里最常见的是方差 s^2，其定义为离差平方和与 $n-1$ 的比值，比较客观地反映了样本数据对样本均值的平均偏离程度，计算公式如下：

$$s^2=\frac{1}{n-1}\sum_{i=1}^{n}(x_i-\bar{x})^2$$

样本标准差的定义如下：

$$s=\sqrt{\frac{1}{n-1}\sum_{i=1}^{n}(x_i-\bar{x})^2}$$

三、相关系数

相关系数是变量之间相关程度的指标。样本相关系数用 r 表示，总体相关系数用 ρ 表示，相关系数的取值一般介于 $-1\sim1$ 之间。

1. 积差相关系数

最常见的相关系数是皮尔逊积差相关系数。设两组样本 x_1，x_2，…，x_n 和 y_1，y_2，…，y_n，样本平均数分别为 $\bar{x}$ 和 $\bar{y}$，标准差分别为 S_x 和 S_y，两组样本的共变异系数（covariance，协方差）为 S_{xy}，两组样本的皮尔逊积差相关系数则为：

$$r_{xy}=\frac{S_{xy}}{S_xS_y}=\frac{\frac{1}{n-1}\sum_{i=1}^{n}(x_i-\bar{x})(y_i-\bar{y})}{\sqrt{\frac{1}{n-1}\sum_{i=1}^{n}(x_i-\bar{x})^2}\sqrt{\frac{1}{n-1}\sum_{i=1}^{n}(y_i-\bar{y})^2}}$$

$$=\frac{\sum_{i=1}^{n}(x_i-\bar{x})(y_i-\bar{y})}{\sqrt{\sum_{i=1}^{n}(x_i-\bar{x})^2}\sqrt{\sum_{i=1}^{n}(y_i-\bar{y})^2}}$$

2. 二列等级相关系数

当两个变量（或其中一个变量）的原始数据原本就属于等级性资料时，可以用二列等级相关系数 r_R 表示两个变量的相关程度。计算二列等级相关系数的公式为：

$$r_R=1-\frac{6\sum D^2}{n(n^2-1)}$$

其中，D 表示两个变量每对数据等级之差。

3. 点二列相关系数

当两组数据中，有一组数据是属于连续性变量的观测值，另一组数据是属于真正的二分变量（如性别的男与女、硬币的正与反）的观测值时，可以用点二列相关系数 r_{pb} 表示两个变量的相关程度。计算点二列相关系数的公式为：

$$r_{pb}=\frac{\overline{X}_p-\overline{X}_q}{\sigma_t}\sqrt{pq}$$

p 表示二分变量中某一类别频数的比率；q 表示二分变量中另一类别频数的比率；$\overline{X}_p$ 表示与二分变量中 p 类别相对应的连续变量的平均数；$\overline{X}_q$ 表示与二分变量中 q 类别相对应的连续变量的平均数；σ_t 表示连续变量的标准差。

4. 二列相关系数

当两组数据中，有一组数据是属于连续性变量的观测值，另一组数据是属于人为地划分成的二分变量（通过与不通过、达标与不达标、好与差等）的观测值时，可以用二列相关系数 r_b 表示两个变量的相关程度。二列相关使用的条件是：

（1）两个变量都是连续变量，并且总体呈正态分布或接近正态分布；（2）两个变量之间是线性关系（两个变量的关系用图像表示接近于一条直线）；（3）二分变量是人为划分的，其分界点应尽量靠近中值；（4）样本容量 n 应大于 80。

计算二列相关系数的公式为：

$$r_b=\frac{\overline{X}_p-\overline{X}_q}{\sigma_t}\cdot\frac{pq}{y}$$

在这里，p 表示二分变量中某一类别频数的比率；q 表示二分变量中另一类别频数的比率；$\overline{X}_p$ 表示与二分变量中 p 类别相对应的连续变量的平均数；$\overline{X}_q$ 表示与二分变量中 q 类别相对应的连续变量的平均数；σ_t 表示连续变量的标准差；y 表示正态曲线下与 p 相对应的纵线高度。

关键概念

难度　区分度　信度　效度　效标　德尔菲法

复习思考题

1. 你认为该如何判断一个测评的质量？
2. 你认为人员测评中的误差来源有哪些？分别该如何控制？
3. 一套测评中包含多个测评，该如何合并求总？

第四章 履历表分析技术

本章要点

- 了解履历表分析对于人员测评的意义
- 理解履历表设计的基本原则
- 掌握履历表分析的主要方法
- 理解履历表分析中的常见问题及解决办法

第一节 概 述

科学地考查一个人的经历和在经历中所取得的经验，对于全面、客观地认识、判断一个人的能力和个性特征，不但有足够的理论支持，而且也是现实有效的。一般认为，在条件相对稳定的情况下，应聘者过去的工作经历和表现是预测他未来工作表现的最好依据。如一个人有公司高层岗位工作的经历和良好的业绩表现，那么就可以预测他在类似的新岗位上也会有较高的胜任力。因此，履历表分析技术在人才选拔与招聘等人力资源管理工作中有着较广泛的用途，是一种简单、实用的人员测评技术。

一、履历表的含义

履历，简单地说就是一个人的经历，或者说是一个人社会实践的过程，也有人称之为个人传记。广义的履历概念包括个人的基本信息、一般背景情况、学习培训经历、工作任职经历、社会经济地位、社会交往情况、业余爱好及个性特征等。

履历表是一种描述被测评者背景情况的材料。履历表项目的内容与申请表相似，都需要与职位要求或工作绩效相关。但两者又有所不同。履历表反映的是被测评者过去的情况，项目内容比申请表更详细、更全面。

个人履历分析，也称个人简历分析，是根据履历中记载的事实，了解一个人的成长历程和工作业绩，从而对其能力与人格背景有一定了解。一些学者用履历分析来预测人们的职业兴趣、工作成就和交际能力。履历表分析技术是在人员选拔过程中经常使用的一种技术，它是一种对个体过去经历进行剖析的十分有价值的测评手段。履历项目是一些可以被客观分类的信息（如获取的资格证、相关的工作经历、所在职位曾经承担过的责任）。对于不同的项目，根据其重要性给予不同的权重。每一个候选人都可以根据自身的履历获得相应的分数。

履历表分析技术是一种有效的过滤机制，可以有效减少申请者的数量。但是，履历表分析技术仅在所有的候选人都有同样的信息可提供使用的情况下才是可行的。因此，组织常要求申请人填写履历表而不是依靠申请表或者个人制作的简历提供的信息作为测评的依据。

履历分析的测量范围很广泛，包括感情稳定性、家庭和社会价值取向等。这些分析都可与其他因素结合对申请者作出综合评价。有研究表明，履历分析有较好的效度。因为“做过什么是经验，做成什么是能力，怎么做成是思维方法”，这些都可以通过履历分析得到答案。所以，履历分析可以作为人员测评的重要方法。

二、履历表的功能

（一）对候选人员的初步筛选

履历表分析作为一种人员测评方法，可以成为对应聘人员初步筛选的有效途径。通过初审申请人的个人履历表，可以迅速排除明显不合格的人员。履历表分析与面试、心理测验和评价中心等基本测评方法相结合，可以大大降低测评的成本，使人员测评更趋完善、客观。

一份用心编辑的履历表，可以帮助组织分析应聘者的个人资料，是组织招募优秀人才的第一步。学者卡西欧（Cascio）曾专门研究履历表用于人员测评的效果，结果发现，履历表用于预测人事变动率的效度系数大约为 0.77 ~ 0.79。许多相关研究都得到了同样的结果。

（二）确定面试中需要进一步澄清的问题

测评人员在解读履历表的时候，有可能发现一些应聘者遗漏了对于能否胜任岗位很重要的信息，或者有些问题存在着疑问而需要进一步探究，如离职原因、工作经历中出现的时间中断等。将这些问题挑选出来并作好记录，将有利于测评人员在下一步的面试中提出非常有针对性的问题，以便于更深入地了解应聘者的背景情况，为选拔决策提供有效的依据。

（三）对员工的人力资源管理

应聘者一旦接受工作，成为组织的员工，组织就需要对其进行管理。应聘时的履历表提供有关该员工的许多个体信息，如户口所在地、家庭子女、教育程度与培训、工作经历等，可以为今后的人力资源管理工作提供许多便利。同时，履历表上提供的该员工过去的工作表现和经济地位等信息还可以有助于评估其需要，从而为有效的个性化激励措施提供依据。这一点对于关键核心岗位的员工尤为重要。

（四）建立人才库

组织要想在合适的时候招聘到合适的人才，就需要在平时建立自己的人才库，尤其是对于高级管理人员和高级技术人员更是如此。如果总是等到需要的时候再去寻找候选人，极有可能无法在规定的时间内找到合适的人员；或者不得不降低对人才的要求，以便尽快填补职位的空缺。

组织的人才库能够帮助企业在职位空缺出现的时候，以最快的时间找到合适的候选人来填补。应聘人员或者候选人员的履历表可以为组织人才库的建立提供极为有用的信息。组织在获得相关人员的履历表后，一定要认真对待，详细了解应聘者各方面的信息，并确定需要进一步评价的人选。如果应聘者表现特别优秀，但又确实没有相应的职位空缺时，组织就应该把应聘者加入自己的人才储备库，以便将来有职位空缺时能及时与应聘者联系上。

三、履历表的种类

履历表在具体的应用中有许多类型，但在实际使用过程中，最主要的两种形式是权重履历表和传记式问卷。

（一）权重履历表

权重履历表是一种由申请人填写的履历表，表中的所有项目都根据其影响工作业绩的作用大小而赋予相应的权重（见表 4-1）。履历表作为测评的方法或技术，而工作表现则是测评的标准。将岗位的现有员工先根据工作表现分为高、中、低三个等级或者高、低两个等级。然后，让员工填写履历表。在收回履历表之后，将工作表现与履历表中所填写的项目进行比较。那些与工作表现有很高相关的项目就被赋予较大的权重，而与工作表现相关不密切的项目则给予较小的权重或者删除该项目。当申请人填写履历表之后，填写人的最后总分数由各个项目的得分加权汇总而得。在筛选决策中就以此分数作为依据。

用于人员测评的加权履历表分析通常由以下三个方面的项目构成。第一，个人基本情况。主要包括：姓名、性别、出生年月、民族、教育程度、政治面貌、宗教信仰、主要家庭成员、主要社会关系、婚姻与本人健康状况等。第二，个人经历。这是履历表的重点部分。如果有必要还需要对如何填好个人经历做出具体、明确的说明。如：个人经历从何时填起，时间间隔如何确定，经历中是否应包括职务情况的说明、证明人姓名、职业和联系方式等。第三，个人历史和工作表现情况。主要包括：何时、何地、何故受过何种奖励或处分，个人在过去工作中的具体表现，有无需要特别说明的问题等。

表 4-1 权重履历表

应征工作：

部门	职称	希望待遇	希望工作地点	请贴照片

一、个人资料

姓名		性别		籍贯		出生日期	
身份证号		血型		身高		体重	
□未婚 □已婚 □离婚			驾照种类	□大客车 □大货车 □小客车 □摩托车			
现在住址				电话			
永久住址				电话			

二、教育背景

类别	学校名称	科系	自		至		地点
初中			年	月	年	月	
高中							
大学							
其他							

三、工作经验

公司	部门	职务	工作说明	薪资（月）	起止时间	
					自	至

四、外语能力					五、专业训练或特长（特别资格或通过考试）
外语	听	说	读	写	

续表

六、家庭状况

关系	姓名	年龄	职业	备注

七、社团活动

名称	担任职务	内容	自 年　月	至 年　月

八、嗜好及志愿

九、自传（如学习经验、社团经验、工作观、自我期许等）

（二）传记式问卷

传记式问卷型的履历表包含大量多重选择问题。这些问题是为了获得申请人的个人资料、态度、早期的工作经历、个人价值观等信息而设计的。传记式履历表中的所有问题同样也必须与工作标准相关。所有能够反映工作表现的题目都根据其选择的答案给予相应的分数。与权重履历表一样，每一个申请人最终都可以得到一个总分数作为筛选决策的依据之一。见表4-2。

表4-2　**传记式问卷**

婚姻状况	嗜好及态度
你目前婚姻状况如何？ 1. 未婚 2. 结婚、无子女 3. 结婚、有子女 4. 分居或离婚	你常说笑话吗？ 1. 常常 2. 偶尔 3. 不经常 4. 根本不说
健康情况	人际关系
你曾患过什么病吗？ 1. 强烈过敏 2. 哮喘 3. 高血压 4. 胃病 5. 头痛 6. 以上疾病皆未患过	你对你的领导感觉是： 1. 不感兴趣 2. 很喜欢他们，但不常见面 3. 常见面 4. 工作时间基本上共处
经济	早期的家庭、童年和少年
一般情况下你年收入的多大比例用于储蓄？ 1. 5%以下 2. 6%至10% 3. 11%至15% 4. 16%至20% 5. 21%以上	18岁之前，你大部分时间是和谁在一起度过的？ 1. 双亲 2. 单亲 3. 亲戚 4. 养母养父或者非亲戚 5. 以上都不是
个人特点	业余爱好和兴趣
你感到你的创造性如何？ 1. 富有创造性 2. 创造性一般 3. 创造性较少 4. 没有创造性	去年一年中你读了多少本小说？ 1. 一本也没有 2. 一、二本 3. 三、四本 4. 五至九本 5. 十本以上

续表

学校和教育	自我印象
你高中毕业时几岁？ 1. 小于15岁 2. 15至16岁 3. 17至18岁 4. 19岁以上 5. 中学没有毕业	通常情况下你尽力干： 1. 每种工作 2. 只是自己喜欢的工作 3. 要求自己干的工作
价值观、观点	工作
下面哪一样对你来说最重要？ 1. 舒适的家和家庭生活 2. 需要才干、令人兴奋的工作 3. 在社会上出人头地 4. 在社会交往中积极活跃、得到承认 5. 尽量发挥自己的一技之长	你通常工作多快？ 1. 比大多数人快得多 2. 比大多数人快一些 3. 跟大多数人差不多 4. 比大多数人慢一些 5. 不清楚
个人贡献	
你觉得自己在前一个工作中贡献了多少？ 1. 贡献非常大 2. 比同事的贡献多一些 3. 跟同事的贡献一样多 4. 比同事的贡献少一些	

第二节 履历表设计技术

一、设计原则

（一）项目的工作岗位相关性

提高履历表的测评作用，关键在于履历表的设计上。履历表在最初设计时，应注意提高其预测能力，其中最首要的工作就是确定预测的标准。针对不同的工作岗位，人才的招聘与选拔有着不同的要求。履历表分析技术要建立在职位要求和工作分析的基础上，所选取的测评要素，必须和职位有一定的关联度和针对性。一般来说，履历表常选择那些与生产效率、人事变动率和出勤率显著相关的项目。那些与所确定的预测标准关联不大的项目，就不应作为测评的履历项目。

由于将众多与预测标准相关的项目集合在一起，履历表总的相关性和针对性也进一步提高。有关人员研究认为，如果项目具有较高的工作相关性和针对性，履历表也必然具有较高的预测性和准确率，从而使人员测评的可靠性较高。

（二）项目权重的差异性

履历表中包含项目的数量并不是一定的，但是不管项目数量有多少，总有一些项目是主要的。主要的项目集中反映申请人的真实情况和未来发展可能性，对提高预测的准确性发挥着关键作用。

项目与预测标准相关程度的高低决定了权重的大小。权重系数的确定，一般是在专家判断的基础上，采用因素分析法或统计检验法获得。但是无论采用哪种方法，都要在应用中不断地检验、修正，才能达到预期的人员测评的效果。

二、履历表项目的筛选

履历表所反映的资料对面谈的评定及候选人的能力、资历的判断都有着极其重要的作用，所以履历表的设计一定要科学、认真，以便能全面地反映所需要的有关信息。虽然履历表的内容可以非常丰富，但是在实际应用时，设计的履历表应该有岗位针对性，这就需要进行履历表项目的筛选工作。

首先，履历表项目的筛选要依据职务分析及工作岗位描述。测评人员在设计履历表之前，必须对被测评者的拟任岗位进行细致认真的分析，以系统、全面地确定该工作岗位对人员的学历、技能、资历、品质等方面的基本要求，然后找出与这些素质要求有关的项目。

其中，确定项目的筛选标准时还应注意，依据所要招聘的工作岗位不同而有所变化。如对技术人员和管理者的招聘，履历表的设计可能更关注有关候选人的教育、技能、经验等情况；而对一线的雇员或临时雇员的招聘，履历表的设计可能更侧重于候选人对工具和设备的使用及相关工作经验等。

另外，确定履历表项目时，除了评价申请人基本能力的一般项目（如总体能力、正规教育等）外，还应注意评价项目的可检验性。不可检验的项目或可检验程度低的项目对于履历分析来说，其效用将大打折扣。测评人员可着重于选择更加具体和数量化的项目，如特定的工作技能等，以便最终获得较为科学客观的履历测评分数。

现通过一个实例对履历项目的筛选进行说明：

履历表项目的筛选

某公司现有 1 000 名员工，其中男性员工 300 人，女性员工 700 人。根据工作效率的高低，将现有 800 名员工划分为两组，即高效率组与低效率组。高效率组有 60 名男性员工与 490 名女性员工。因此男性员工的高效率比例为 60/300 = 20%，女性员工的高效率比例为 490/700 = 70%。相应地，我们也可以知道，低效率组中男性员工的比例为 1 - 20% = 80%，而女性员工在低效率组中的比例为 1 - 70% = 30%。显然，性别在这是一个具有高区分度的指标。所以，我们可以把它作为一个项目列入履历表中。

根据高效率比例赋分，履历表内的性别项目就可以得到一个对应的分数。在本例中，男性员工的高效率比例为 20%，故性别为男性则赋 20 分；女性员工的高效率比例为 70%，故相应赋 70 分。根据这一计算过程和原则，履历表中的所有项目可以得到一个分数，最后将所有项目得分累加就可以得到一个履历表测评总分，用作人员测评与选拔的依据。

三、履历表的构建

（一）履历表的项目数量

履历表项目的数量需要根据拟任岗位的特点以及评价的需要而定。一般来说，履历表项目的数量从几十个到几百个不等。用于核心岗位候选人的履历分析表可能会包括数百个项目，而一般的简单劳动岗位则可能只需要几个或十几个项目。所以，对于履历表的项目数量并没有明确的统一标准。

项目数并不是越多越好，关键还是要看人员测评的目的和要求。如果履历表包含过多与测评标准无关的项目，非但不利于提高履历表的测评效果，甚至有可能带来不利的影响。一方面，项目过多会使填表人产生厌烦心理；另一方面，履历表项目与测评的低相关性会使填表人对测评产生怀疑，从而导致履历表测评的低效度。

（二）履历表的内容构成

履历表包括的内容很丰富。根据内容的可验证性，可以分成两类：一是测评者能够验证核实的项目，如家庭住址、家庭情况、工龄、学历、年龄等；另一部分是测评者不能验证核实的项目，如述职报告、自我工作总结等自我报告的内容。

具体来说，履历表基本包括以下模块：个人基本情况、一般背景情况、教育状况、能力资格、就业经历、社会经济地位、社会交往、兴趣爱好、个人性格与态度等。每一模块详细内容可参见表 4-3。

表 4-3　　履历表的基本内容构成表

模块	具体内容
个人基本情况	姓名，性别，近照，年龄，婚姻，初次就业年龄，子女数，身体状况，有何种疾病，一般生活状况，居住地，现居住地居住时间，联络地址，电话，家庭规模，迁移次数，身高，体重
一般背景情况	父亲职业，母亲职业，兄弟姐妹和其他亲属的职业，父母的家庭变化，家庭结构，接受教育时的经济来源、依靠父母的程度
教育状况	本人的受教育水平及教育历程，配偶的受教育水平，家庭成员的受教育水平，中学时喜欢和不喜欢的课程，大学类别，大学成绩，主修科目，在班级的学习地位，特殊训练课，业余教育情况
能力资格	国家资格考试，专业训练与证照，语言能力，文书处理能力，特殊性向等。
就业经历	以前承担的工作及起讫年限，工作时间的长度，工作岗位的收入，辞职的原因，是否有失业经历、时间及原因，申请现工作时是否有其他工作或失业
社会经济地位	房地产拥有量，汽车拥有量，保险人数，承担经济负担的情况，负债，月分期付款数，领过的最高工资，目前生活费用的最低支出数
社会交往	社会关系网络，是否经常参加社会活动、交往的人数、对象、时间长短、是否为召集人，担任何种工作，是否参加社团及担任职务，举办过哪些社会活动
兴趣爱好	室外运动或室内运动，业余爱好，种类，是否喜欢运动，积极参加的运动种类
个人性格与态度	自信心，工作动机，工作倾向性，是否乐于迁移、调动
其他	希望待遇、对工作环境的期望、应征动机，自我评价，未来自我期许，生涯规划，前用人单位对申请人的评价，推荐人名单或推荐信，本公司内有无亲友，推荐人列举的申请人特点，工作时间的限制，能否立即从事所申请的工作

（三）履历表的呈现

履历项目确定后，就要在履历表中以某一方式表现出来。履历表的形式多种多样，对此并无任何限制。但不论其形式如何，表格中的问题都不能模棱两可、含糊不清，让人产生误解。表格中的问题应简洁，应便于用数字来表达，要给人以合理的选择余地；如果问题中有可能无法包含适合申请人选择的项目，则可用“回避”或“其他”来代替。另外，问题应给人以中性而愉快的信息，而不应带威胁性，以避免申请人对组织产生不好印象，从而影响到对工作的接受及接受工作之后的行为表现。

（四）履历表范例

履历表的形式多种多样，不同组织、不同应聘岗位应根据具体情况和需要进行设计。表 4-4 提供了一个履历表的示范作为参考。

表 4-4　　　　　　　　　　**个人履历表**

填写说明：本人保证表中所填个人资料均详实可靠，愿意接受公司对表内所有资料的核实，如有虚假信息，一切责任自负。

姓名		性别		年龄		求职意向		照片
籍贯		民族		出生年月		希望薪金		
政治面貌		档案存放地				最高学历		
毕业时间		户口所在地				专业		
婚姻状况		身份证号码				最高职称		
家庭住址						邮政编码		
通信地址						联系电话		

家庭成员情况	成员	姓名	户口所在地	现住址	工作单位及职称	联系电话
	父亲					
	母亲					
	爱人					
	子女					

续表

	学校或其他教育机构	院/系/部门	起止时间	形式（脱产/在职）	职务	证明人	联系电话
学习及培训经历							
	工作单位	部门及职务	起止时间	月薪	离职原因	证明人	联系电话
工作经历							

学习工作期间业绩	注：主要指奖励情况、科研情况、论文、国家二级以上刊物发表的文章，作为主要负责人组织策划的重要活动等。

外语	第一外语	水平	第二外语	水平	其他

自我优缺点评价：	
优点：	缺点：
你认为自己适合干什么类型的工作？或你的职业定位是什么？	
你还有其他什么要求？	

第三节 履历表分析方法

如何从一大堆履历表中挑选出进入下一轮测试的候选人？这是招聘人员在招聘过程中要做的第一件事。虽然许多招聘人员都具有相当多的履历分析经验，但仍不可避免地会犯一些错误，以致在第一关时就将真正合适的人选拒之门外。如今的应聘者往往具有较丰富的求职经验，熟知履历包装之道。这更需要招聘人员提高自身水平，掌握一定的履历表分析技术和方法，以提高履历表分析的准确性，圆满完成甄选工作的第一步。

一、履历表分析的基本思路

有效的履历表分析不能仅凭经验，而需要有科学的理论和程序作为指导。具体来说，科学的履历表分析应该遵循如下思路（见图 4-1）：

第一步，根据职位要求和工作分析，选择一些与职位最相关的结构要素，如专业知识、决策能力等，建立职位特征模型。

第二步，根据职位特征模型的结构要素的分类，确定每个结构要素由多少测评要素组成以及它们之间的关系，并用分析比较法进行排序，决定每个测评要素的权重。

第三步，对每一个测评要素设若干项目，由应聘人员填写或者选择。

第四步，对履历表进行量化统计。根据事先确定的计算方法和被测评者填写的内容或者选择的答案，测评人员确定被测评者每个项目的得分。

第五步，将全部项目的得分求和，即得到应聘者履历测评的初步总分。

最后，根据面谈或其他材料分析，对初步得分进行误差修正，并按系统的常模进行分数转换，其结果即为应聘者的履历分析测评的最后得分，以此来评价应聘者履行相应职位的适宜性或胜任度。

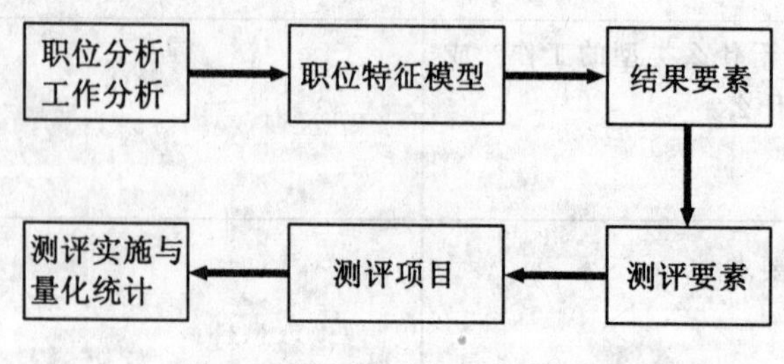

图 4-1 履历表分析的基本过程

二、履历表分析的特点

履历表分析作为一种方便、实用的人员测评方法，得到了越来越多的理论界专家学者和实践领域的管理人员的关注。具体来说，履历表分析有如下特点：

（一）定量化

履历表分析将传统的履历模糊评价改为定量评价。通过履历分析技术，根据事先确定的计分标准，个体的经历情况可以得到一个具体的分数，从而可以在不同被测评者之间进行比较、分析和评判。

（二）纵向化

履历表分析是从个体的纵向截面，以全新的视角和维度，对一个人实际的工作经历，包括成功与失败的经历、工作业绩等，进行历史的、全面的评价，弥补了其他测评技术和方法在测评维度上的不足，减少或避免了测试中一些高分低能现象，突出了对人的既定行为和实际业绩的评价，从而更有利于对人才素质的全面把握。

（三）全面性

履历表测评的内容涉及面比较广，凡是与职位相关的因素都可以作为测评要素，如家庭、社会关系，人际关系及其他测评方法无法考查的因素，甚至一些负相关的因素也可以根据需要进行设计。

（四）客观性

履历表分析具有较强的客观性。由于人的履历是过去发生的历史情况，这些情况是无法改变的客观事实，因此，一旦测评系统确定后，测评结果也就随之相应确定，这就有效地避免了一些人为的因素。不会像面试那样，由于评委的组成和评委本身素质的不同，履历表分析显示出较大的评分误差，从而保证了测评的公正性和准确性。

（五）方便性

履历表分析直观、简单、易于操作，对评价者的专门知识和技能要求相对不高。通常经过简单的培训即可以胜任，不需要专门业务培训或者主试资格审查，因而相对于心理测验和评价中心等技术，更为方便、灵活。同时，履历表分析可以在短时间内获得大量信息，成本低廉。测评要素比较多的履历表测评系统还可以实现计算机化测试，提高履历测评的效率。

三、履历表的项目解读

履历表可以包括众多的项目，不同的项目可以提供不同的信息，所以测评人员在分析履历表时要对不同的项目进行区分。

（一）工作经历

在评估被测评者的工作经历时，理想的状况是：被测评者从事过与申请的职位相似的工作，并且根据以往的记录，证明他曾经将这份工作做得很出色。因此，测评人员在看到工作经历这一部分内容时，首先思考的问题就是，被测评者是否具备其正在应聘的这份工作所需要的工作经验。

例如招聘销售人员。如果应聘者曾经有过销售方面的工作经验，就应该给他的工作经历项目加分；如果他曾经在本行业工作，那么应该再加分；如果他曾经交往过的客户与接受所申请的工作后需要打交道的客户属于同一类型，那么也应该再加分。依此类推。测评人员在研究被测评者工作经历的具体情况时可采用上述过程计分。

另外，在解读工作经历项目时，有两个问题还需要进一步注意：

第一，不能只是注意工作经历上所注明的工作的头衔。更重要的是要看看他在该工作岗位上具体负责的是什么样的工作；看看他在公司的哪个部门工作，对谁负责，接触的是什么产品，曾做过什么项目，等等。

第二，注意履历表上工作成果或业绩的描述情况。如果被测评者列出曾经取得的工作业绩，测评人员要根据经验和实际情况客观评判这些成果或业绩的实际意义有多大。对于没有列出曾经取得过的任何业绩的应聘者，则有理由怀疑其真实的能力。一般情况下，真正出色的应聘者都会在履历表中把自己曾获得过的成绩列出来。那些业绩平平的应聘者才会回避这些项目，因为他们本来就没什么可展现的。

（二）教育背景

教育背景部分测评人员首先关注的项目是被测评人的受教育程度，从而确认应聘者的教育至少不会低于可以接受的最低水平。学历的最低要求则需要根据招聘的岗位来决定。例如，产品研发人员相对来说可能需要较高的学历，低于最低学历要求的求职者是不能接受的。但是，并非对于所有岗位招聘而言，教育程度越高越好。对于某些工作岗位来说，有些被测评人员所受的教育可能太多了或者其所接受的教育目前还没有明显的用途。对于这样的人员是否接受也是一个值得考虑的问题，因为过高学历的人在一个低岗位上有可能不安心，那么其离职率就有可能很高。

在解读教育背景部分时，还需要考虑求职者的教育类型和专业是否适合所拟聘的工作岗位。不同专业的人具有不一样的思维特点，会影响其工作表现。

此外，被测评人所列出的课程科目也值得关注。例如，某位求职者所列的科目是否都是需要逻辑型思维的科目，抑或是也包括很多发散性思维的科目？

这些课程是实践导向的还是更加偏向抽象的理论？对于上述问题的考查可以在很大程度上了解到应聘者的思维特点，为录用决策提供有效的信息。

（三）职业进展

了解应聘者在过去的职业生涯中取得过哪些进展是很重要的。通过对履历表的解读，可以发现被测评者职业发展的趋势是上升、波动或是下降，这种分析对今后的职业发展具有一定的预测力。

如果某位应聘者一直进步很快，那么他很可能在今后的工作中仍然保持这种状态。人的每一次进步之间都是相互联系的，随着所承担的责任不断增加，不断接受更有挑战性的任务，整个职业发展会显示出明显向上的趋势。相反，如果某位应聘者虽然做过几份工作，所承担的责任却没有太大的变化，则很有可能是因为他缺少某些关键的品质或能力，不愿意或者不能承担更重要的责任和更大的压力。在今后的工作中，他很有可能仍然保持这种趋势。

（四）个性特点

虽然测评人员可以通过个性测验来了解被测评人员的个性特点，但是通过履历表的解读也可以很方便地了解到应聘者个性方面的特点。

履历表分析中可以找到应聘者与人沟通能力的线索。如应聘者在履历表中所提供的信息是否具体；列出成绩时，语言是否清晰；是否给出必要的事实和数据。这些都可以作为判断其沟通能力的依据。在态度方面，履历表能表现出应聘者是否礼貌、是否有人情味、是否自信等信息。如果被测评人将离职的原因解释为“我离开原单位是因为我跟上司无法和谐相处，他对我不公平”，这可能反映出应聘者无法融入一个企业的文化，或者是一个会把责任推给他人的人。此外，上学时通过业余时间打工挣钱养活自已的人，在工作岗位上可能比那些靠父母供养上学的人有更强的独立自主性。

在对求职者进行评价时，也许上述这些内容所反映的信息并不是绝对的，但仍可为测评人员的决策提供非常有价值的线索和依据。

四、履历表分析的主要方法

（一）确定履历表的项目权重和项目最高分

履历分析的主要工具是加权履历表。不同的项目在履历表中所占的权重是不一样的，而且其权重的大小还会因岗位的不同而有所变化。履历表项目权重的确定依据是项目内容与未来工作岗位要求及工作绩效的相关程度。在履历表的项目中，与拟任岗位关系密切的项目应赋予较大的权重。

具体操作中，会给履历表的每一个项目规定一个分数。确定分数的依据是该项目预测工作业绩的效力。同某一工作表现或要求具有较高相关性的项目，分数定得高一些；而相关性比较小的项目，分数则要定得低一些。

例如，针对某一职位的调查发现，在大专以上学历的员工中有85%的人工作表现优秀，而大专以下学历的员工中只有35% 的人工作表现优秀。在对该岗位的候选人进行履历表分析时，就可以为高学历的人计85 分，为低学历的人计35分。

（二）设计项目的评分标准

确定每一个项目的评分标准是进行履历表分析的一个重要步骤，这一评分标准要体现组织对候选人的要求。如果候选人的情况符合标准则得高分；反之，不得分或扣分。表4-5 提供了一个范例作为参考。

表4-5　**履历表评分标准**

项目	正向计分（2分）	基础分（1分）	负向计分（-1分）
1. 社团经验	担任领导者		不适用
2. 工作经验	相关工作全职或兼职	未提出	不适用
3. 荣誉成就	奖项、证照等	未提出	不适用
4. 兴趣专长	职务相关兴趣专长，如电脑、语言	不相关	未列举
5. 阅读爱好	两种以上不同性质	只列出一种	未列举
6. 个人优缺点	优缺点各一项以上	仅优点或缺点	未列举
7. 公司了解	列出两种以上业务或产品	有一项	未列举
8. 困难决定	做决定所持的立场与思考逻辑	不详细	不适用
9. 榜样	符合公司的价值信念（例如诚信）	有写	未列举
10. 价值信念	明确陈述自己个人价值观	有写一些	未列举
11. 人生规划	对生涯有目标、方向与方法	有写一些	未列举
12. 有利条件	合理且完成	有写一些	不适用
13. 薪资要求	符合行情	不明确写出	离谱
14. 文书技能	履历表呈现有用心设计	一般	不适用

备注：负向计分中，“不适用”表示不计分。

（三）履历表得分汇总与决策

根据事先确定的标准，把申请人各项得分加权汇总，根据总分确定选择决策。某些岗位可以设淘汰分或最低分，只有高于此分数的申请人才可能被聘用或进入下一阶段选拔，否则便被淘汰。

一般而言，履历表的项目主要概括为下列四大类：

A：基本情况。这类项目具体包括：姓名、性别、出生年月、民族、婚姻状况等。

B：知识与工作能力。这类情况主要通过个人受教育情况和职业经历、接受职业培训情况来进行判断。

C：家庭与社会关系。这类项目包括家庭成员情况与社会关系情况。

D：人品。

针对上述四个方面的项目，履历分析的评估公式可以有三种选择：

第一种：乘法公式

$$P_1=(A\times B\times C\times D)^{1/4}$$

第二种：加法公式

$$P_2=(A+B+C+D)/4$$

第三种：混合公式

$$P_3=[(A+B+C)/3\times D]^{1/2}$$

说明：

1. P_1、P_2、P_3为录取概率。当应聘者的 P_1、P_2、P_3落在招聘计划比例中时方可考虑录用。

2. A 为个人基本情况得分，B 为个人知识与工作能力得分，C 为个人家庭与社会关系得分，D 为个人人品得分。

3. 乘法公式是一个最严格的评价公式。这种评估方法意味着，一旦被试的某一项得分为零，则录取概率立即变为零。这一评价公式意味着被测评者必须全面均衡发展。当一种岗位对各方面的要求都很高时，如重要岗位人员招聘，履历评价就应该采用这个公式。

4. 加法公式是一个相对宽松的公式。这种评估方法意味着能够容忍被测评人在某方面的缺陷，即使有一项或几项分值较低，也会有一定的分数，不像乘法公式那样把人“一棍子打死”。当一个组织的管理比较规范，应聘岗位的重要性一般时，可以用这个公式选人。按这个公式选人，体现的是“每个人都有可用之处”的用人理念。

5. 混合公式兼顾了乘法公式的严格和加法公式的宽松，同时授予了“人品”分的“一票否决权”。这是目前绝大多数公司的用人理念。即：能力差不要紧，以后可以给予培养的机会；但人品不好的人万万不可录用。

表 4-6 提供了一个采用混合公式法计分的例子。

表 4-6　**招聘软件开发高级程序员**

一、项目分数与评分标准

根据对工作岗位的要求和业绩情况分析，得出每一类项目的权重大小，具体分配如下：

1. 个人基本情况：100 分

其中：

A. 年龄：50 分。调查发现，该岗位员工在 30～35 岁时，工作成绩最优，所以该年龄段的分值最高。具体计分标准见下表：

年龄计分标准

年龄	小于 25 岁	25 岁～	30 岁～	35 岁～	大于 40 岁
分数	30	40	50	40	30

B. 婚姻：30 分。未婚计 30 分，已婚计 20 分。

C. 性别：10 分。男性计 10 分，女性计 5 分。

D. 家庭所在地：10 分。本地计 10 分，外地计 0 分。

2. 知识和能力：100 分

其中：

A. 学历：40 分。大专及以下：20 分；大学本科：30 分；硕士以上：40 分。

B. 相关工作经历：40 分。1 年及以下：10 分；1～2 年：20 分；3～4 年：30 分；4 年以上：40 分。

C. 相关培训：20 分。没有培训：0 分；一些培训：10 分；培训合格并有相应证书：20 分。

3. 家庭与社会关系：30 分

主要考虑的是家庭与社会关系能否促进本公司的发展。

其中：

没有或者不确定：0 分；有一些促进：20 分；有较大帮助：30 分。

4. 人品：40 分

其中：

有不良记录或处罚：0 分；无不良记录：20 分；组织奖励：30 分；市级以上奖励：40 分。

二、根据个人履历表填写情况打分

三、总分汇总：

$$P_3 = [(A+B+C)/3 \times D]^{1/2}$$

四、根据录用比例做出决策

五、履历分析评估人才的几点技巧

测评人员可以通过履历分析得到应聘者的一个履历分数，以此作为应聘者之间比较的依据。另外，还可以使用一些技巧，从履历表中挖掘出更多有价值的信息，更深入地了解应聘者，提高招聘决策的准确性。

（一）带着问题解读履历表

履历表中提供了许多有关个体过去经历的有用信息，但是要从众多的项目中提炼出关键有效的信息，测评人员还需要注意自己的目的，有意识地带着问题寻找自己需要的重要信息，而不能陷入履历表中被应聘者牵着鼻子走。为了掌握主动性，测评人员需要带着一定的问题去解读履历表。具体的问题如下所示：

1. 时间上是否有不连贯的区间？
2. 学历和知识是否能胜任这个职务？
3. 过去的工作经验是否得以胜任这个职务？有什么资料证实应聘者已具备所需要的技能？
4. 应聘者离职的原因是否正当？
5. 应聘者是否逐渐得到升迁或责任加重？
6. 先前的工作薪资是否有持续的增加？
7. 所应聘的职务是否适合应聘者的职业生涯的发展？
8. 根据应聘者的背景资料及工作经验，哪些技能或专长可转换到所应聘的工作中？

总之，测评人员可以通过履历表解读，从不同的模块找到额外的可用信息（见表4-7），进一步丰富应聘者之间比较的依据，以提高履历分析评估人才的准确性。

（二）关注工作转换的描述

履历中对于工作转换的描述是值得认真对待的。例如从大公司到小公司的职业变换，其中可能就包含了值得探究的原因。如果某位应聘者原本在大公司里做市场专员，而后来去了同行业内的一家小公司做了业务发展经理，那么可能是这位应聘者在对自身定位进行良好的调整，也可能是觉得怀才不遇而产生了“宁做鸡头，不做凤尾”的想法；但如果前后两家公司实力悬殊，此人的职务、岗位却没有什么区别，那么他就很可能是个平庸的候选人。

如果招聘的职位很重要，可以开展周边调查，向应聘者过去的同事、下属及上司了解其工作转换的真实原因。当然，在进行周边调查之前需要征得应聘者的同意以避免不必要的法律纠纷。

表 4-7 履历表的解读示例

关注内容	增值信息
1. 个人的身份资料，包含了个人的家庭、身体状况、就学情形、交友等	可以进一步了解应聘者有无特殊情况，可能影响其工作动机及工作态度
2. 应聘者过去的工作经验及更换工作的原因及次数多寡	可以为面试提供需要进一步澄清的问题，通过面谈深入了解应征者过去工作学习及成长的状况、更换工作的理由及合理性、个人工作上的心态以及应征本工作的目的
3. 应聘者学业进修或工作经历，尤其是有无中断情形	针对中断学业或工作的原因及中断后对个人的心态及行为有何种意义及影响的了解，有可能可以获得有关应聘者更深层次的信息
4. 应聘者履历表中相互矛盾的信息	若履历表中所提供的资料前后矛盾，则需考虑此内容的可靠程度以及个人的求职动机、诚信态度等。若有必要，可以进一步寻找信息予以澄清
5. 应聘者的人际关系、社交活动、嗜好、运动等项目	可以从中了解应聘者的亲和性及活动性强弱，可以更深入了解其适应力、领导能力等

（三）关注履历中的细节

履历表包括很多重要的细节值得测评人员关注，如时段的连续性、工作变动的频繁性等。不连续的时间节点往往意味着较大的疑点，他为什么这段时间没有工作？虽然最终核实到的信息不一定都是负面的，但这样有助于全面的把握应聘者。如果发现应聘者短期内工作变动非常频繁，也是需要进一步探究的。他为什么在这么短的时间里跳了三家公司？根据学者的研究，个体在跳槽后往往会产生心理上的不适应，甚至会导致不停地更换工作，因为有些人在跳槽的时候对自己的定位并不明确，因而不得不继续跳下去。遇到这种情况，招聘人员既要提防录用习惯性跳槽的员工，也要给求职者适当的解释机会，如果他的分析中肯合理，也无须对其怀有成见。通常在一段不明方向的动荡之后，人们又会重新发现自己的定位，从而安心开始新的事业和生活。这样的应聘者无论创造力还是工作热情都处在最佳状态，对企业而言是值得信赖的员工。

（四）作好履历表筛选记录

测评人员在进行履历表分析的时候，最好进行必要的记录。一方面记录为履历分析提供更详细的支持，另一方面如果应聘者进入下一轮面试，那么所作的记录还可以为面试提供帮助，比如帮助面试官提出有针对性的问题。为了便于在不同应聘者之间进行比较，企业测评人员应事先根据所招聘岗位的要求，设计一份筛选记录表。表 4-8 是一个履历筛选记录表的范例。

表 4-8　**筛选记录表**

编号：120

应聘者姓名：张三

必备的任职资格和技能	有	无	评价
1. 高中文凭或同等学历	☑	□	如果进行面试，考查其口头表达能力
2. 解决问题的能力	☑	□	
3. 有效沟通的能力	☑	□	
4. 求知欲	☑	□	
5. 诚实、正直	□	□	面试时确定
6. 友好、平易近人	□	□	面试时确定
7. 灵活	□	□	面试时确定
理想的任职资格和技能	**有**	**无**	**评价**
1. 计算机方面的一些技能	☑	□	
2. 计算机组装和维修的经验	□	☑	
3. 使用技术手册的经验	☑	□	
4. 计算机技能及相应兴趣	☑	□	
5. 良好的组织能力	□	□	面试时考查

备注：看起来令人满意——在 A 公司接受过良好的技术培训，能独立工作，并有丰富的解决问题的经验。

总体印象：　□不合格　□勉强合格　□不确定　□很合适

签名：＿＿＿＿＿＿　　日期：＿＿＿＿＿＿

第四节　传记式问卷

传记式问卷型的履历表作为一种改进的履历表出现，不少人认为传记式履历表是更科学化的履历表。传记式履历表一般也包括工作情况、嗜好、健康、社会关系、态度、兴趣、价值观、自我观念等项目。

传记式履历表设计的依据是，目前的素质与工作绩效与过去各种环境中的行为是相联系的，同时也与态度、嗜好、价值观相关联。要确定具体问题与选项，则必须进行大量的实证研究与理论分析，从中找出关键性的因素。例如，一家高科技公司研究发现，富有创造性的研究人员均具有以下特点：有主见，埋头工作，希望担任有挑战性的工作，父母亲比较宽容。虽然这些素质特征信息可以通过面试与心理测验来收集，但是传记式履历表既方便易行，又具有较好的效度。

一、传记式问卷的设计步骤

传记式问卷的形成主要有以下几个步骤：首先明确需要招聘的工作岗位，分析该工作并定义相关的生活经验，然后对生活历史事件形成假设，在此基础上发展题库。通过筛选和预测对题目进行验证和修改。具体过程可见图 4-2。

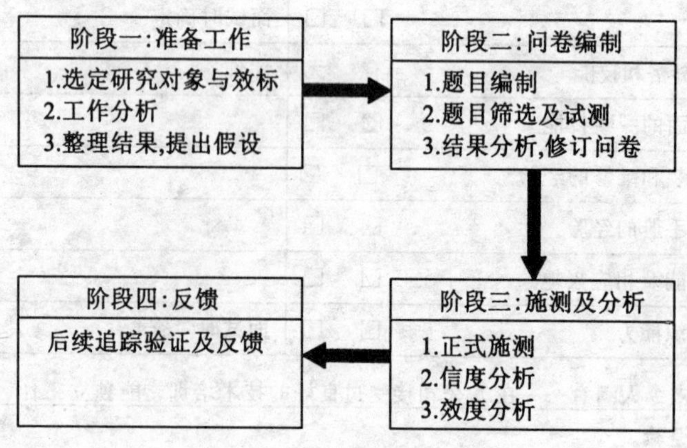

图 4-2　传记式问卷编制过程

二、传记式问卷的问题类型

传记式问卷中所使用的问题有多种类型，例如按照回答问题的不同方式，可以划分为以下六种：

1. 是—否（Yes-No）型问题

如：你对目前的薪水满意吗？

A. 满意　　　　B. 不满意

2. 连续性的单项选择问题

如：你体重是多少？

A. 45 公斤以下

B. 45 ~ 55 公斤

C. 55 ~ 65 公斤

D. 65 ~ 75 公斤

E. 75 公斤以上

3. 非连续性的单项选择问题

如：你的婚姻状况如何？

A. 独身

B. 已婚但无子女

C. 已婚且有一个或一个以上小孩

D. 离婚

4. 程度大小的评价性问题

如：在过去 5 年里，你对下列活动的喜欢程度如何？

选项：

A. 很喜欢　　B. 有点喜欢　　C. 不太喜欢　　D. 根本不喜欢

活动：

①散步或看电视——（　　）

②读书——（　　）

③郊游——（　　）

④室内运动——（　　）

⑤室外运动——（　　）

⑥音乐、艺术或戏剧等——（　　）

5. 含“回避”式的连续性选择问题

如：你在目前的全日制工作岗位上工作了多长时间？

A. 6 个月以下

B. 6 个月至 1 年

C. 1 ~ 2 年

D. 2 ~ 5 年

E. 5 年以上

F. 无全日制工作

6. 含“回避”式的非连续性选择问题

如：在何时你最易头痛？

A. 眼睛过度疲劳时

B. 未按时吃饭时

C. 过度紧张时

D. 一月一次

E. 从未头痛过

三、传记式问卷示例

传记式问卷的形式可以多种多样，但题目内容的选择仍然需要依据工作岗位的要求。具体题目的筛选还是应该考虑履历表设计的基本原则。在此提供一个传记式问卷的范例作为参考，见表 4-9。

表 4-9　　　　传记式问卷

1. 性别：A. 女　B. 男
2. 年龄：A. 25 岁以下　B. 26 ~ 30 岁　C. 31 ~ 35 岁　D. 36 ~ 40 岁　E. 41 ~ 45 岁　F. 46 岁以上
3. 学历：A. 高中（职）　B. 大专　C. 大学本科　D. 硕士以上
4. 婚姻状况：A. 未婚　B. 已婚　C. 离婚
5. 子女人数：A. 0　B. 1 个　C. 2 个　D. 3 个以上
6. 您曾经读过几位伟人传记（如哥伦布、华盛顿等）：
   A. 0　B. 1 位　C. 2 位　D. 3 位　E. 4 位以上
7. 在求学时代，您曾经当选过几次班长？
   A. 0　B. 1 ~ 3 次　C. 4 ~ 6 次　D. 7 次以上
8. 目前您负责扶养的亲属有几位？
   A. 0　B. 1 ~ 2 位　C. 3 ~ 4 位　D. 5 ~ 6 位　E. 7 位以上
9. 在您工作的行业中，您是否常被视为专业人士？
   A. 从不　B. 很少　C. 有时　D. 经常　E. 总是
10. 您在学生时代有多少次上台接受表扬？
   A. 不曾　B. 1 ~ 2 次　C. 3 ~ 4 次　D. 5 ~ 6 次　E. 7 次以上
11. 您上班的交通工具是：
   A. 公共汽车　B. 自行车　C. 摩托车　D. 小汽车　E. 步行
12. 家中经济负担，您需负责多少比例？
   A. 0　B. 小于 1/3　C. 1/3 ~ 1/2　D. 2/3 以上　E. 全部

续表

13. 青少年时期，您常在同伴活动中担任领导者吗？ A. 从未　B. 很少　C. 有时　D. 经常　E. 总是
14. 您是否有宗教信仰？ A. 无　B. 虔诚　C. 十分虔诚
15. 您目前拥有几张信用卡？ A. 0　B. 1　C. 2　D. 3　E. 4 张以上
16. 您是否经常与陌生人聊天？ A. 从未　B. 很少　C. 有时　D. 经常　E. 总是
17. 您目前需要赚钱的程度如何？ A. 不急迫　B. 普通　C. 相当需要　D. 十分急迫
18. 您是否有随身携带记事本记事的习惯？ A. 从未　B. 很少　C. 有时　D. 经常　E. 总是
19. 您每天阅读报纸的份数是？ A. 0　B. 1　C. 2　D. 3　E. 4 份以上
20. 平心而论，您觉得自己的身价是多少？ A. 一文不值　B. 10 万元以下　C. 10 ~ 50 万元　D. 100 万元以上

第五节　履历表分析中常见的问题与实施建议

一、履历表项目设计的合理性问题

项目设计的合理性是履历分析中的一个关键性问题。履历表项目的选择是应该来源于实证性的统计数字，还是符合逻辑的理论解释，对此研究者们并没有达成一致。Mitchell（1982）研究表明，通过经验积累与统计检验的履历项目要比按照理论原理设计的项目要好，但 Neiner（1982）的研究结果却相反。将实证与理论分析相结合也许是解决这种争议的一种可行办法。

对于履历表项目的特征，在研究者中间也存在着不同的意见。履历表项目最根本的特征在于，项目是可能影响个体工作行为的相关个人历史事件。其他一些特征则是为了矫正项目反应的社会称许性和伪装而提出来的，包括项目应该反映客观事件、应该限于客观的和直接回忆的内容、应该有验证的可能性。上述这些问题都是在设计履历表时应该仔细考虑的问题。

二、履历表内容填写的真实性问题

履历分析作为人员测评的一种工具，存在的最大问题就是履历填写的真实性。有研究表明履历表中填写的内容与已证实的情况一致性为 0.90，但也有研究得出了相反的结论，指出履历表内容的真实性并不高。

要想提高履历的真实性，首先，应将履历表设计得科学、合理，尽量减少主观性项目，增加客观性项目。其次，可以采取一些技术处理，在履历表中设置一些用于检验一致性和真实性的测评要素，通过真实性监测项目来检测履历表内容的真实程度。此外，还可以结合档案及有关材料的调查，验证应聘者填写信息的真实性。通过网络验证是一个不错的选择。如，中国高等教育学历证书网上查询系统（www. chsi. com. cn/xlcx/）；各个高校自行提供的本校毕业生学历查询。如果招聘的职位的确重要，还可以开展周边调查，向应聘者过去的同事、下属及上司了解。还有研究表明，事先的警告可以发挥一定的作用，减少履历中的虚假信息。比如，可以直截了当地告诉应聘者将会核实所有资料，如果有虚假信息，一切后果自负。一般来说，如果有言在先，应聘者就会三思而后行。对于履历表中列出的重要项目，还可以让应聘者解释其来龙去脉。在具体描述的过程中，可以判断应聘者所提供信息的真实性程度。例如，应聘者说曾负责公司股票的上市事宜，就可以让他说说公司上市的详细步骤。

三、履历表分析的效度问题

大量的证据表明，履历测量有着较好的效标关联效度（criterion-related validity），包括预测绩效、任职时间、培训成绩、工作改进、工作满意度和离职意愿等。履历表测量由于其较高的效度和很少的不利影响而得到了较好的关注。但也有人提出，履历测量的效度系数存在着稳定性的问题。有相关研究表明，履历表分析最初的效度系数为 0.74，两年后降为 0.6，三年后只有 0.38。针对履历表的效度问题，解决的方法是再评价与再检查，同时还要注意根据履历表设计的基本原则出发，通过科学的设计提高履历表的效度。

四、履历表分析的实施建议

履历表分析有其优点和价值，在实施过程中以下几点建议尤其值得注意：

首先，对每一个问题的选择都应谨慎仔细。这些问题应该是从事先的工作岗位分析的基础上产生。

其次，对每一个问题还要预先仔细思考，估计会得出什么样的回答。如果回答可能含糊不清或有失公正，那就应该剔除这个问题。只有这样才能避免那些形式上看起来很漂亮，但是实际上却与预测工作绩效没有什么联系的履历表。

再次，在设计与实施履历表时，还应该注意这是候选人将要看到的有关企业的第一份文件，对企业的形象有一定影响。特别是对那些敏感性问题更应备加注意。

此外，通过计算机系统进行评分和说明，可以提高履历表分析的真实性和有效性。但是，这些评分和说明也必须建立在合适的工作岗位分析和评判的基础上。

总之，只有良好的设计规划才能有效提高履历表分析的效果。

关键概念

履历表　加权履历表　传记式问卷　履历表项目　履历表分析

复习思考题

1. 你如何理解履历表的意义？
2. 你认为在编制履历表的时候，应该如何筛选项目？
3. 履历表分析有哪些主要的方法？
4. 履历表分析过程中常会出现什么问题？如何解决这些问题？

第五章 考 试

本章要点

- 理解考试的含义与用途
- 掌握双向细目表的要素与结构
- 掌握各种题型的编制技术
- 了解各种分数解释的方法
- 了解考试的管理方法

第一节 考试的概述

一、考试的定义与用途

在企业的人员招聘与选拔过程中，经常会涉及对应聘者或员工所具备的基本知识和素质进行测评。这种测评与心理测验中的能力测验与人格测验不尽相同，它不是测评被试具有何种能力倾向或发展潜力，而是关注被试通过以往的教育、培训和实践，实际具备什么？从某种意义上说，它更接近心理测验中的成就测验。在本书中，我们将这种测评活动称为考试。

（一）考试的定义

考试活动源远流长，考试概念古已有之。“考试”（examination）一词在西方源于古希腊语，最早见于公元前4世纪哲学家柏拉图的《理想国》，其中提出以考试方法鉴别人的智能发展水平。综合各家有关考试概念的基本观点，大致有下述五类：

1. 考试是工具

将考试界定为，根据一定的考核目的，让被试在规定时间内，按指定的方式、要求来解答试题，并对其解答结果评等级、记分，具有评定、诊断、反馈、预测和激励的功能，是教育测量的工具之一。

2. 考试是方法

这是中外学者较为普遍的观点，认为考试是测定人的能力、知识、技能、性格等有无和程度的方法。

3. 考试是手段

认为考试是通过书面答卷或口头询问等形式鉴别人的思想素质、知识水平、能力高低的一种手段，是学习者为了以稳健的步伐、有组织地进行学习所必不可少的手段。

4. 考试是测量

认为考试是根据考核的目的，让考试对象在规定时间内，按指定的方式，解答完事先编制的题目，按其结果给予评分，是对被测人的知识、智力和技能的一种测量。

5. 考试是活动

将考试定义为对人的基本素质及其绩效进行测量和评定的活动，认为考试是以人为测试对象，其本质是测度或甄别人的身心个别差异的社会活动。

上述有关考试概念的观点，各自从不同的角度描述了考试，实际上也是揭示了考试的某些特性和一般用途。

（二）考试的性质

考试通常又称教育测量，如上所述应属于心理测验中的成就测验的范畴。考试与其他类型测验（智力、人格等测验）的区别在于它是一种相对直接的测量。

人的能力分为实际能力和潜在能力。实际能力指的是一个人所具备的知识和技能；潜在能力指的是学习能力或从事某种活动成功的可能性，又称作性向或能力倾向。考试测量的是人的实际能力，即一个人知道什么（知识）和能干什么（技能）。无论是考试还是性向测验，测量的都是某种学习的结果。其区别主要表现在两个方面：一是它们与经验的一致性程度不同，考试测量的是相对标准或规范化经验的影响，如某种课程、训练程序对个人的影响，而性向测验反映的是广泛的学习经验的影响。二是它们的用途不同，性向测验经常用于预测将来的成就，如估计被试在将来某种训练中的获益程度或者预测被试在某种新情境中的表现等，而考试一般评估被试在已完成的训练中的收获，强调的是被试此时的作为。性向测验偏重于预测效度的分析，考试却偏重于内容效度的分析。

（三）考试的用途

应该说考试最大的用途还是体现在教育领域中。在企业人员测评领域，考试的价值主要在于，通过对一些基本的专业知识与技能的测评，起到反馈、评价及选拔安置的作用。

1. 反馈功能

考试应用于教育领域的主要功能在于反馈。在企业情境中，这种功能同样存在。尤其在新员工岗前培训或者老员工的素质培训中，考试成绩的前后对比能为培训师提供丰富的反馈信息，了解员工对特定知识和技能的掌握程度，同时也有助于员工的自我诊断，了解自身的成绩和不足。好的考试可以有效激励员工的学习动机。

2. 评价功能

考试可以为企业提供丰富的关于员工基本素养的信息，从而帮助企业作出进一步的人力资源管理决策。例如，可以通过考试进行员工培训需求的诊断。考试不但可以用于评估个别员工的基础知识与学习效果，还可以评估一个企业或一个地区的整体素质；不但可作跨区域的横向比较，还可作跨年代的纵向比较。但是要注意，在评价时一定要参照其他信息，不能单看考试分数。

3. 人才选拔与安置

考试经常用来作为企业选拔和晋升的工具，例如各种升职考试、招聘考试等；企业通过考试来确定一个人是否达到了从事某项活动所需要的最低水平，以此作为选聘和晋升的依据；还可以根据考试结果对人员进行分类，把每个人安置到适当的位置上。

二、标准化考试与普通命题考试

（一）标准化考试

标准化考试是由专门的测验机构编制的。以美国教育测验中心（ETS）为例，在那里，考试的编制工作是在一个由学科和测量专家组成的顾问委员会指导下进行的。他们提出一般的原则：需要哪种类型的测验？用于什么目的？测量哪些知识和技能？相对重点是什么？适用于哪个年龄范围？需要多少题目？本测验和别的测验以及市面上流行的测验的关系是什么？采用哪种形式的题目？需要几种分数或分测验？等等。他们对这些问题的决定，便成为编制测验的总纲和准则。

标准化考试较之普通命题考试有如下长处。

（1）考试编制更认真仔细，内容更广泛。

（2）能反映不同企业共同的测量目标。

（3）通常有可进行比较的常模，分数解释很方便。

（4）信度较高。因此标准化考试特别适合用于各个被试间的比较，如用于甄选、安置，评估知识、技能水平等方面。

（5）考试内容更偏重于理解和思维过程。

（二）普通命题考试

在很多时候，很难找到适合特定组织、特定被试的标准化考试，同时受到现实条件的限制，企业在人员测评时也不可能那么容易地找到适合自己使用的标准化考试。因此，在实践中大量使用的是自编的普通命题考试。也就是由使用考试的个人或组织，根据考试所要考查的内容和目标，依据一定的原则和方法，自行设计和编写考试题目。与标准化考试相比，普通命题考试也有其独到的作用：

（1）试题常因考查的能力、考试的组织者以及考查对象的不同而有所变化，因而能评估被试的特定知识、特定技能，以满足特定组织的特定测量目标。

（2）编制相对容易，可节省人力、物力和时间。

（3）在企业培训的情境中，能评估学员在特定课程、特定时间内进步的程度，并且能根据教学需要，随时安排测试，并立即提供反馈信息，帮助培训师改进教学。

不过，普通命题考试也特别容易出现一些问题，明确这些问题将有助于我们在编制普通命题考试时扬长避短，以更好地实现考试的目标。

（1）题意不清。这是普通命题考试经常出现的一类问题，尤其当一句话或一个词有双重甚至多重意义时，题意就更不清楚了。

（2）措辞过多。很多时候，并不是表述越详细复杂，题意就会越清晰。措辞越准确精炼，题意明确的可能性越大。

（3）偏重记忆。因为考试所固有的侧重于知识考查的特点，在考试命题时很容易出现偏重考查记忆的趋势。太多具体知识或概念记忆的提出，不能反映测量的目标和任务。考试也应该测量更高一级的心理能力，如理解、应用、综合及评价等。

（4）格式不当。不同题目形式适合测量不同的内容，如何根据考试的内容和目标选择合适的题型，是编制考卷的难点之一。应根据测评目标编制合适的题目，不要只用一种形式或频繁变换多种形式。

简而言之，标准化考试更能反映不同企业共同的测量目标，而普通命题考试更能满足不同企业特定的测量要求；标准化考试更着重于理解和思维过程，而普通命题考试偏重于具体知识。很显然，二者只能是互相补充，而不能彼此替代。采用何种考试依赖于使用者的目的和要求。当然，如果出现某种目标或功能既可以通过普通命题考试也可以通过标准化考试来体现的情况，而现实条件也可以方便地提供这两种考试备选时，通常选择标准化考试会更有效。

三、考试的编制程序

(一) 确定考试目的

1. 考试对象

在编制考试前首先要明确测评对象，也就是该考试编成后要用于何种团体，是考查一般技术人员、高层管理人员，抑或是专业技术人才……不同被试群体的基本素质是不同的，只有对受测者的年龄、智力水平、文化背景以及阅读水平等做到心中有数，编制试题时才能有的放矢。

2. 考试目标

所编的试题是用来考什么的？是测量学业成就还是某种专业技能？是考查基本的智力水平还是某种职业必需的专业素养？这些也是必须首先考虑的问题。

同时，不仅要明确测量的目标，还要对测量目标加以分析，将此目标转换成可操作的术语，也即是将目标具体化。例如美国著名测验学家瑟斯顿（Thurstone）通过因素分析，将智力分解为七种基本心理能力：

语文理解——阅读时了解文字意义的能力；

语词流畅——正确迅速地拼字以及敏捷地联想词义的能力；

数字运算——正确而迅速地使用数字解答算术问题的能力；

空间关系——运用感官及知觉经验正确判断空间方位及各种关系的能力；

机械记忆——用重复感知的方法记住事物的能力；

知觉速度——迅速而正确地观察与辨别事物的能力；

一般推理——根据已知条件推出新判断的能力。

瑟斯顿根据上述七种因素于1941年编成了“基本心理能力测验”。

3. 考试的用途

所编出的试题是要对被测者做描述，还是做诊断，抑或是选拔和预测，这一点也是在考试编制前就应明确的。目的不同，编制考试时的取材范围以及试题难度等也不尽相同。

(二) 制定编题计划

编题计划，实际上就是对考试的总体设计，指出考试的内容结构和项目形式等，以及对每一个内容及目标的相对重视程度。考试的编制计划通常是一张双向细目表，其中一个维度是内容，就是考试中要测量的某学科知识的各项基本内容，或某种职业必需的各项基本知识及技能，另一个维度是需要被测者达到的行为目标。关于双向细目表的概念及编制方法，在本章第二节将有专门的介绍。

制定编题计划主要有两个用途：

第一，在编制阶段，编题计划指出应该编多少项目以及编哪些种类的项目；项目编好后，可将项目的实际分布情况与测验计划对照，以确定测验项目是否恰当地代表了所要测量的领域，核对重要方面的内容是否有遗漏。

第二，在记分时，双向细目表可帮助我们很方便地确定每类项目的分数。

（三）编制题目

1. 搜集有关资料

做好编题计划后，就要搜集有关资料作为设计项目的依据。一个考试的好坏与考试材料的选择适当与否有密切关系，为此要注意以下几个问题：

(1) 资料要丰富

资料搜集越齐全，设计项目便越顺利。同时，大量丰富的资料会使考试内容不致有所偏颇，并且能提高行为样本的代表性。如编制管理人员基本知识考试，搜集的资料应包括：管理的主要理论，管理现场情境中观察的资料，通过管理人员访谈得到的信息，以及其他管理知识测验的项目等。

(2) 资料要有普遍性

所选择的材料对考试对象要尽可能公平，即被试都有相等的学习机会。譬如，编制营销人员专业知识考试时，要以统一的专业教学大纲或统编教材作为题目来源，不能只考虑个别专家的意见，还要考虑大多数专业人员和专家的意见。在编制智力测验时则要尽量避免特殊知识经验和文化水平的影响。

2. 选择项目形式

考试编制者还必须确定考试内容的表现方式，是纸笔测验还是操作测验；是只要被测者认出正确答案，还是需要他自己做出正确答案；是采用一种题型，还是同时采用几种题型。在大多数情况下，任何内容都可以用几种形式呈现，问题是如何选择“最优的”表现方式。在选择项目形式时，要考虑以下几点。

(1) 考试的目的和材料的性质

例如，如果要考查被试对概念和原理的记忆，宜用简答题；要考查对事物的辨别和判断的能力，宜用选择题；要考查综合运用知识的能力，宜用论文题。

(2) 接受测试的团体的特点

例如，毕业时间比较久的人，一般读和写的效率会下降，因而在选拔高管的时候不宜采用过多的要求读和写的项目；而对文化程度不是很高的基层操作人员进行考试时，则应多采用能反映其真实水平的操作项目。

(3) 各种实际因素

譬如，当被测者人数过多，考试时间和经费又有限时，宜用选择题进行团体纸笔考试，而人数少、时间充裕，又有充足的实验仪器设备及考官时，则可用操作考试或口头考试。

廖世承、陈鹤琴先生几十年前曾提出以下几条选择考试形式的原则：第一，使被测者容易明了考试的做法，在做试卷时不会弄错；第二，做法简明、省时；第三，计分省时省力；第四，从成本的角度考虑，要经济。

3. 编写和修订项目

制订项目的过程包括写出、编辑、预试和修改等一系列过程。在获得一个令人满意的项目之前，这些步骤是不断重复的。在这个过程中，编制者和有关方面专家要对项目反复审查修订，改正意义不明确的词语，取消一些重复的和不适用的项目，然后将初步选定的项目汇集起来组成一个预备测验。

编写项目要注意以下几个问题：

（1）项目的范围要与编题计划（即双向细目表）相一致；

（2）项目的数量要比最后所需的数目多一倍至几倍，以备筛选和编制复本；

（3）项目的难度必须符合考试目的的需要；

（4）项目的说明必须清楚。

（四）预测和题目分析

初步筛选出的项目虽然在内容和形式上符合要求，但是否具有适当的难度与鉴别作用，必须通过实践来检验，也就是要通过预测进行项目分析，为进一步筛选项目提供客观依据。

1. 预测

项目性能之优劣，不能仅凭试题编制者主观臆测来决定，必须将初步筛选出的项目组合成一种或几种预备测验，经过实际试测而获得客观资料。预测应注意以下几个问题：

（1）预测对象应取自将来正式考试准备应用的群体。例如，对于选拔某专业的大学毕业生的考试来说，进行预测的学生必须和以后的考试对象同样为大学四年级的学生，并且具有相同的课程背景；取样时应注意其代表性，人数不必太多，亦不可过少。

（2）预测的实施过程与情境，应力求与将来正式考试时的情况相近似。

（3）预测的考试时间可稍宽一些，最好使每个被试都能将项目做完，以搜集较充分的反应资料，使统计分析的结果更为可靠。

（4）在预测过程中，应随时记录被测者的反应情形，如在不同考试时限内一般被测者所完成的题数、题意不清之处及其他有关问题。

预测的目的在于获得被测者对项目如何反应的资料，它既能提供那些项目意义不清、容易引起误解等质量方面的信息，又能提供关于项目好坏的数量指标，而且通过预测还可以发现一些原来想不到的情况，如检验考试时间为多长会比较合适，在施测过程中还有哪些条件需要进一步控制等。

2. 项目分析

对项目的分析包括质的分析和量的分析两个方面。前者是从内容取样的适当性、题目的思想性以及表达是否清楚等方面加以分析，后者是对预测结果进行统计分析，确定考试的效度、信度，项目的难度、区分度，备选答案的适宜性等。

(1) 效度。考试的效度是指通过一次考试能确实地测量到它所欲测量的东西的程度，可用考试的内容效度和效标关联效度来表示。标准化考试要求效标关联效度在 0.45 以上，考试才算有效。内容效度没有确切的数据指标，它是由考试编制者、使用者运用分析判断得出的结论。一般认为，内容效度应达到 0.80 左右。

(2) 信度。考试的信度是指考试结果的可靠性程度，可用等值系数、稳定系数和分半系数来表示。标准化考试的信度系数要求在 0.90 以上，最低不小于 0.80。美国有些标准化考试的信度系数要求在 0.96 以上。

(3) 难度。试题的难度即试题的难易程度，可用通过率来表示。各个试题的难度以适中为宜。试题太难或太易都不会有好的区分度，其信度也会降低。国外许多研究者以及我国研究者的试验结果证明，除去个别以“选拔少数极优”或“淘汰少数极劣”为目标的考试，只有难度中等的试题才是较好的。

(4) 区分度。试题的区分度是指试题对被试的区分能力，一般在 0 ~1 之间，值越大区分度越好。试题的区分度在 0.4 以上表明此题的区分度很好，0.3 ~0.39 表明此题的区分度较好，0.2 ~0.29 表明此题的区分度不太好需修改，0.19 以下表明此题的区分度不好应淘汰。

关于信度、效度、难度和区分度，本书第三章做过专门探讨，在此不再赘述。编制一套考试，只依据一次预测的结果所作的项目分析是不够的。由于预测的被测者样本可能会有取样误差，故由此得到的项目分析结果未必完全可靠。为了检验所选出的项目的性能是否真正符合要求，有时需选取来自同一总体的另一样本再测一次，并根据结果进行第二次项目分析，看两次分析结果是否一致。如果某个项目的测试结果前后相差较大，说明该项目的性能值得怀疑。这种在两个独立样本中进行项目分析的过程叫做复核。

(五) 合成考试

经过预测和项目分析，对各个项目的性能已有可靠的资料作为评价根据，下一步就可以选出性能优良的项目，加以适当的编排，组合成考试题目。

1. 项目的选择

在选择项目时，不但要考虑项目分析所提供的资料，还要考虑考试的目的、性质与功能。最好的项目，就是只测定所需要的特征，并能对该特征加以有效区分的难度合适的项目。

一般说来，项目的区分度越高越好，这是选择项目的一条重要标准。特别是对于选拔性考试，这一点尤为重要。

选择项目的另一个指标是难度。难度多大为合适并无一个绝对标准，而要根据考试目的来确定。有的要求难一些，有的则要求容易一些，有的可不考虑难度。就是同一张试卷，题目难度也可以不同，只要整个考试的难度分布符合要求即可。

根据项目分析资料选出的项目，还要与编题计划再次对照，看看材料内容以及所测量的行为目标是否与计划相符，必要时加以适当调整。此外项目的数量还必须适合于所限定的考试时间。

2. 考卷的长度

考卷的长度 (length of test) 是针对试题的多寡而言的。一份试卷应该包含多少试题？并没有一个绝对的标准。根据双向细目表编写的试题，通常都比实际需要的数目多，经过试测和题目分析后，可考虑下列六个因素，弹性调整试卷所需的长度。

(1) 考试的目的。例如，培训过程中检验学习效果的考试通常要比竞岗考试的题目少；效标参照考试通常比常模参照考试的题目多。

(2) 试题的类型。在一定的作答时间限制内，客观性考试的题目通常比主观性考试的多；选择型考试的题目通常比补充型考试的多。

(3) 信度的高低。在其他条件相等的情况下，为使考试分数的可靠性提高，就需要增加复本试题的数目。

(4) 被试的年龄。例如，年龄太小或偏大的被试都不适合使用太长的试卷。

(5) 被试的能力。例如，能力水平较低的被试所使用的试卷，应该比能力水平较高的被试所使用的试卷更短一些。

(6) 作答的时限。一般来说，速度型考试的题目较多，而难度型考试的题目较少。

3. 项目的编排

项目选出之后，必须根据考试的目的与性质，并考虑被试作答时的心理反应，加以合理安排。一般可以挑选下列四种排列方式之一或混合数种方式，来进行试题的编排。

(1) 根据试题难度来排列：亦即将简单的试题排列在前，困难的试题排列在后，以符合作答的心理原则。一般来说，在考试开头应该有一两个十分容易的项目，以使被试熟悉作答程序，解除紧张情绪，建立信心，进入考试情境。对项目的总的编排原则是由易到难，这样可以避免被试在难题上耽搁时间太多，而影响对后面问题的解答。在考试最后可有少数难度较大的题目，以测出被试的最高水平。

(2) 根据试题类型来排列：亦即将属于同类型的试题编排在一起（例如：先排 10 题选择题，再排 10 题是非题，然后排 5 题匹配题和 5 题简答题等）。在同一类型中，再依试题的难易顺序排列，简单的在前，困难的在后。

(3) 根据考查内容来排列：亦即将反映同类别或同领域的材料内容的试题排在一起。但这种排列方式的测验，容易造成被测者序列回忆的呆板模式，因此，已逐渐少用。

(4) 根据考查目标或能力来排列：亦即按认知目标的层次顺序来排列试题，或者是依据所要测量的能力来排列试题。例如，在英语考试中通常按照词汇、语法、阅读和写作四种能力来编排。

4. 编造复本

为增加实际效用，一个考试有时需要有两套以上的等值型试题，称作复本，复本越多，使用起来愈便利。例如，我们要考查新进技术人员在进行过入职培训之后的进步，以此作为进一步筛选的依据。在这种情况下，就必须进行两次考试，一次在初选完成之后、培训进行之前，另一次在培训结束之后。两次结果的差别代表通过培训，新员工成绩的提高。如果考试只有一份，用两次就难免有练习的影响，两次考试结果的差异不能完全代表进步的大小。要是这个考试有几个复本替换使用，就可以免掉练习效应的干扰。

同一考试的几个复本必须等值，所谓等值需符合下列几个条件：

(1) 各份试题测量的是同一种特质；

(2) 各份试题包含相同的内容范围，但题目不应有重复；

(3) 各份试题题型相同，题目数量相等，并且有大体相同的难度分布。

只要有足够数量的题目，编造复本的手续是很简单的。先将所有适用的题目按难度排列，其次序为 1，2，3，4，5，6，…，如果要分成两个等值的测验本，可采用下面的分法：

A 本：1，4，5，8，9，12，13，16，17，20，…

B本：2，3，6，7，10，11，14，15，18，19，…

如果要分成三个等值的测验本，可采用下面的分法：

A本：1，6，7，12，13，18，19，24，…

B本：2，5，8，11，14，17，20，23，…

C本：3，4，9，10，15，16，21，22，…

采用上面的分法可使复本之间在难度上基本相等，从而获得大体相同的分数分布。复本编好后，应该再试测一次，以判定各复本是否等值。

5. 考试的指导说明

在编好试卷之后，最好制作出考试的施测指导说明，包括对下列各项问题的明确：

(1) 本次考试的目的；

(2) 作答时间多久；

(3) 如何计算分数，以及是否使用计算机辅助计分；

(4) 说明不同试题的总分各是多少；

(5) 答错或猜错有无倒扣分；

(6) 是否可以携带及使用参考书、讲义、笔记、尺、圆规或计算器等；

(7) 答案纸与试题册是否分开作答，分别交卷；

(8) 是否允许在答案纸或试题册上注记或补充说明事项，是否需要上交草稿纸；

(9) 考试中途是否可以举手发问等。

这些陈述是为了统一施测的程序和步调，让施测的过程达到标准化、一致化，避免因为施测程序不一，而影响被测者的作答情绪和成绩。

第二节　双向细目表的编制

一、双向细目表的定义与特点

双向细目表（two-way specification table）是一种考查目标（能力）和考查内容之间的列联表，它能指出考试所包含的内容、测量的各种行为目标与技能，以及对每一个内容、技能的相对重视程度，以此保持考试题目具有适当的代表性。

制作双向细目表，是命题工作的一个重要环节。作为命题工作的依据，它体现了考试的目的，保证了考题对要考查的内容有较宽的覆盖面，使考试有较好的内容效度，并且可以使命题工作避免盲目性而具有计划性，使命题者明确测验的目标，把握试题的比例与分量，提高命题的效率和质量。同时，它对于审查试题的效度也有重要指导意义。

二、双向细目表的结构

（一）双向细目表的基本要素

双向细目表由三个要素组成：

（1）考查目标，亦称考查能力层次。它具体回答了考试是“考什么”的问题，也体现了该项考试要求被试应具备的具体能力。

（2）考查内容，亦称考查的知识块或测评要素。它反映了考试的基本素材。

（3）考查目标与考查内容的比例，亦称权重。它反映了考查目标与考查内容各项目之间的相对重要性。

1. 考查目标（能力层次）

在双向细目标中，横向列出的各项是要考查的能力，或说是在认知行为上要达到的水平。认知目标通常有四种分类方法，如表5-1所示。

表5-1 认知目标（考试目标）分类

布鲁姆和克拉斯沃（1956）
知识 理解 应用 分析 综合 评价
德拉赫和沙利文（1967）
识别 命名 描述 建构 分级 演示

续表

教育测验中心（ETS，1965） 记忆 理解 思维
伊贝尔（1979） 术语（或词汇）的理解 事实和原则（或普遍性）的理解 解释或演示的能力（关系的理解） 计算能力（数学问题） 预测能力（在何种情况下最可能发生什么） 选择最合适的活动（或某种具体实际问题的情况）的能力 做出评价判断的能力

第一种分类方法是最流行的，美国教育家布鲁姆和克拉斯沃 1956 年编著的《教育目标分类学：认知维度》提出，认知能力从简到繁有六个级别：知识、理解、应用、分析、综合、评价。这六个级别不是相互排斥的，较高级的类型中包含较低级类型的内容。例如，“知识”和“理解”都是“应用”的基础，而且包含在“应用”中。

（1）知识（识记）：对具体事实的回忆，方法或过程的回忆，模式、结构或背景的回忆等。例如：“请列举企业管理人员的五种职能”。

（2）理解：理解事物的意义或目的。这一层次的一般行为是转译、解释或推论。测量理解的题目常用的词汇是：转换表达方式、解释、总结等。例如：“请解释目标管理的涵义。”

（3）应用：将知识和想法应用到新的具体情境中。测量应用的题目常用的词汇是：计算、确定、解决等。例如：“计算下面一组考试分数的平均数和标准差。”

（4）分析：将事物分解成不同部分以揭示其结构和各部分之间的关系。这类题目常用的词汇是：分析、区别、关系。例如：“分析直线职权和参谋职权的差别。”

（5）综合：将各种不同元素或部分组合成一个整体结构。测量综合题目的常用词汇是：设计、归纳、设想、计划等。例如：“设计一个工作申请表。”

（6）评价：在推理的基础上对事物的价值做出判断。测量评价的常用词汇是：比较、评价、判断、评论等。例如：“评价柔性人力资源管理的后果。”

第二种分类方法是德拉赫和沙利文提出的，它完全是按照被试学习之后应该达到的行为要求所定义的，例如：

（1）识别能力要求被试能够指出某个项目属于何种特定类型；

（2）命名能力要求被试以正确的词汇来表达或表示某种知识或概念；

（3）描述能力要求能报告物体的确切类别、事件、所有物或相对物；

（4）建构能力要求能根据特殊要求完成任务，做出成绩；

（5）分级能力要求被试能对两个或更多的参照物划分具体的等级；

（6）演示能力要求学习者能够根据要求演示完成某项专门任务的行为。

其他分类方法，这里就不再详细介绍了。

2. 考查内容

一般来说，双向细目表纵向为要考查的内容即知识点或测评要素。每一个考试都有其独特的考查内容，如人力资源部员工应具备的基本知识、计算机专业人员应具备的基本知识等。可将考试内容分为若干测评要素，每个要素再划分为若干子要素。例如，在选拔管理人员的考试中，考试的内容就应该是管理人员应该具备的知识和技能，如表 5-2 所示。

表 5-2　　**管理人员选拔考试的内容**

考试内容	管理人员应该具备的知识和技能					
测评要素	岗位知识		智力		带队伍能力	
子要素	专业知识	专业技能	分析问题	解决问题	人际关系	沟通能力	激励能力

3. 权重

不同能力层次的题目应在试卷中占有多大的比例？不同内容维度的题目又应在试卷中占多大的比例？双向细目表的第三个要素——权重，主要回答这两个问题。

从考查的目标维度来说，通常在编制双向细目表时，采用的是布鲁姆的六个认知等级，一套好的试卷应该保证这六个等级的题目有一个合理的分布，如图 5-1 所示：最难和最简单的题目都比较少，中等难度的题目比较多，这样才能保证试卷的难度适中。

从考查的内容维度来说，哪些考试内容更重要，哪些相对来说占的比重要小一些，则要根据考试的目的、考试组织者的认识与经验，以及行业或企业特征等众多因素来决定了。

（二）双向细目表的基本构成

双向细目表是包括两个维度（双向）的表格，可以根据考试内容与考试

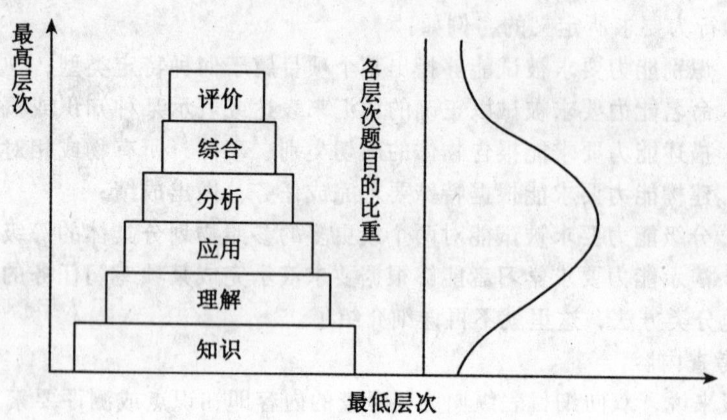

图 5-1 各个难度层次的项目比重配置

目标的需求，以考试内容为纵轴，而以考试目标为横轴，画出一个二维分类表，同时分配好试题比重或题数，填入表中的每个细目里。在分配试题比重时，应尽量使试题的取材能够充分涵盖所要评价的目标和内容的范围，作为编制考题的设计蓝图。典型的双向细目表，如表 5-3 所示。

表 5-3 反映考试内容与考试目标关系的双向细目表

考查内容	考 查 目 标						合计
	知识	理解	应用	分析	综合	评价	
类别 1	A1	B1	C1	D1	E1	F1	Y1
……	A2	B2	C2	D2	E2	F2	Y2
合计	X1	X2	X3	X4	X5	X6	N

在表 5-3 中，填写在表格中的数字（A1，A2，…，B1，B2，…，C1，C2，…，D1，D2，…，E2，E2，…，F1，F2，…），是代表在某一考查范围内要测量某一种考试目标时，所应该命题的试题数目。

填写在纵向边缘格中的合计数字（Y1，Y2，…），代表每一类考查内容或每一个测评要素在整份试卷中要占的题数分量或比重。

填写在横向边缘格中的合计数字（X1，X2，…，X6），则代表每一考查目标在整份试卷中要占的题数分量或比重。

位于字母 N 所处位置的数字，则是代表整份试卷预计要编写的试题总数。

（三）几种常见的双向细目表

除了表5-3所示的典型的双向细目表，还有几种常见的双向细目表形式。

1. 反映考查内容与考查目标、题型之间关系的双向细目表

表5-4是表5-3的改进，增加了题型这样一个要素。填入表格中的数字（A1，A2，…，B1，B2，…，C1，C2，…，D1，D2，…），是代表在某一考查范围内要测量某一种考试目标时，特定题型应该命题的试题数目。例如A1代表在第一类考查内容中要测量知识和理解能力应编写的选择题数目。

填写在纵向边缘格中的合计数字（Y1，Y2，…），代表每一类内容在整份试卷中要占的题数分量或比重。

填写在横向边缘格中的合计数字（X1，X2，…），则代表每一类题型在整份试卷中要占的题数分量或比重。

位于字母N所处位置的数字，则是代表整份试卷预计要编写的试题总数。

表5-4　　反映测验内容与测验目标、题型之间关系的双向细目表

考查内容	选择题	简答题	证明题	论述题	……	合计
	知识、理解	知识	分析、综合	应用、评价	……	
类别1	A1	B1	C1	D1	…	Y1
……	A2	B2	C2	D2	…	Y2
合计	X1	X2	X3	X4	…	N

2. 反映题型、难度与考查内容之间关系的双向细目表

表5-5是双向细目表的一种常见变型，适用于相对而言比较强调考查内容的命题考试。该表可以体现不同题型在难易度和考查内容方面的分配情况。其优点是试题取样代表性高，试题难易程度也可以作适当控制，表中数据容易分配。但局限性也非常明显，就是未能反映考试目标。

3. 反映题型、难度与考查目标之间关系的双向细目表

表5-6是双向细目表另一种常见变型，适用于相对而言比较强调考查目标的命题考试。该表可以体现不同题型在难易度和考查的能力层次方面的分配情况。其优点是能将试题均匀地分布到要考查的不同能力层次上去，较好地实现考试目标；试题难易程度也可以作适当控制，表中数据容易分配。但是，有关考试内容的题量分布没有在表中反映出来。

表 5-5　　反映题型与难度、考查内容之间关系的双向细目表

题型		填空题	选择题	是非题	简答题	论述题	……	合计
题量								
难易程度	难							
	中							
	易							
考查内容	类别 1							
	类别 2							
	类别 3							
	……							
合计								

表 5-6　　反映题型与难度、考查目标之间关系的双向细目表

题型		题量	难易度			考查内容						合计
客观题	主观题		易	中	难	知识	理解	应用	分析	综合	评价	
选择题												
	简答题											
	论述题											

三、双向细目表的编制

通常应该根据考试所预期要达成的目标、考查内容的难易属性和重要性以及考试的目的等因素，来决定双向细目表中的题数和比重。

（一）注意事项

在制定双向细目表时应注意以下问题：

第一，围绕考试目的来设计细目，而不是一定要生搬硬套某种表格形式。人员测评中的考试往往并不像教育测量中的考试那么强调考查目标和考查内容的均衡。例如，在很多时候，作为选拔或晋升考试的一部分，专业知识考试只是要了解被测者是否基本具备某专业或学科的常识，至于被测者在认知上达到了何种水平则并不特别关心。在这种情况下，就没有必要设计表 5-3 那样的典型的双向细目表，表 5-5 这种形式的表格对企业来说也许更为实用。

第二，充分考虑认知领域各水平层次所占的比例，这种比例一方面由考试的目的决定，另一方面也受制于考试的难度与区分度要求。一般来说，代表越高认知层次的题目越难，代表越低认知层次的题目越容易，考试需要有一定的难度以保证起到评估或选拔人才的作用，但前提是这种难度不能影响到考试的区分度。太难的试卷只适合于选拔出极少数极优者，而无法对人员进行分类安置，这显然不符合很多企业进行人员测评的初衷。

第三，考查内容的比重要适当。哪些内容是必须纳入考查范围的？每一部分内容在试卷中占多大比重？从学科和专业的角度来说，这是需要客观界定的问题。但在企业实践中，这往往成为试卷编制者的主观判断。解决这一问题的方法是广泛搜集理论与实践资料，尤其是其他类似考试的设计。

第四，各类试题的采分点必须明确。应根据每道题想要测量的知识内容、认知水平层次确定其分值比例。

第五，在设计双向细目表时，还应注意学科特点和考查对象的实际情况。

（二）制作程序

制作双向细目表的程序如下：

1. 列出大纲的细目表

任何考试，都是针对具体的学科、专业或行业内容进行的。希望被测者掌握哪些知识内容？不同知识内容的相对重要性有多大？不同知识内容所应实现的认知目标是什么……这些都是考试设计中必须解决的问题。所以，在编制细目表时，应先列出考试大纲的细目表。

2. 列出各部分内容的权重

应根据各部分考试内容在整体中的相对重要性，分配相应的题量。题量多以百分比表示，它是试题数量、考试时间、分数分配的依据。这个比例，就是通常所说的“权重”。

3. 列出各种认知能力（学习水平）目标的权重

试题不仅要对学科或专业的知识内容具有足够的覆盖率，也要涵盖所确定的学习水平目标，即知识、理解、应用、分析、综合、评价六级目标，应根据考查内容的特点，对六级不同目标分别赋予合理权重。确定目标权重时，除考虑学科特点外，还可以通过强调不同级别的目标来调整考试的功能。如强调高级目标的相对重要性，对这类目标分配较大的权重，更适于一些高级别的选拔少数顶尖人才的考试。

4. 确定各考查点的"三个参数"

每一个由考查内容和考查目标相交的格子构成一个考查点。在每一个考查点需要分配得分点和题型，再根据相应权重算出各考查点的实际分数值。得分点、题型和实际分数值，是各考查点必须明确的三个重要参数。

例如，某考试每一个得分点的分数值定为2分，以100分为满分，则整个试卷可以有50个得分点。由于不同考查点的重要性与难度不同，应当分配给它们不同数目的得分点，较重要与较难的考查点占有的得分点较多。同时，由于不同题型的解答难度不同，通常不同题型也要给出不同的权重。假设，某个考查点拟采用选择题，选择题的权重取0.5，而该考查点只含有一个得分点，根据上面已定出的得分点的分数值，每个2分，则该考查点的实际分数为2分×1（得分点）×0.5（权重）=1分。

5. 审查各考查点的分配是否合理

审查包括两个方面：审查各级认知水平（即考查目标）所占百分比的分配是否合理；审查各知识内容及各子单元内容所占百分比是否合理。

通过以上的工作，就使试卷的内容效度有了可靠的保证，从表中就可以看出内容分布和能力水平分布的情况（易、中、难分数分布情况）。这样，就可以避免出现由于主观随意性产生的覆盖面过狭、过偏，试题过难、过易的状况。

（三）双向细目表的使用示例

下面将举例说明反映考查内容、考查目标与题型分数的分布情况的双向细目表，即把要考查的知识内容与能力水平、试题的类型和分数呈现在一张表上，这样命题时，一目了然，便于操作。

假设某企业要为今年的储备干部选拔工作，编制一套管理基本知识考试题。经专家组讨论，考试内容会涉及管理的五种基本职能：计划、组织、人事、领导和控制；考试目标依据布鲁姆的理论划分为六个认知层次：知识、理解、应用、分析、综合以及评价；考试题型主要采用选择题、填空题、简答题和论述题等。为指导命题工作顺利开展，专家组首先制作了如表5-7所示的双向细目表。

表 5-7 某企业储备干部选拔考试命题双向细目表

考查目标 考查内容		知识	理解	应用	分析	综合	评价	总计	百分比
计划	选择题	1	2					8	16%
	填空题			1	1				
	简答题		1	1					
	论述题						1		
组织	选择题	1	1					8	16%
	填空题			1		1			
	简答题	1	1				1		
	论述题				1				
人事	选择题	2	1	1				12	24%
	填空题		1			1			
	简答题	2		1			1		
	论述题			1		1			
领导	选择题	2	1	1				12	24%
	填空题		1		1				
	简答题	1	1		1		1		
	论述题			1		1			
控制	选择题	2	2					10	20%
	填空题				1	1			
	简答题	2		1					
	论述题						1		
总 计		14	12	9	5	5	5	50	100%
百分比		28%	24%	18%	10%	10%	10%		

该表是由概括程度比较高的知识内容和分类比较细的认知水平构成，在表中，纵、横两表头双向决定的每个交叉的格（如较粗的黑框标记部分）为一个考查点，对于每个考查点要采用哪些题型、每种题型的题量是多少都有明确

的设计，这样对试卷结构、对考查的主要内容就具有了明确的指向性。

第三节　编题的技术

一、编题的原则

考试题目的形式很多，性质与编制要领也各不相同。不过在编写试题的时候还是有某些一般原则需要遵循的。

（一）内容问题

题目的内容要符合考试的目的，尤其要避免的是盲目贪多而乱出题目；其次，题目内容的选择要有代表性，符合双向细目表所涉及的考试内容，比例适当；第三，每道题目必须彼此独立，不可互相牵连，切忌一个题目的答案影响对另一个题目的回答，或者一个题目的答案可以从另一个题目的表述中有迹可寻。

（二）表述问题

考试题目应使用准确并符合时代特征的语言，不要使用生僻艰深的词句。语句简明扼要为最佳，既要排除与解题无关的因素，又要避免遗漏解题的必要条件。尽可能一句话说明一个概念，尽量少使用双重否定句，这样可以保证题目的意义明确，不会出现暧昧或含糊。

（三）情绪问题

一方面尽量避免主观性和情绪化的字句，避免诱导与暗示答案。另一方面不要伤害被试的感情，避免涉及社会禁忌及隐私，避免被试难于回答的问题。这里的难于回答，并不是因为被试的知识和能力不够而无法回答，而是指被试没有明确的结论或者是难以启齿。

（四）理解问题

每一道题目都应该有确切的答案，不应具有引起争议的可能（当然，某些需要体现创造力及创新精神的题目除外）。题目的内容不能超过测评对象的知识和能力范围。另外，题目的格式以及呈现方式等也要注意，避免引起误解。

（五）时代性问题

考试的题目也应与时俱进，过于陈旧的题目材料无法及时反映出特定领域知识与技术的更新，同时也不符合被测者的思维与语言习惯，会妨碍被测者发挥出正常的水平。

二、试题的类型

试题是整份考卷的绝对主角，其编写质量会直接影响到整份试卷乃至整个考试的质量。不同的题型有其独特的编制原则和技巧，也有其不同的适用范围和测评优势。因此，必须事先决定试题的类型，才能使所编制的试题发挥应有的功能。

（一）客观题与主观题

一般说来，可以将考试的题型分成两大类：一是客观题，又称选择型试题（selection-type items）；二是主观题，又称补充型试题（supply-type items）或论文型试题（essay test）。见表 5-8。

表 5-8 客观题与主观题的主要类型

客观题（选择型试题）	主观题（补充型或论文型试题）
选择题 multiple-choice items	限制反应题 restricted response questions
是非题 true-false items	论述题 extended response essay questions
匹配题 matching items	证明题 confirmative questions
填空题 completion items	
简答题 short answer items	
解释题 interpretive items	

1. 客观题

客观题是由被测者从可供选择项中确定正确（最佳）或错误答案的题目。这类题目包括是非题、多选题、匹配题等，这类题目答案唯一，评分不受主观因素影响，在条件许可的情况下，还可以用机器阅卷评分。有时我们也把介于主观性题目与客观性题目之间的填空题、简答题、解释题也归类于客观题，使用全部由客观性题目组成的试卷的考试，称为客观性考试。

具体来说，客观题可以测量对知识的记忆和理解；测量对基本原理的理解和应用能力；测量基本技能的掌握水平；测量辨别、选择、使用和评价过程或方法的能力。

(1) 客观题的优点

第一，在考试中使用客观题可以获得较高的可靠性，会使考试具有较高的信度与效度。

第二，客观题的题目通常比较短，因此可以保证考试有较大的题量，覆盖面可以很大，测量内容容易做到分布均匀，从而获得更具代表性的试题样本。

第三，使用客观题的考试，测验效率会比较高。可以同时对大量被测者实施考试，而且由于题目答案唯一，评分较为容易，便于统计分析（特别是当使用评分板、机器阅卷时），其工作效率十分突出。

第四，客观题的适用面广。客观题适合于测量个体对知识与技能的记忆、理解和应用能力，当题目编制者具有丰富的想像力和较高的命题技巧时，客观题同样也能考查个体对知识的分析、综合和评价等较高层次的能力。

(2) 客观题的缺点

第一，命题水平和编题技巧要求较高。编制考查较低水平技能（如某学科的专业知识）的客观题通常并不难，但要考查分析与综合等更为复杂的能力就难得多，需要较高的命题技巧和大量的时间。

第二，存在猜测行为。客观题只要求被测者选择，因此可能的猜测行为会高估个别被测者的成绩。

第三，干扰答案的负面影响。客观性题型特别是选择题，总是要向被测者提供3倍或更多于正确答案的干扰答案，这些干扰答案给被测者提供了“学习”错误信息的机会，在培训诊断中这种影响尤为不利。

(3) 编制客观题的基本原则

第一，试题应反映考查内容的重点（有意义的知识点和测评要素）。

第二，要保证每道题的独立性。

第三，题意简洁、明确。

第四，答案必须明确唯一。

第五，试题的表述（尤其是纯知识性题目）应在教材、参考资料原文的基础上有所变化。

第六，考试内容不能超过相应目标的要求。

2. 主观题

主观题是由被测者以自己的答案来回答所提出的问题，被测者在处理问题方式、回答内容的选择、回答内容的组织及答题重点等方面均有相当的自由。

这类试题包括论述题、证明题、作文题等，因为这类题目的答案不唯一，评分易受主观性因素的影响，故称之为主观题。

具体来说，主观题适用于测量辨认或汲取相关信息的能力和表达相关信息的能力；分析归纳和分析说明材料的能力（包括文字、图表、数据和关系材料）；解释各种关系的能力；应用概念或原理解决问题的能力；提出、组织和表达观点的能力或用事实、资料支持观点的能力；陈述推理的能力；设计实验或调查程序的能力；提出假设的能力以及对资料进行分析支持或驳斥假设的能力；对论点或观点进行评价的能力等。

(1) 主观题的优点

第一，有利于评价被测者对知识的分析、综合、应用、评价等方面的能力，在企业培训中，可以通过考试来促进学员思维的发展和应用以及解决问题的能力。

第二，主观题需要答题时间较长，因而一份试卷含题量较少，编制相对容易。

第三，主观题的答题基本上是考生自己组织材料和语言，不受猜测影响。

(2) 主观题的缺点

第一，主观题在作答时需要较多的时间，因此相同时间内考查知识的涵盖面较小。

第二，一些无关因素对考试会产生不利影响（如表达能力、书法、用词等)。

第三，评分误差较大。一方面阅卷将花费较多的时间，答题又五花八门，评分难于统一。另一方面，很难保证不同评分者以同样的标准和尺度来评分。

(3) 主观题的题目编制的基本原则

第一，试题应考查测评要素的重点内容。

第二，强调知识的应用能力、分析能力、解决能力及创新能力。

第三，要注意为被测者提供发挥创造力的余地。

第四，答案的复杂程度要与被测者的特征（如年龄、教育背景、经历等）相符。

(二) 常见题型的特点及编制技巧

具体来说，各种类型的题目都有自己的特点及编制原则，现将几种主要题型的编制技术介绍如下，参见表5-9。

表 5-9　　几种不同类型的试题举例

1. 选择题示例

(1) 单项选择题

指示语：在每小题列出的四个选项中只有一个是符合题目要求的，请将正确选项前的字母填在题后的空格内。

①越是组织的高层管理人员，所做出的决策越倾向于________

A. 战略的、常规的、肯定的

B. 战术的、非常规的、风险的

C. 战略的、非常规的、风险的

D. 战略的、非常规的、肯定的

②没有实行管理分工的组织结构是________

A. 直线型

B. 矩阵型

C. 职能型

D. 事业部型

(2) 多项选择题

指示语：在每小题列出的五个选项中有 2 至 5 个选项是符合题目要求的，请将正确选项前的字母填在题后的空格内。多选、少选、错选均无分。

①未来管理组织发展趋势是________

A. 面临的变化小，组织结构长期稳定

B. 部门划分将会更细

C. 各部门的专业化程度将提高

D. 组织的层次将有所减少

E. 各类成员的比例将会发生较大变化

②目标管理的优点有________

A. 有利于提高管理水平

B. 有利于调动人的积极性

C. 灵活

D. 有利于长期目标的实现

E. 有利于暴露组织结构中的缺陷

2. 是非题示例

指示语：判断下列说法是否正确，正确的在括号内打“√”，错误的打“×”。

①积极强化使积极行为得到加强，消极强化使消极行为得到加强。(　　)

②适当的授权可以增加管理的宽度。(　　)

续表

3. 匹配题示例 指示语：请在右边一列所示的各种员工考核信息的来源中，选择出适合于左边所示各项用途的信息来源，将合适答案的编号，填在左边每项前面的空格内。右列各项可多次选择。 （ ）1. 人事决策　　a. 直接上司 （ ）2. 自我发展　　b. 同事 （ ）3. 人事研究　　c. 下级职员 d. 自己 e. 客户 4. 简答题示例 （1）简答题 ①简述德尔菲法。 ②简述有效沟通的要求。 （2）填空题 ①经营决策和经营计划的目的，都是为了谋取企业________、企业内部条件和企业________三个综合因素之间的动态平衡。 ②管理的二重性指的是管理的______和管理的______。 5. 论述题示例 （1）结合实际说说如何做好组织工作。 （2）如何正确理解“管理既是一门科学又是一门艺术”？在实践工作中如何运用这一原理？

1. 选择题

尽管客观题不只是选择、是非、匹配和简答四种形式，但这几种显然是最普遍的。其中，使用频率最高的还是选择题。在实践中，往往只有在材料内容确实比较适合其他类型的试题时，试卷的编制者才会比较多的考虑其他类型的客观题。例如，如果仅有两种可能的选项，是很适合使用是非题的；如果有很多类似的因素而且彼此关联，则多用匹配题。其他情况下，选择题通常会是试卷编制者的首选。

选择题在结构上包括两个部分：一是题干（stem），即呈现一个问题的情境，由直接问句或不完全的陈述句构成，另一部分为选项（options alternatives），即此问题的可能回答。选项通常包括一个正确答案及若干（一般 1 ~ 6 个）错误答案，这些错误答案叫做“诱答”（distracters），诱答的主要功能是迷惑那些无法确定答案的受测者。

选择题适用于文字、数字和图形等不同性质的材料，它既能测量简单的又能测量复杂的知识技能，还可以考查记忆、分析、鉴别推理、理解和应用知识的能力。

许多人在编制测量更高水平的理解和思维过程的题目时，会感到困难；其实测量复杂事物的方式是多种多样的。例如，在选择题的句子或题干中包括两个甚至更多的主题就可以增加题目的难度水平。其他增加选择题复杂性的方法（实际上对是非题也适用）见下面框内内容。

（1）多项条件

已知小杨在某公司招聘笔试中取得第 5 名，他的分数是 80，共有 30 人参加了此次笔试。小杨的百分等级是多少？

a. 86　　b. 85　　c. 5　　d. 95

（2）类别

西汉司马迁提出了“上下俱富”的方略，这就是________。

a. 人本论　　b. 归因论　　c. 善因论　　d. 农本论

（3）异类

下面哪一项不属于内部招聘的优点？

a. 为组织发展注入活力　　b. 费用较低　　c. 提升原有员工士气　　d. 手续简便

（4）多项是非

对①管理学更多地是研究营利性企业组织的管理问题，②管理学的焦点问题是组织如何有效地运作问题，这方面的研究可统称为企业理论，这两个问题，下列哪种说法正确？

a. ①和②都对　　b. ①对②错　　c. ①错②对　　d. 都错

（5）联系和相关事物

需要层次理论认为，人的最低层需要是：________。

a. 生理需要　　b. 安全需要　　c. 尊重需要　　d. 社交需要

（6）因果条件

如果企业完全采取内部提升，可能会出现什么问题？

a. 候选人需要较长时间才能胜任工作　　b. 打击组织内部成员的进取心

c. 使组织缺乏活力　　d. 导致“近亲繁殖”

选择题的优点第一是适用范围广，从一般知识到复杂能力的测查均可使用；第二是选择题相比其他形式的客观题更少受猜测和其他反应定势的影响，因此，被试的反应较为客观，而且题目数量较多，可以提高测验的信度。第三是题意明确，被试一般只作一种反应，不像简答题会写上好几种答案，也不像匹配题要求选项同质，因此题目的调整和计分都很容易，评分也更为客观。其实，选择题还具有诊断作用，通过对不正确的反应（诱答）进行分析，还可以获得更多有用的信息。

选择题的不足之处在于由于有固定答案，较难测出组织能力、表达能力和创造力。一些特异的但对被试有重大影响的事物有时也不能包括进来。另外，诱答难以编制，因为这些诱答数量要求多，而且还要似是而非，让那些不懂得正确答案的被试感到所有选项都有相等的影响力。怎样编制好的迷惑项呢？一是用人们经常或易犯的错误作为迷惑项；二是迷惑项尽可能与题干某些部分相关，使得每个迷惑项看起来都是可能的；三是利用教材或参考资料上的语言或真理性的措辞作为迷惑项；四是尽可能使迷惑项与正确选项保持同质或相似；五是所有选项在形式上与题干保持平行，语法上与题干保持一致，如都是短语或句子等；六是所有选项本身在长度、结构和内容复杂程度上基本一致或相似。

选择题的编制技巧如下：

(1) 无论是问题或未完成的句子都可作为选择题的题干，但题干所提出的问题必须明确，使用简单而且清晰的用词，在被试不看选项的情况下，题干本身的意义也是完整的。不要将选项夹在题干中间，或者在题干前提供不切题的材料。

(2) 选项要简练，尽量将选项中共同的词句移至题干中。这样不但可以使题意清楚，而且可以减少被试的阅读时间。

(3) 每题只能有一个正确答案，其他易引起错觉和偏差的答案可制成诱答。如果是在几个答案中选取最佳答案，可以用“下列答案中哪一个最好?”这样的句子，以免引起困惑。

(4) 所有选项的长度应该大致相等，而且与题干的联系要密切，否则本来正确的答案会因为逻辑上或语法上与题干不一致而被放弃。同样，诱答的叙述若不一致，被试也会根据常识，迅速将其辨别出来并排除掉。

(5) 避免给受测者提供选择正确答案或删除不正确答案的线索。这种线索一般来源于在用词上的不当使用。例如，题干与正确答案使用了相同的字词，用些特殊的固定规范术语和语言来陈述正确答案而其他选项中则无这种修饰。第二种情况是把正确答案叙述得较为详细，而且加上修饰词（如有时、或许、通常），则被选机会较大。第三种情况是选项中存在相互重叠，相互包括和依赖的现象，比如其中有两个选项包括可能的答案范围，那么其他选项则会很快被排除；两个意义相同的选项也容易被排除。第四种情况是在诱答中出现“绝对”这样的字词，受测者很容易认为这个选项不是正确答案，因为这些字眼通常都属于不正确的叙述（如决不、从未、所有、唯一等）。

(6) 如果选项有自身的逻辑顺序，如数目、日期、年龄等，则最好仍按此顺序排列；其他的则最好按随机顺序排列。另外选项最好形式相同，如同为数字、时间、人名、地点等，长度与难度大致相同。

2. 是非题

是非题的共同特征是只有两种可能的反应，而其中一种是肯定的（同意、正确、是），另一种是否定的（不同意、错误、非）。因此，是非题可以看作是只有两个选项的选择题。

一般来说，是非题给人的印象是很最容易编制的，不过实际上却并非如此。在编制是非题的过程中，存在的麻烦和问题是不少的。例如，是非题经常只能测简单的事实甚至是教科书里现成的句子，它要求叙述必须有对错，而在很多时候这种要求是很难实现的。许多社会科学和自然科学概念必须在某种限制条件下才成立，而这种限制条件又往往成为猜测的线索。如“总是”、“所有”、“决不”和“只有”（这表示句子可能是错误的）或者如“经常”、“有时”和“通常”（这往往表示题目是正确的）。因此试题编写者不得不以更具体但往往不太重要的事实来编制是非题。此外，是非题的分数最容易受被试的反应定势和猜测的影响，尤其是当他犹豫不决的时候，测验分数很不可靠。所谓反应定势（response set）就是指部分被试在回答问题时，其答案建立在题目的形式或位置上（如偏向正面回答或否定回答），而不是建立在题目内容的基础之上。是非题只有两种答案，即使猜测，被试亦有可能获得50%的分数。倘若还有其他额外线索，比如前面所说的修饰词或其他特殊定语，则猜对概率还会进一步增加。

是非题的长处和优点在于，它能很快地阅读以及作答，因此它也和选择题一样可以广泛取样及大量施策；计分也比较客观。只有两种答案或区别两种情况的材料均可用是非题形式。

是非题的编制技巧如下：

(1) 内容应该是有意义的事实、概念或原理，避免无关紧要的问题或琐碎的细节，不要照抄参考资料或专业书籍原文。

(2) 每道题目只能包括一个重要的概念，避免两个以上的概念出现在同一个题目中，造成“半对半错”或“似是而非”的情况。同时，需要考查的概念应放在题干的重要位置上，让被试以此为基础来决定一个题目是否正确，要避免让被试有机会以次要的或琐碎的观念来判断。例如“昆虫看不见物体，因为昆虫是单眼动物”，答案当然是“非”，因为昆虫不是单眼动物。但实际上很多人都知道昆虫能看见外界事物，因此仅凭“昆虫看不见物体”这半句，他就会选“非”，这就意味着他并没掌握真正要考查的知识点——“昆虫不是单眼动物”也可能答对这道题。

(3) 尽量避免否定的叙述，尤其是要避免双重否定的叙述。因为否定的叙述常会被受测者误认为肯定的叙述，将“不”字忽略掉，双重否定尤其容易使人困惑。例如，“高度集权不是永远不可以使用的”，就不如表述为“企业有时可以采用高度集权的管理”。

(4) 如果是表达意见的试题，必须指出意见的来源和根据，因为意见本身并无“对”“错”之分，但可以测出被试是否了解某些重要见解、信念或价值观念等。

(5) 是非题正确与不正确的叙述，它们的长度、复杂性应尽量一致。“是”与“非“的题目数应有适当的比例，基本相等；而且按随机方式来排列，数量不要太多。

3. 匹配题

匹配题看上去既像是非题又像选择题，它可以算是选择题的一种变式，因为匹配题和选择题、是非题一样都是用反应项来匹配刺激项，只不过是非题和选择题只有一个刺激项（题干）和两到三、四个反应项（选项），而匹配题却是多个刺激项对多个反应项。被试的任务是指出哪个反应项与哪个刺激项是相适合的。可以是完全匹配（刺激项与反应项数量相等），也可以是不完全匹配（反应项多于刺激项）。通常刺激项和反应项分别排成两列。

匹配题容易编制而且可以在短时间内测量大量相关联的材料，覆盖面较广。但是，它只能测量简单记忆的事实材料。另外，编写的选项必须是同质的，即所有选项必须是相同的事物，例如材料、地点或人名等。因此，有时一些不大重要或不想测量的材料也不得不考虑进来，以保证选项同质。此外，匹配题也要求材料是能够安排成这种形式的。

匹配题的编制技巧如下：

(1) 刺激项和反应项的位置应该清楚，通常反应项安排在右边。

(2) 配对项不可过多或过少，最好使用不完全匹配，使选项数目多于题干数目，而且不限制每个选项被选择的次数，这样可以降低猜测的概率。一般可以列举 6 ~ 15 个项目，其中反应项比刺激项多 2 ~ 3 个。

(3) 匹配题的题干与选项，其性质必须相近。选项依逻辑顺序排列，如字母顺序、数字大小、时间先后等。

(4) 匹配方法加以明确的规定和说明，可说明匹配的依据，也可以说明选项被选的次数。

(5) 同一组的题干与选项最好印在同一页纸上，以免造成回答的困扰。另外题干前最好冠以数字，选项前则冠以英文字母或甲、乙、丙、丁，这样可以避免混淆。

4. 简答题与填空题

在客观题中，只有简答题是提供型的题目，它要求受测者用一个正确的词或句子来完成或填充一个未完成句子的空白，或者是提供一个正确的答案。有时将前者称为填空题，后者叫做简答题。从建构反应的长度来看，简答题位于论文题和再认题之间。从记忆的测量角度看，是非、选择、匹配题均属“再认法”，简答题则为“回忆法”，其难度高于再认法。

简答题是比较容易编制的题目，在评估学科知识方面特别有用，不受猜测的影响。当然，简答题也有些局限性，它不能测量更为复杂的知识和能力，由于题目有时也会有多个答案，所以计分也不能完全客观。

简答题编制技巧如下：

（1）宜用问句的形式。如果使用未完成句子，则空格尽量放在最后。使用直接的问句编写形式，可避免题意模糊不清的缺点。例如：

不佳：“霍桑实验”发生在（ ）。（可填美国芝加哥、西方电器公司、20 世纪初、1924—1932 年等）

较佳：“霍桑实验”发生在什么时候？（可填 20 世纪初、1924—1932 年等）

最佳：“霍桑实验”发生在哪一年？（只能填 1924—1932 年）

（2）如果是填空形式，空格不可太多。过多空白会使题意不明确。

（3）每题最好只有一个答案，而且这个答案是简短而具体的，预先可以规定部分正确给多少分。

5. 论述题

论述题（又称论文题）的主要优点：第一，能够测量组织材料的能力、综合能力和文字表达能力，有时甚至可以用来评价创造能力，而这些能力是其他客观题难以测量的。这是因为被试在“处理问题的方式”“材料的选用与组织”以及“回答的重点与风格”方面都有相当的自由。第二，不需要花很多时间做准备，题目不要求很多，也不需要准备很多选项，相对而言比较容易编制。第三，不允许被试通过随机猜测或简单背诵而获得较好回答。另外，根据考夫曼（W. E. Coffman）的研究结果，如果采用论述题，被试会比较注意整体教材的综合和应用能力，对写作会有积极影响。

论述题的缺点：第一，取样不广而且不均，人的书写速度大约是 1 个小时 6～7 页纸，在规定时间内所能完成的论述题数目不可能提供被试能力的足够资料。取样没有代表性，则可能发生一些考试结果不准确的情况。例如某被试对某题碰巧很熟，可得“虚假的高分”，而其他人碰巧对这道题不熟，而得低分。第二，对论文题的评分主观性很大，而且不一致。已有许多研究指出，不同评分者对同一卷子的评分一致性不高，相关系数仅在0.62至0.72之间，同一个评分者对两份等值的试卷的评分一致性更低，仅在0.42至0.43之间。即使同一评分者在经过一段时间后，重新评同一份试卷，给出的分数也会前后不一致。第三，论述题的评分容易受无关因素的影响，因而无法得到被试的真正信息。例如语词的流畅、书写的整洁优美与否、个人的成见等都影响评分的高低。有人甚至发现，答案的长度与论文题得分都会有0.32至0.56的相关。第四，论文题还存在答卷和阅卷都很费时的问题。

作为一般原则，当某一事物可以由客观题考查时尽量不要采用论述题形式。如果采用论述题，则应该使问题尽可能地客观。

第一，任务清楚而且明确，使被试了解要求，尽量用清晰、明确的语言表述背景材料和问题。例如企业使用论述题来考查培训活动的结果时，要尽量避免用“谁”、“什么”、“何时”、“何地”等简单反应词把答题者的反应限制于“知识记忆”的层次，而应该用“为什么”、“描述”、“解释”、“比较”、“关系”、“分析”、“批判”、“评价”等比较能引发被试反应的词。

第二，题目数量不要太多，以免变成速度测验。必要时，可以对每题的作答时间加以限制，使被试更有效地运用时间。注意尽量使所有被试都做相同的题目，最好不要采用给出2~3个题目供被试自选回答的形式，因为几个论述题目很难做到等值，而且被试都会倾向选择自己更熟悉、更擅长的题目来回答，这就降低了考试成绩反映其真实水平的可能性。

第三，在编制论述题时最好有一个书面的理想答案的大纲，或至少在评卷人的思想上要达成理想答案的共识，同时对一些可接受的答案要有所规定和说明。避免因为语法和文法错误而扣分的倾向，将注意力集中在真正要考查的内容和目标上。

第四，挑选的材料应该与被试学习经历过的材料有类似性，试题应该能够测量相关的行为目标并且与某一内容领域相关。同时，对试题的赋分应该合理。

第四节 考试评价与考试管理

一、考试的评价

（一）考试的审查

试题的审查工作可以分成两方面来进行：逻辑的审查（logical review）和

实证的审查（empirical review）。逻辑的审查旨在评阅试题与考查内容（或考查目标）间的关联性，又可称作形式审查（facial review）；实证的审查旨在评阅被试的反应模式（response pattern）是不是所期望的，又可称作客观审查（objective review）。

1. 逻辑的审查

以逻辑的方法评价考试试题，主要是在审查试题是否具有一致性（consistency）和适当性（adequacy），以确保所有试题都能测量到所要测量的目标。

（1）试题的一致性

简单的说，考试一致性的检查重点，在于查验试题与所要考查的内容是否一致。关心的重点在于：试题是否能代表所要测量的目标？试题是否与考试目标一致等。

在实际的做法上，可以采用专家或同行评议法，将自编的命题考试初稿，请其他专家或同行过目，以学科专家的眼光去查看各试题是否与上述审查重点相符合。也可以计算出"试题与目标一致性"（item-objective consistency，简写成IOC）指标，以作为评定试题与目标间是否具有一致性的参考依据。最后，决定保留与目标间一致性高的试题，删除或修改与目标间一致性偏低的试题。

（2）试题的适当性

简单的说，适当性的检查重点，在于查验试题的格式、问题陈述的质量以及其他可能的影响因素，是否能够适当地反映出试题所要测量的目标。通常检查：试题内容、题数、范围是否遵照双向细目表的计划来实施？试题类型是否遵照应有的命题原则来撰写？题意是否有清楚的表达？试题呈现方式与作答说明是否适当、明确？试题是否具有所要测量之行为目标的代表性？问题的叙述有无前后矛盾、提供暗示答案的线索或重叠出题等？这可以帮助试卷编制者明了试题是否具有适当性。

逻辑审查的目的，至少可以帮助考试组织者做到"表面上看起来，试题可以测量到我们所要的目标或成果"，如果还需要获得进一步信息，则需依赖实证的审查。

2. 实证的审查

以实证的方法审查试题，主要是要做试题功能的分析，从而获得一些客观的量化数据，作为判定试题质量优劣和改进考试的参考。这种分析在预试的时候固然是必不可少的，而在试卷正式投入使用之后，也应通过试题分析来检验考试的实际使用效果，以期不断改善考试质量。

一般来说，实证的审查主要是考虑试题的两项基本特征，即难度指标（difficulty index）和区分度指标（又称鉴别度）（discrimination index）。难度和区分度的具体计算方法可以参考本书第三章。

难度和区分度之间存在着非常密切的关联：太难或者太简单的题目往往都不会有很好的区分度。通常，由于考试的目的和解释分数的方式不同，对于试题的难度和区分度的要求也会不同。例如，一些选拔少数极优的考试，需要题目具有相当的难度，确保能将少数顶尖的人选拔出来就可以了，对于其余大部分被试并不要求有很好的区分；而一些企业的首轮筛选考试，则需要题目具有较好的区分度，以保证一部分较好的应聘者可以进入下一轮面试，此时太难或太易的试题就都不太合适了。总的来说，需要挑选具有适当特征（难度和区分度）的试题，来保证组织实现真正的考试目的。

（二）考试的分析

一般而言，无论在教育测量还是企业人员测评中，自编考试都没有经过严谨的试题分析就直接拿来使用了；而标准化考试就必须经过严谨的试题分析和考试分析后才能使用，这也是二者的主要差别所在。如果想提高人员测评的质量，开发出更高水平的考试工具，适度的试题分析是值得推荐的。

判断一个考试是否优良，判断每道试题是否优良，主观经验是远远不够的，还需要一些比较客观的量化指标（quantitative index）。这些客观的指标，主要通过施测完毕之后的试题分析和考试分析获得。常见的关键性指标如表5-10所示。

表 5-10　**考试评价的关键指标**

试题分析	考试分析
难度指标（difficulty index）	信度指标（reliability index）
区分度指标（discrimination index）	效度指标（validity index）
诱答力（distraction）（用于选择题）	差异指标（disparity index）
注意指标（caution index）	

这些指标的分析和计算，目前都已有相关的计算机软件程序可供使用，帮助我们快速计算及分析出每个试题或整份考卷的客观指标。

二、考试的管理

（一）考试过程管理

有效的考试不仅需要一份高质量的试卷，也离不开对整个考试活动的良好组织与控制。这样考试分数才会真正反映出应试者的能力水平，考试结果才能作为评价、选拔与安置的依据。因此，企业在进行人员测评考试时，还必须加强考试过程管理，严肃考试纪律，杜绝考试违纪或作弊行为，确保考试的公平、公正。

1. 试卷管理

首先，参与命题的专家、工作人员以及有机会了解试题的管理者、企业员工，必须对试卷的内容严格保密，通常应该由人力资源部指派专人负责试卷的监印、封装和保管。

其次，参与监考与督考的工作人员必须对试卷的安全负责。领卷、回卷，都要按规定办理交接手续。

最后，各考点必须配合督考，做好保密工作。尤其当企业自身规模以及招聘规模都比较大，需要分不同地区进行招聘考试，而又使用相同或相似的试题时，考点的保密工作就尤为重要了。应尽量安排不同招聘区域的笔试同时进行，或者不同招聘区域采用不同的考试复本。如果受现实条件限制无法实现同时考试或多复本考试，则应尽可能减小试题外泄的可能性。例如，可以教育参加考试者，如果将试题透露出去，实际上是不利于自己的应聘的。

2. 监考人员管理

监考人员无论是来自人力资源部、提供空缺岗位的相关部门，还是从企业内部其他部门临时抽调，都必须提前 10 分钟到岗。通常监考姓名排在第一位的为主考，要负责领卷及考场其他事宜的安排。监考人员应该认真履行监考职责，考场内只能做与考试有关的工作，保证良好的考场秩序。参与企业的监考工作，应视同履行正常的工作安排，因此在监考期间有特殊事情确需请假的，须直接向人力资源部主管或分管人事工作的老总请假，经同意后方能调换监考，否则应该按旷工处理。对于一些操作性考试或口试，评委当场打完分后，监考人员可能还要负责填写被试的成绩记录表。

为了严肃考试管理工作，试卷编制、督考、监考及管理工作人员都必须恪尽职守。对因试卷和考试各环节发生泄密而造成的不良影响和经济损失，视情节和后果给予责任单位或责任人以相应的处罚。例如在考试中，如果巡考人员在考场内发现有 2 ~ 3 人作弊，该考场监考人员应记工作差错一次，3 人以上作弊，该考场监考人员应记工作事故一次。事后要按企业的工作差错及工作事故处理办法进行处理。

3. 考场管理

严格的考场纪律是考试有序进行的必要保证，常见的考场纪律包括：

（1）参加考试的人员必须携带有效身份证件。

(2) 参加考试的人员不得携带任何书籍、报纸、稿纸和移动通信设备。

(3) 参加考试的人员除在试卷上填写规定的项目外，不得作其他任何标记，否则试卷作废。

(4) 答题一律用蓝色、黑色钢笔或圆珠笔填写，字迹要工整、清楚。

(5) 迟到30分钟不得进入考场。考试开始30分钟后，方可交卷离开考场。

(6) 考场内必须保持安静，禁止吸烟、喧哗。

(7) 考试中不得以任何方式作弊或帮助他人作弊。

(8) 考试结束，应立即停止答卷，并将试卷和答题纸放在桌上，经监考人员核查无误后方可离开考场。

一旦出现违纪或作弊行为，应马上取消当事人考试资格与考试成绩。如果是招聘考试，可立即做出不予录用的处理；如果是内部晋升考试，也要立刻取消晋升候选人资格。

(二) 评分过程控制

1. 阅卷要求

一般来说，阅卷评分须集中时间、统一地点进行。评分人员应该是同专业或相近专业的专家或工作人员，具有较高业务水平和较强的工作责任心。评阅试卷并不是一件非常容易的工作，需要做到宽严适度，执行标准始终如一，评分、判分实事求是，秉公办事，不徇私情。为确保试卷评分工作达到上述要求，各位评分人员应事先认真学习评分标准。尤其是主观题，需要评分人员进行集体学习讨论，以确保每位评分者对标准的理解是相同的，从而严格根据试题参考答案和评分标准阅卷。

阅卷一般统一使用红墨水笔或红色圆珠笔。计分数字必须清楚、工整，卷面上只能画写阅卷的规范标记和分数，严禁涂抹试卷。为保证责任到人，通常会要求阅卷人员在自己批阅的试卷上签名。

同时，为保证考试的公平、公正，很多时候采取的都是匿名评审。用密封条遮蔽能够反映答卷人身份的信息。

对违反纪律、营私舞弊或因工作不负责任而造成不良后果的阅卷人员，应该按照相关规定予以相应的处罚。

2. 试卷复核

阅卷工作完成之后，人力资源部应组织人员对试卷进行抽查与复核，包括检查阅卷人员是否严格按照评分标准和阅卷要求阅卷，各大题得分是否与本大题各小题合计分数一致，总分统计是否有误，是否有漏阅、错阅的试题等。复核时，若发现有漏阅、错阅或在掌握标准方面和阅卷规范化方面有不当之处，应及时予以纠正。如有不同意见，应与原阅卷人协商解决，如意见还不能统一，应请示上级领导审定。如发现个别阅卷人员差错较多或发现带有普遍性的质量问题，应立即报相关负责人，及时采取措施，予以处理。

三、考试的分数解释

从考试中直接获得的分数，称为原始分数（raw score），它是通过将被试的反应与标准答案相比较而获得的。原始分数本身并不具有多大意义。例如，一位应聘者在选拔考试中，言语表达题得5分，数学运算题答对4个，或是用3分钟完成一个图形推理题等，这些信息并不能令招聘人员知道他在这些考试中所反映的能力大小如何，必须有可供比较的分数标准，才能做出他的表现优秀与否或者合格与否的判断。

在考试中，这种标准就是由原始分数的分布转换过来的具有一定参照点和单位的量表分数。原始分数可转换成等值的量表分数，这种分数是有意义的，可以进行比较。这种由统计方法推导出来的分数称导出分数。常见的导出分数有三类：第一类是常模参照分数（norm referenced score），它的解释是通过与他人的行为表现进行比较而得到的；第二类是内容参照分数（content referenced score），它是依据被试对一个确定范围的内容与技能的掌握程度来进行解释的；第三类是结果参照分数（outcome referenced score），它的解释是根据外在效标作为的水准来进行表达的，这些分数可以归纳成两种解释考试结果的方法，一种是参照常模的解释（norm-referenced interpretation），另一种是参照标准的解释（criterion-referenced interpretation）。

（一）常模参照

参照常模解释分数通常是将被试的分数直接或间接地以在某个团体中的相对等级或相对位置来表示。这个用来比较的参照团体，称为常模团体（norm group）。常模团体的分数分布，就是解释考试分数的基础，即常模。

1. 常模团体

常模团体是由具有某种共同特征的人所组成的一个群体，或是该群体的一个样本。由于个人的相对等级随着用作比较的常模团体的不同而有很大的变化，所以任何一个考试都可能有很多常模团体。例如在一个分布全国的集团公司的年度招聘中，某名应聘者的笔试分数为70分，而华中区应试者的平均分是50分，华东区应试者的平均分是80分，与不同的常模团体比较，该评聘者成绩的相对等级不同。因此，在做常模参照分数的解释时，必须考虑常模团体的组成。

对考试编制者而言，常模的选择主要是基于对考试将要施测的总体的认识，常模总体必须能够代表该总体。这种工作包括：确定一般总体，确定目标总体（target population），确定样本。例如某企业要设计高层管理人员竞岗考试，一般总体就是所有的企业高层管理者，目标总体是考试计划实施的对象，如所有具有资格参加该企业此次竞岗的高层候选人，而样本的选取必须根据总体的性质（如性别、年龄、经历、资质等），以选取能够反映总体性质的代表性样本，如从北京、上海、武汉3所城市的企业高管中随机抽取若干名。

（1）常模群体的构成必须明确

一个考试可能有许多常模团体，而确定多少常模团体，依赖于对考试将要施测的群体的认识。如前面我们谈到的“企业高管”，对这个群体有什么特性，如年龄、经历、资质等，必须有明确认识。假如常模团体包括某种特征行业或职位时，则职务高低、行业种类、被试资历以及有关材料也应是施测者应清楚掌握的。

（2）常模团体必须是所测群体的代表性样本

假如考试用于大学毕业生甄选，最好有相当数量的大学生是来自各个地区、各种家庭背景、各科学科。若无法获得有代表性的样本，将会使常模资料产生偏差，使分数的解释更为困难。为克服取样偏差，在搜集常模资料时，一般采用随机取样或分层取样的方法，详情可参看有关统计书籍。

（3）注意常模的时间性

在考虑常模的合适性时往往比较容易忽略对常模时间性的要求。由于几年前所编制的常模往往不适合现在的要求，因此常模必须定期修订。在选择合适常模时，注意选择较为新近的常模。

（4）注意一般常模与特殊常模的结合

考试手册上所列的常模通常为一般常模，不一定适合使用者的具体情况。对此类问题的解决办法是为每个特定目的建立特殊常模，例如在企业的选拔考试中，可以选择以往应聘同一职位的人员作为特殊常模，通过将某位被试的成绩同以往应聘者的成绩进行比较来解释分数。特殊常模是为非典型团体建立的，其优点是可以将被试与最接近的人进行比较，但这同时也是它的缺点，不容许在较广的范围内对分数做解释。实际操作中，通常将特殊常模与一般常模结合起来，获得最广泛、最有效的信息。

2. 常模的类型

常模的类型也就是常模参考分数的类型，按照常模的取样范围由宽到窄，可以分为：全国常模、区域常模和特殊群体常模。在企业中常用的几类常模包括：发展常模、百分等级常模和标准分数常模等。

（1）发展常模

人的许多特质是随着时间以有规律的方式发展的。所以，可以将个人的成绩与处于各种发展水平的人相比较，这种解释分数的方式就是发展常模，或称年龄量表。年龄量表的要素包括：①一套可区分不同年龄组的题目；②一个由各个年龄的被试所组成的代表性样本（即常模团体）；③一个表明答对哪些题目或得多少分该归入哪个年龄的对照表（即常模表）。

（2）百分等级常模

百分等级是应用最广的表示考试分数的方法。一个分数的百分等级是指在常模团体中低于这个分数的人数百分比。因此，98%的百分等级表示在常模团体中有98%的人比这个分数要低。换句话说，百分等级是以百分率的形式来表示一个人的相对等级，即如果将常模团体分成一百等时该被试所占的等次。

百分等级常模的计算关键在于，确定在常模团体中分数低于某一特别分数的人数比例：

$$\mathrm{PR}=100-\frac{(100R-50)}{N}$$

其中，R 指排名顺序，N 指总人数。例如小杜在30名应聘者中得第5名（考80分），则其百分等级为：

$$\mathrm{PR}=100-\frac{(100\times 5-50)}{30}=85$$

百分等级为85，意思是说，在100名被试中，得分低于小杜的会有85名，或者说在该考试中，小杜的成绩是处于前15%的位置。

百分等级常模对于各种被试、各种考试普遍适用，并且容易计算，容易解释，甚至外行人也能理解。在进行人员测评时，大多数情况下我们只需要知道一个人在有关的比较团体中的相对等级，实行优胜劣汰，这就足够了。它的缺点主要是没有相等的单位，不能对它进行加、减、乘、除运算，因而大部分更高级的统计分析无法使用。

（3）标准分数常模

标准分数是一种有相等单位的量表，它将原始分数与平均数的差距以标准差为单位表示出来。常见的标准分数有：Z分数、T分数、标准九分等。

百分等级与标准分数都是将被试的分数在团体内做横向比较，而发展量表却是同不同发展水平的人做纵向比较。因而，相比较而言，百分等级与标准分数常模适合于人员选拔性考试，而发展量表常模更适合于人员晋升考试及组织职业生涯管理考试。有关上述常模的详情可参考相关统计书籍。

3. 常模的表示方法

常模表示的方法主要有两种；转化表和剖析图。

(1) 转化表

最简单而且最基本的表示常模的方法就是转化表，有时也叫常模表。它由原始分数表、相对应的导出分数表和对常模团体的具体描述等三个要素组成。考试的使用者利用转化表可以将原始分数转换成导出分数，或者是从给出的导出分数找出相应的原始分数。

(2) 剖析图

剖析图是将分数的转换关系用图形表示出来。从剖析图上可以很直观地看出被试在各个分测验上的表现及其相对的位置。

(二) 标准参照

效标参照与常模参照不同，它更关心被试是否达到某种标准或效标，被试的成绩以是否达到标准来判断。如果以内容材料来定义，效标参照考试直接报告被试能做什么试题，能拼多少单词，能理解什么难度水平的古文等。如果已经知道考试分数和某种外在标准有关系，就可以直接以外在效标来评价考试成绩。例如驾驶员考试成绩与行车执照有关，就可直接以发不发执照来表示考试成绩，而不用说他与常模团体比较驾驶水平居于第几位。因此，效标参照与常模参照比较有如下优点：

(1) 常模参照无法反映出被试的真正能力和水平，有时因比较团体不同，分数也不同。对被试到底能做什么，不能做什么也不清楚。效标参照则能发现优点所在和问题的症结所在。

(2) 从常模参照的分数不能得到被试在外在效标上的表现，如是否发驾照、是否晋升、是否录用等，效标参照测验则可直接做出解释。

(3) 参照效标的分数解释与自编考试关系更为密切，而参照常模的分数解释多与标准化考试结合使用。因此，当企业使用普通命题考试来评估被试时，用效标参照的方法来解释分数更为有效，其理论概念更易为人们接受和应用。

效标参照的解释方法可能产生两种解释分数：内容参照分数和结果参照分数两种。

1. 内容参照分数

内容参照分数主要是依据被试对某个确定的材料内容或技能的掌握和熟悉程度来表示和解释的。

在内容参照分数的解释中，比较的对象不是其他的人，而是测验所包括的内容。在编制这类测验时，首先要确定内容或技能的范围，然后再编制考查被试掌握程度的测验量表。这两项工作是相当困难的。有些任务范围容易确定，有些任务则不然。例如，10 个专业概念的掌握程度，其内容范围容易限定，而如果要确定一个合格的人力资源部员工应掌握的全部专业知识内容，就不那么简单了。

编制内容参照量表的关键是预先制定一个决定是否已掌握某种内容或熟练程度的标准，此种标准常有掌握分数、正确百分数，后者更为常见。

(1) 掌握分数

有时，只需要知道被试对一些基本知识和技能是否掌握，而不需要对被试做进一步的区分。在这种情况下，只要订出一个判别被试是否通过或掌握的最低分数，即最低熟练水平。在此分数以上，表明被试已达到掌握或熟练水平；此分数以下，表明没有达到这个水平，需要进一步的学习或采取其他补救措施。

这个水平如何确定呢？通常是选择有80%到90%的人通过的那一水平。不过大多数情况下，水平的确定常常是考试组织者的经验判断，而且往往只对被试是否通过该水平感兴趣，而不管比该水平高出或低出多少。企业在判断员工是否具备基本的岗位任职要求时，往往会采用这种方式来解释考试分数。

(2) 正确百分数

掌握分数采用的实际上是一种“通过—失败”的二分法计分，比较容易失掉代表员工实力的关键信息。正确百分数则表明一个被试在测验中答对题目的比例，它计算简单，意义明显，所以是一种经常应用的分数解释方法。

2. 结果参照分数

结果参照分数又称效标参照分数，是用效标行为的水准来表示分数。这种分数解释最适合于需要用考试成绩来预测的情况。例如，入职专业考试在80分以上的人，可以预测他进入企业后工作绩效将为优等。这里是用结果来解释分数，而不是用常模和内容来解释。

结果参照分数将效标材料直接结合到考试结果的解释过程中去，因此，要得到结果参照分数必须有两个前提条件：一是需要有效度证据，也就是说考试成绩必须与效标高度相关；二是要有一个能够将考试分数和效标成绩之间的关系结合起来的方法。

较常用方法是期望表。通过一个简单的表格，显示出一个给定的原始分数或分数等级获得不同效标分数或等级的机会有多大，也即是将考试成绩转换为不同结果发生的概率。

此外，结果参照分数也可用图示法和预测回归方程来表示。

在预测性测验中，使用结果参照分数的优点是显而易见的。但如果效度不高，或对预测不感兴趣，则不必用结果参照分数。

关键概念

考试 双向细目表 题型 考试评价 常模参照 标准参照

复习思考题

1. 你如何理解双向细目表的结构和作用？
2. 你认为编制一个好的考试需要哪些步骤？
3. 如何根据考试的目的选择合适的题型？

第六章 心理测验

本章要点

- 理解心理测验的定义、特点和功能
- 了解心理测验的方法
- 掌握心理测验的评价标准
- 熟悉常见的心理测验

第一节 心理测验的含义

一、心理测验概述

（一）心理测验的定义

美国心理学家桑代克（1918）说："任何现象，只要是存在的，总有一定的数量"，测量专家麦柯尔（1939）也曾说过："凡是有数量的事物，一定可以测量"，这两句话即现代心理测验的理论基础。心理测验是"测量一个行为样本的系统程序"。也就是说，心理测验可以通过观察人的少数有代表性的行为，从中推测出人在某个方面的心理活动特点。比如，我们不可能让某个员工在管理岗位上实践三五年，去了解该员工的管理能力，而是通过一套管理能力题目的测验样本，让员工去反应，然后根据这些反应来了解、推断被测对象的管理能力。

之所以称心理测验为系统程序，是因为测验结果很容易因为测验项目质量和测验实施程序而产生差异，因此为了维持测验结果的稳定性，必须有一套规范的程序和方法来控制这些不稳定的因素。具体地说：

第一，保证测验项目的代表性。不论是智力测验，还是人格测验，都需要找到足够的、有代表性的项目样本集合。例如，管理能力测验、专业知识、决策能力、分析问题及解决问题能力、协调合作能力、计划组织能力等题目都能代表管理者的基本能力。没有这些有代表性的项目样本，就不可能有稳定的测验结果。

第二，在编制、施测、评分和结果解释方面，有一套系统的程序。按照严格的程序编制测验，并用规范的程序来适用测验，辅之以统一的计分、解释系统，相信可以将误差降低到最小范围。

通过各种心理测验可以客观地对人的心理状态、认识过程、情绪、意志、个性特征等方面进行评估。在日常的生活和工作中，人们常常在进行测验工作，只不过这些测验的办法没有得到标准化，通常凭借测验者的经验和感觉判断，比较主观，比较随意，并且因人而异，测验结果的稳定性和可靠性不够。

（二）心理测验的特点

第一，心理测验具有间接性。心理测验通常是对人的主观活动的测验，由于主观活动很难直接观察到，人们常常是通过对某些外显行为的观察和记录，来推断个人的主观心理活动，因此，心理测验具有间接性。比如，一个人喜欢结交朋友，不管在熟人面前还是陌生人面前，都喜欢展现自我，沟通自如；乐于参加群体活动，喜热闹环境，喜交往，我们就推断这个人具有外向、活泼开朗等特点。同样，判断一个人聪明，智商过人，可能是他能够解决的各种数学问题，不仅是同龄人解决不了的，有的甚至是高年级的人也无法完成的，这种情况还很稳定，由此，可推断这个人智力过人。

第二，心理测验具有相对性。测量需要找到参照点，有些事物可以找到参照点，比如长度、重量，但有些活动很难找到参照点，比如心理活动品质。什么叫自私？什么叫无私？什么叫能力强，什么叫能力弱？我们都是通过与他人相比较得出的结论。

在许多情况下，可能我们也不需要知道绝对的参照点，我们只需要将所供选择的对象中，相对较高的人找出来即可。为此，心理测验的衡量结果大多是比较而言的，是相对的。比如：一个人内向、外向是相对的，一个人记忆力好坏是相对的，一个人的思维能力高低也是相对的。

第三，心理测验有一定的客观性。同样的题目、同样的评分标准，如果得到的结果不同，至少反映受测者在有些方面有差异。这种差异是客观存在的，还可以通过其他的方式和方法予以检验。

二、心理测验的功能

（一）描述功能

心理测验可以帮助个体全面了解其智力、能力倾向、创造力、人格和心理健康等各方面，说明个体的心理特性和行为，同时也可以帮助企业来了解员工各方面情况，进行人员筛选、培训等活动。

在人员招聘的时候，企业也可以借助心理测验来帮助企业挑选每个岗位所需的人才。假如某企业想在3位候选人当中选拔出一名中层管理人员，而从过去的工作业绩上来看，这3位候选人都有优秀的成绩。那么，借助管理潜能等方面的测验，我们可以全面了解各位候选人在智商、情商、管理能力等方面情况，以便挑选最优的人才。

同时，借助各种心理测验，还可以帮助员工发现自己在各方面知识和能力的不足，从而进行有针对性的培训来提高，企业也可以根据测验结果来制定系统的培训计划。

（二）诊断功能

心理测验可以对同一个人的不同心理特征间的差异进行比较，从而确定其相对优势和不足，发现行为变化的原因，为决策提供信息。如果一个单位希望建立一套人力资源管理的数据库，了解后备人员的储备状况，为将来的人才吸引、晋升服务，就可以开展心理测验，全面了解各个岗位的员工的心理素质。

挑选合适的心理测验进行测量，还可以帮助诊断企业管理中问题出现的原因，从而采取相应的补救措施。举个例子来说，假如某企业，对自己企业员工的创新水平不满意，希望知道是员工本身的创造力个性或创造能力的问题，还是由于人力资源管理方面的措施不利于开发员工的创造力所致。借助心理测验中的创造力测验，就可以帮助该企业来了解员工的创造力属性，从而判断是员工素质本身造成的，还是由于企业管理方面存在着缺陷。

再比如，通过检测发现许多员工能力潜质很好，但业绩表现一般，就可以检讨管理存在的问题：究竟是没有调动好员工的积极性，还是没有把员工放置在合适的岗位上；是上级领导压制人才，还是这些有潜力的员工消极怠工，缺乏长远的职业生涯规划？

随着社会竞争的加剧，组织、员工的更替速度加快，为了保证个人的利益，每个人都感受到了生活和工作的压力。许多人对压力处理不当，形成了心理阴影，造成不健康的心理状态。一旦了解了这个情况，就可以通过培训活动、员工福利计划，帮助员工解决心理疙瘩，促进员工的心理健康发展。

（三）预测功能

心理测量还可以通过个体间的差异预测不同的个体在将来的活动中可能出现的差别，或推测个体在某个领域未来成功的可能性。通过心理测验，企业可以很好地把握每个员工的发展潜力和发展方向，达到预测员工未来行为的目的。

如果发现一个技术骨干，有吃苦耐劳的精神，而且非常地体恤周围的同事，在群众中很有威信，口碑很好。可以大胆地预测，该员工今后会有很大的发展空间。人员选拔同样也是利用心理测验的预测功能，假如该员工在考核期间表现良好，我们就可以预测，这个员工具有一定的能力，在将来提拔的岗位上同样也能有较好的工作表现。

第二节 心理测验的方法与质量标准

一、心理测验的方法

心理测验的方法有很多，但在企业实际应用中常用的主要是以下几种：

（一）纸笔测验法

纸笔测验由于使用方便、评估过程较为客观且费用低廉，历来在心理测验中占据了主导地位。测验所用的是文字或图形材料，以言语来提出刺激，实施方便，因而团体测验多采用此种方式编制。

纸笔测验的题型大概可分为下列几种：

1. 是非题：能广泛地涵盖各种内容，且适于考查员工对于简单观念或知识的了解。

2. 选择题：客观测验的题型，在其他条件相等时，以选择题的品质最佳，因为选择题可以测量到各种不同层次的知识技能掌握的情况，可以避免受测者依照习惯性的反应倾向作答，具有诊断效果。

3. 填空题：介于问答题与客观题中间，应用甚广，多用在测量机械的记忆。

4. 配合题：要求受测者根据规则、原理或者定理对各个陈述进行分类时，更为适合。

5. 图表测验：采用图表测验，可节省很多文字说明。

6. 问答题：一般适用于开放性的问题。每一种题型均有其应用的价值。

纸笔测验的测评方式具有公平、客观、方便和较易实施等优点，不过文字材料易受受测者文化程度的影响，因而对不同教育背景下的人使用时，其有效性将降低，甚至无法使用。

此外，纸笔测验比较注重测量思维、记忆等脑力活动的结果或过程，但对于一些具体的行为表现，还存在不足。

（二）操作测验法

这类测验是用实物或模型的工具构成测验项目，让受测者操作，观察其完成动作的速度和特点及准确性，素材涉及图片、实物、工具、模型等。比如招聘飞行员、司机或者机床操作工等，大多都会让应聘者亲自操纵或模拟操纵实物，以考查其能力。操作测验无需使用文字作答，所以不受文化因素的限制。此种测验的缺点是大多不宜团体实施，要花费大量的时间。

比如罗夏测验、主题统觉测验（TAT）、瑞文（Raven）标准推理测验及韦克斯勒（Wechsler）儿童和成人智力量表中的操作量表部分均属于这种非文字测验。有时纸笔测验法和操作测验法会结合起来使用，可以综合其各自的优点，弥补不足。

（三）问卷法

问卷法是指采用预先拟定好的问题表，由被测者自行填写来收集资料进行信息分析的方法。尽管都是用纸笔手段进行测试，但它与纸笔测验法不同。一般而言，纸笔测验更多的是测量受测者的知识掌握水平，偏向于过去学到了什么，而问卷法更多涉及受测者的心理特征以及态度倾向，偏向于个体现在的状态是怎样。比如招聘销售人员过程中，测量应聘者的性格内外向，问卷法则是方法之一。

问卷法从问卷的使用上可以分为封闭式、开放式和图画式三种：封闭式是指问卷上的问题都对回答作了限制性的规定，比如全部都是是非题、选择题或者仅仅是对某一个状态给予一个评价，如好、中、差。开放式是指事先未对回答给出限制性的规定，回答问卷的人可以自由作答，类似于作一篇浓缩的小论文。图画式则基本上是针对文化层次相对低的被访者。

开放式的问卷有利于探索到意外的结果，可能回答比较深入、具体，适用于测验对象比较少的情况下，比如企业高级管理人才的招聘。不过在最后处理信息的时候比较困难，比如有些答案不知该归于哪一类，不答、拒绝作答或答非所问也会给信息整理带来一定的难度。而且，由于问卷答案没有统一的标准，分析人员很难将测验结果量化。其中，封闭式的问卷属于标准化的问卷，适用于大样本，回答比较准确，可信度高，也因其标准性而便于量化处理或统计分析，适用于招聘的初级阶段。对于测验对象来说，因为回答起来非常方便，拒答率就比较低。但是，由于封闭式问卷的回答受到了限定，分析人员很难从结果中挖掘出较新的信息。所以，通常情况下，我们总是会将开放式和封闭式结合起来使用，互相弥补其优缺点。

问卷法的优点：问卷法客观、统一、效率高；统计结果数量化、规范化；同时，采用问卷法时，一般问题非常明确，不用花太多精力培训测验人员或者专门的使用人员；还可以采用不记名问卷，可以比较真实地反映被调查者的态度和观点。但它也具有一定的缺点，比如不够灵活，多数问卷为封闭式，不能充分说明被调查者的态度；适用对象是具有一定文化程度的人。

(四) 投射法

有些心理特征是很难直接观察和测量的，例如人们的动机、欲望和需要等，就需要用投射的测量方法。所谓投射法，就是让受测者通过一定的媒介，建立自己的想象世界，在无拘束的情景中，不自觉地表露出其个性特征的研究方法。投射理论认为，受测者对测验题材的解释，可以反映其心理功能。人们对外界刺激的反应都是有其原因的，其原因是可以预测的，不是偶然发生的。人类的日常反应，固然取决于当时的刺激或情境，但个体本身当时的心理状况，和他过去的经验，以及对将来的期望等，对当时的知觉与反应的性质和方向，都发生了很大作用。我们常将内心情感及感觉投射到环境里去，假如一个企业进行管理人员的选拔，想比较候选人之间的成就动机水平，即可以采用投射法。让各位候选人面对着一些空泛而无限制的刺激情境（测验题材），自由想象或不自觉地对它做出种种反应。由于每个人的经验不同，对刺激所知觉的内容不同，因此所作的反应就不可能相同。分析反应的结果，便可以窥测个人潜在的深层动机和人格特性。

投射法的主要方法有以下几种：

1. 联想技术：给受测者呈现一些刺激，让受测者报告对这些刺激的反应，根据受测者的反应做出分析，常用的有各种墨渍投射测验，字词联想测验等。

2. 构成技术：受测者需要根据一个或一组图形或文字材料讲述一个完整的故事。这种测验主要测量受测者的组织信息能力，从测验的结果分析受测者的深层心理。比较著名的有：主题统觉测验（TAT)、麦克莱兰成就测验。还有测量人们的信念、宗教信仰、价值观的测验，这种技术主要侧重于对受测者的产出分析。

3. 句子完成法：把一些没有完成的句子呈现给受测者，请受测者根据自己的想法把句子完成。这种方法比较简单，却很能说明问题。

4. 等级排序技术：请受测者把一组目标、欲望、需要等按某种标准加以排序的方法。许多价值观、成就动机、态度的测量都采用这种技术。

5. 行为表现技术：这是一种侧重过程性分析的技术，不太注重受测者的产出。由于受测者处理事物、人际交往的方式无不带有个人的独特特征，因此要求受测者参加一些活动，通过这些活动可以表现他们的需要、愿望、情绪和动机。这些活动方式要求符合实际的生活场景，如做游戏、角色扮演、演一出戏、画一幅画等都可以，事实上，目前很多企业在招聘的过程中已经采用了这些手段。

6. 个案分析技术：这是一种综合性技术，既有表现的成分，又有投射的成分，个案设计必须贴近生活实际，受测者需要根据文中提供的线索做出自己的判断和评价。由于受测者在操作时需要付出一定的努力，可以充分发挥自己的想像力，所以这种方法能引起受测者的极大兴趣。

由于投射测验的材料，大都是刺激模糊、结构松散，所以受测者不易知道测验的目的及他的反应在心理解释上具有什么意义。投射研究最大的特点是对所呈现的刺激情境，其意义完全由受测者自己决定，因此，受测者可以毫无顾忌地表现出某种行为或感情，对刺激情境做出反应。实际上，刺激情境本身并不重要，只是受测者把他的内心需要和态度投射到能见的地方而已。

投射法有很大的发展前途，其主要优点是主试的意图藏而不露，使得测验结果比较真实。但是，其结果分析比较困难，想要提高投射测验的准确度，提高其客观性程度，主试必须接受专门的训练，否则不如采用其他方法。

二、心理测验的质量标准

（一）心理测验实施的一般流程

1. 选择测验

测验的选择不能仅仅根据测验的名称、作者等来挑选，而必须按照心理测验的测量学要求来考虑。例如，这个测验是否经过标准化，它的信度、效度水平如何，它的适用年龄范围是什么等。每个测验都有它的特殊目的和适用范围，有的企业需要使用测验来挑选人才，其目的是选拔人才，有的企业需要人才评估工具，其目的是为了员工的长远发展而做评估，这两者所选择的测验类型完全不同。合格的主试知道，他不能选择未经标准化的、信度效度不合格的测验来使用。各个测验的适用年龄都有规定，超越它的规定便不能使用。合格的主试必须熟悉每个测验的适用年龄范围。在测验之前，主试还必须考虑所需要解决的问题是什么，究竟是测量智力水平还是测查个性倾向，从而选择合适的测验工具。

2. 测验前的准备工作

为了确保测验科学地、顺利地实施，测验人员在测验前应认真做好以下几项准备工作。

（1）预告测验。事先通知受测者，保证受测者准确知道测验的时间、地点以及内容范围、试题的类型等，以便受测者在心理上有所准备。根据具体情况可以适当进行调整，比如有的测验可以不把真实目的告知受测者。但是，不管什么情况，测验都不宜搞突然袭击。

（2）准备测验材料。测验材料包括题目、答卷纸、计分键、指导书、纸、笔、计时表等必需的材料和工具。同时，主试还应详细地模拟一遍测验，以观察材料是否准备齐全。一些测验材料应放存离测验桌不远的地方，主试可以伸手拿到而不干扰受测者。

(3) 熟悉测验指导语。指导语是指对测验的说明和解释，包括对主试的指导语和对受测者的指导语两部分。对主试的指导语主要是对测验细节的进一步说明，以及在测验中途发生意外情况如何处理；对受测者的指导语则对受测者的反应态度、反应方式等作出了严格的规定，一般包括：如何选择反应形式(画钩、口答、书写等)、如何记录这些反应（答卷纸、录音、录像等)、时间限制、如果不能确定正确反应时该如何去做以及计分的方法、例题等内容。熟记这两种指导语是对主试的基本要求。指导语不统一，则会严重影响测验的科学性。

(4) 熟悉测验的具体程序。测验的实施并不是简单地分发、收集试卷，对于某些个别测验和团体测验来说，测验的实施必须由受过专门训练的人来完成。例如韦氏智力量表包括言语、操作两大部分，其中操作部分的测验涉及物体如何摆放和如何示范等程序，而针对销售人员或管理人员的选拔测验则更为复杂，甚至包括情景测验或游戏的应用。

(5) 确保满意合适的测验条件。安排好测验地点，调整光线、通风、温度、噪音水平等物理条件。例如，一个人在酷暑和正常天气下所做的智力测验的结果会有差别，噪音的严重程度也会影响到大部分心理测验结果。

(6) 防止作弊。

3. 实施测验

(1) 标准化指导语

测验标准化的第一步是指导语标准化，即在测验实施过程中应该使用统一的指导语。指导语通常有两种：一种是对受测者的，另一种是给主试的。对受测者的指导语应该力求清晰和简单，向受测者说明他应该做什么，即如何对题目做出反应。给主试的指导语通常单独印在另一张纸上，主要是对测验细节的进一步解释及其他注意事项，例如测验房间的安排、测验材料的分发、计时计分方法、对受测者可能提出的问题的回答方法，以及测验中途发生意外情况(如停电、迟到、生病、作弊等)时的处理方法等。

当采用计算机实施测验时，其指导语可以通过视觉呈现或录音说明，测验的反应可以自动记录下来。有时当测验程序不太清楚时，计算机可以给受测者更明确的指导。

(2) 标准时限

时限也是测验标准化的一项内容，测验时间的安排，也是影响测验结果的一个重要因素。主试应事先告诉受测者该测验具体的时间限制。对于有分测验的测验，主试也应严格遵照有关时限的操作语执行。例如在速度测验中，尤其要注意时间限制，不得随意延长或缩短。

（3）测验的计分与解释

计分和解释的过程是将受测者的反应数量化并赋予意义的过程。计分标准化的关键是使评分的方法尽量客观化。标准化的测验常常配有计分键。

（二）测验的计分和分数的合成

标准化的另一个要求是客观计分，客观性是指两个或两个以上受过训练的合格评分者之间所评结果有一致性，比如两名考官对同一个面试者的评价分数要接近。一般情况下，受过训练的评分者每两人之间的平均一致性达到90%以上，可以认为计分是客观的。只有当计分客观时，才能把分数的差异完全归因于受测者的差异。

计分的基本步骤主要有三步：

第一，及时、清楚、详细地记录受测者的反应。

第二，制作标准答案。

第三，将反应和标准答案相比较，给反应归类或赋予分数值。

不同的测验类型有不同的计分要求。测验题的计分常受评分者的情感、态度的影响。为使测验题的计分更客观可信，应遵循以下原则：

第一，与测量目标无关的回答不予计分，或单独给分数。

第二，确定标准答案及可接受的变式。

第三，评分时最好按题目顺序进行，即在所有受测者第一个问题的答案按测验的流程计分完毕后，再给下一题的答案计分。

第四，最好在评阅时不知道受测者的名字，以减少个人偏见。

第五，可能的话，由多个主试来给测验题计分，取其平均值作为受测者的分数。

（三）测验的标准化

一个人在心理测验中的表现，不仅取决于自身固有的素质，有时还会受到许多与测验无关的因素的影响，比如参加面试的求职者，可能在看到前一名应聘者临场表现不佳而更加紧张。考场环境、主试的指导语、评分者的水平等都会对心理测验结果造成影响。为了使测验的结果更加准确、可靠，减少误差，我们就要在测验实施的过程中尽量控制无关因素对测验的影响，使测验分数能够真正反映一个人真实的能力水平。这个控制的过程，称作标准化，其内容包括以下几个方面：

内容标准化，即对所有受测者施测相同的题目。在招聘的初级阶段，内容标准化尤其重要，测验的内容不同，所得的测验分数无法相互比较。

施测过程标准化：首先，无论在何时何地给何人施测，主考宣读的测验指导语必须完全一致。其次，测验的时间要统一、严格控制，这一点对能力测验尤为重要。

评分标准化，即客观评分。对于那些需要主观评分的测验，要求至少有两个以上受过专业训练的评分者同时评分，而且他们的分数必须具有一致性。无论客观评分还是主观评分，都需要有统一的评分标准。如果缺乏标准化，很可能测验结果被主观歪曲。曾经出现过一个有趣的故事：一位历史学教授制作的标准答案被误作为学生的答卷，结果被另一位教授评为不及格。

常模：一个标准化的测验，不但内容、施测和评分要标准化，对分数的解释也必须标准化。一个测验的原始分数本身并不具有任何可比性，通常是把个人所得的分数与代表一般人群行为水平的分数分布情况相比较，以判别其所得分数的高低。这种能代表一般人群行为的分数的分布情况，即所谓的“常模”。大学招生即采用这种常模参照的方式，每所大学都会将报考本校学生的成绩与所有高考生的成绩进行比较，处在一定百分位以上的才具备入学资格。建立常模的方法是，在将来要使用测验的全体对象中，选择有代表性的一部分人（称标准化样本），对此样本施测并将所得的分数加以统计整理，得出一个具有代表性的分数分布，这个分布就被称为常模。常模可因标准化时选取样本的不同而有不同的类别，形成不同的亚常模。常见的亚常模有年龄常模、年级常模、性别常模、地域常模、民族常模和职业常模等。

测验的信度和效度：心理测量中所指的信度主要是指测量结果的可靠性或一致性，比较常用的是重测信度。重测信度是指，用同一测验，在不同时间对同一群体施测两次，这两次测验分数的一致性（通常用相关系数来表示）。重测信度是衡量一个测验的结果是否可靠的标准之一。比如，我们选用 A 测验测查某一名受测者的智商，第一次结果智商是 100，而一个星期以后，我们用同样的测验对他进行第二次测验，结果发现他的智商变成了 130。若没有极其特殊的原因，一个人的智商是不可能在一周之内发生如此大的变化的，由于两次测量结果很不一致，我们就很难下结论说这名受测者的智商究竟是多少。所以，在一般情况下，我们会认为这个测验的重测信度很低，是不可信的。信度是衡量任何测验质量的基本指标，一个测验的信度较高，则说明它的分数是稳定的、一致的，它的测量结果是可靠的。那么，信度多高才算合适呢？一般来说，当信度大于 0.7 时，可以将测验结果进行不同团体间的比较；当信度大于 0.85 时，测验结果才能应用于个人之间的比较和评价。总的来说，信度是越高越好。

一个测验光有信度还不够，测验分数是稳定的，并不能说明它就能够准确地测量想要测的特质。比如，一台磅秤，长期使用，弹簧早已疲劳，一个 100

斤的人站上去，显示的却是110斤，一天称10次，显示的都是110斤，信度足够好，但准确性不高。由此，效度的概念应运而生。通俗地说，测量的效度就是指测量的有效性。一个测验的效度越高，表明它所测得的结果就越能代表想要测量的特质的真正水平。比如，一个智力测验的效度比较高，我们就可以认为由这个测验得出的分数可以比较准确地反映出完成测验的人的真实的智力水平。

在人才招聘和选拔中，我们使用心理测验是希望它能预测应聘者将来的一些重要的外在行为（如工作业绩），也就是说，我们关心的是：应聘者在心理测验中的得分能否有效地预测他在将来工作中的表现，高分者是否一定将来表现优异，低分者是否一定就表现糟糕，这就需要测验具有较高的效度。

第三节　能力类心理测验简介

一个人要想胜任一定的工作或在工作中取得一定的成就，就必须具备一定的能力，例如记忆能力、观察能力、理解能力、思维推理能力等。因此，在很多职位的任职资格中都有对能力的规定。其实，心理学家们早就想办法对人的能力进行测量，能力测验也是最早被用于人员选拔评价中的心理测验。第一个科学意义上的心理测验是1905年由法国的心理学家比奈（Binet）编制出来的智力测验，即一般能力测验。当时编制这个测验是为了鉴别智力落后的儿童。第一次世界大战期间，美国政府出于甄选新兵的需要，委托心理学家编制了陆军甲种和乙种测验，这是一些非言语形式的能力测验。第一次世界大战后，这类测验被改造后用于民间，适用于教育和工商业等各个领域。测验的形式也有很大的发展，从测量单一的智力发展成为测量多种能力。

心理学家认为，能力是一种内在的心理品质，是完成某种活动、解决某个问题所必须具备的条件。能力是看不见、摸不着的，它必须借助外在的活动才能表现出来。我们了解他人的能力必须“听其言，观其行”。比如，一个人只有具备较好的曲调感、节奏感和想像力，并且歌声优雅动听，我们才能说他具有音乐能力。能力还有程度上的不同，孔子早就提出人可以分为中人、中人以上及中人以下三类。但能力的不同只有通过活动表现的优劣才能进行比较。譬如，在其他条件（知识、技能、花费的时间）相同时，甲乙两人进行数学运算，甲比乙采用更为简洁的方法，更为正确地计算出答案，那么我们就能说甲的数学能力比乙更强。

人们在评价一个人的能力的时候经常会用“有潜力”或者“很能干”这样的话语。一般来说，更进一步探讨能力的含义，我们可以从两个层次理解能力，实际的能力和潜在的能力，即“所能为者”和“可能为者”。“所能为者”就是指现在实际能做的，比如能说英语、骑车等，是在遗传和后天学习的基础上获得的知识和技能。这种能力也称为成就（achievement)。而“可能为者”指的是在将来有机会学习时可能达到的水平，也就是所谓的“潜力”。潜力既有能力倾向的意思（aptitude)，又有未发现、未发掘、未使用的意思(capacity)，它是一种未来成就的可能性。智力较多地体现为潜在的能力，即不断地获取知识的能力。

一、智力测验

智力是指人认识世界并运用知识解决实际问题的能力总和，包括观察能力、记忆能力、注意能力、思维能力等各个方面。韦克斯勒认为：“智力是个人有目的地行动、理智地思考以及有效地应付环境的整体或综合的能力。”智力测验的目的就在于测量智力的高低，即由经过专门训练的研究人员采用标准化的测验量表对人的智力水平进行科学测量的一个过程。

智力的差异如同人的其他差异一样是客观存在的，人们很早就有用数量来区分这种差异的思想，因为仅用语言表达人们的聪明程度不够精确。但由于智力的复杂性，人们一直找不到好的测量方法。科学的智力测验起始于20世纪的法国，比奈和他的助手西蒙用语言、文字、图画、物品等形式编制了世界上第一个智力测验量表，从此开启了智力测验的发展道路。

1. 比奈-西蒙量表

1905年，比奈与助手西蒙（T. Simon）总结了自己的一系列研究成果，发表了第一个测量智力的工具，即比奈-西蒙量表。该量表共有30个题目，其中既有对较低级的感知觉方面的测量，也有对较高级的判断、推理、理解等方面的测量。题目按照难度由浅入深排列，以通过题数的多少作为鉴别智力高低的标准。1908年比奈-西蒙量表进行了首次修订，题目增加到59个，并按年龄分组（3~15岁）。1911年，比奈-西蒙量表再次获得修订，并将量表延伸到成人阶段。比奈-西蒙量表引起了全世界心理学家的广泛注意，很快被译成多种文字，不少人还进行了修订。其中以美国斯坦福大学L. M. 特曼主持修订的斯坦福-比奈智力量表（简称SB）最为著名。它的第一个修订本1916年问世，第一次将智商（IQ）概念运用到智力测验中，使智力分数能在不同年龄间比较，从而进一步发展和完善了比奈以智龄评定智力的方法。

智力有两种衡量方式，即比例智商和离差智商。所谓比例智商，是将个人的心理年龄除以实际年龄，再乘以100，即

智商 =（心理年龄/实际年龄）× 100

按照这种指数，如果一个人的心理年龄为7岁，而实际年龄为5岁，这个人的智商高于普通人，为120；如果其心理年龄为7岁，而实际年龄为8岁，则这个人的智商为85，低于普通人。

但是，这个指数有一个致命的弱点，即智力是不断增长的。然而，智力是否真的随着年龄还不断增长？研究表明：到18~20岁，智力测验的成绩增长缓慢或停止，达到人生的相对高点。为此，人此后的智力测验分数可能就会逐步下降，年龄越大，降低得越厉害。

为了克服这种纵向发展比较的不足，后来提出了离差智商的计算办法，即不再将个人的智力与实际年龄挂钩，而是进行横向同龄人的比较。其基本假设是：个人的智力高低可以用其在同龄人中的水平高低进行衡量，如果超过大多数同龄人，则表示智商很高，如果比大多数同龄人差，则表示智商很低。其计算公式如下：

$$\text{智商} = 100 + 15 \times (X - X_m) / SD$$

式中：X 表示个人智力测验结果；X_m 同龄人的平均数；SD为同龄人智力测验分数的标准差，或者离散程度。

按照这个公式计算，如果一个人的测验分数高于同龄人的平均数，则智商较高，智商的平均数为100，高于100越多，则表示智商越高；低于100越多，则表示智商越低。现在的智力测验结果多用这种方式表示，按照年龄来建立比较标准，不同年龄的人有不同的标准，由于年龄小的时候智力变化快，所以年龄常模比较密集，年龄差比较小；随着年龄的增长，智力变化速度较慢，因此年龄常模跨度较大，比如隔10年才有一个常模或参照标准。

2. 韦克斯勒智力测验

这个测验简称韦氏测验，是美国心理学家韦克斯勒（D. Wechsler）创制的一种智力测验工具。整个量表分为语言和操作两个分量表，每个分量表又由一系列项目构成：

（1）常识。包括33个一般性知识的测题，测题的内容很广，例如“谁发现了美洲？”“某个国家的首都在什么地方？”

（2）图画补缺。包括27张图片，每张图上都有意缺少一个主要的部分，要求受测者在规定的20秒钟内，指出每张图上缺少了什么。该测验用来测量视觉敏锐性、记忆和细节注意能力。

（3）数字广度。包括14个测题，主试读出一个2~9位的随机数字，要求受测者顺背或倒背，两者分别进行。顺背从3位数字至9位数字，倒背从2位数字到8位数字。总分为顺背和倒背两者的相加的和。该测验主要测量瞬时记忆能力，但分数也受到注意广度和理解能力的影响。

(4) 图片排列。包括10套图片，每套由3～5张图片组成。在每道题中，主试呈示一套次序打乱了的图片，要求受测者按照图片内容的事件顺序，把图片重新排列起来，使它们成为一个有意义的故事，该测验用来测量受测者的广泛的分析综合能力、观察因果关系的能力、社会计划性、预期能力和幽默感等。

(5) 词汇。包括37个词汇，每个词汇写在一张词汇卡片上。通过视觉或听觉逐一呈现词汇，要求受测者解释每个词汇的一般意义。例如，“美丽”是什么意思?“公主”是什么意思?词汇测验用来测量受测者的词汇知识和其他与一般智力有关的能力，在临床上也有很大作用。

(6) 积木图案。包括10个测题，要求受测者用4块或9块积木，按照图案卡片来照样排列积木。每块积木两面为红色，两面为白色，另两面为红白各半。积木图案测验用来测量视知觉和分析能力、空间定向能力及视觉—运动综合协调能力，它与操作量表的总分和整个测验的总分的相关均很高，因此被认为是最好的操作测验。

(7) 算术。包括15个测题，受测者在解答测题时，不能使用笔和纸，而只能用心算来解答。算术测验主要测量最基本的数理知识以及数学思维能力。

(8) 物体拼配。包括4个测题，把每套零散的图形拼板呈现给受测者，要求他拼配成一个完整的物件。物体拼配测验主要测量思维能力、工作习惯、注意力、持久力和视觉综合能力。

(9) 理解。包括18个测题，主试把每个问题呈现给受测者，要求他说明每种情境。例如，“如果你在路上拾到一封贴上邮票、写有地址但尚未寄出的信，你应该怎么办?”

(10) 数字符号。共有93对数字符号，要求受测者在规定时限内，依据规定的数字符号关系，在数字下部填入相应的符号。

(11) 类同。包括14组成对的词汇，要求受测者概括每一对词义相似的地方在哪里。例如，“桌子和椅子在什么地方相似?”“树和狗在什么地方相似?”

韦氏测验将受测者与同年龄组正常人的智力平均数之比确定为智商，每个年龄组的智商平均数都是100，标准差是15。如受测者的加总分比自己年龄组的平均数小一个标准差，其智商为85；反之，如多一个标准差，则智商为115。韦氏测验从学前儿童到中老年人的受试群体均适用。

3. 瑞文测验

瑞文测验属于纯粹的非文字智力测验，用以测验一个人的观察力及清晰思维的能力，是英国人瑞文（Raven）在1938年设计的一个智力量表，简称瑞文标准推理测验。这是一套使用方便、用途广泛的智力测量工具，至今为止仍为国内外心理学界和医学界所使用。

瑞文标准推理测验共由 60 张图案组成，按逐步增加难度的方式分成 A、B、C、D、E 五组，每组都有一定的主题，如图形相似、图形转换等，因此各组的思维操作水平也是不相同的。每个组又包含有 12 个项目，也按逐渐增加难度的方式排列，分别编号为 A_1，A_2，A_3，…，A_{12}，B_1，…，B_{12}等，每个项目由一幅缺一小部分的大图案和 6 ~ 8 张小图片组成（A 组和 B 组有 6 张，C 组以后有 8 张），小图片与缺失部分形状一样，受测者要求根据大图案内图形间的某种关系，看小图片中哪一张填入大图案缺失部分最合适，就把小图片号码写在答案纸上。图 6-1 就是其中的一个例题，要从后面的 8 个候选项目找一个正确的选项放在图中，需要答题者理解含义，能够知道为什么。

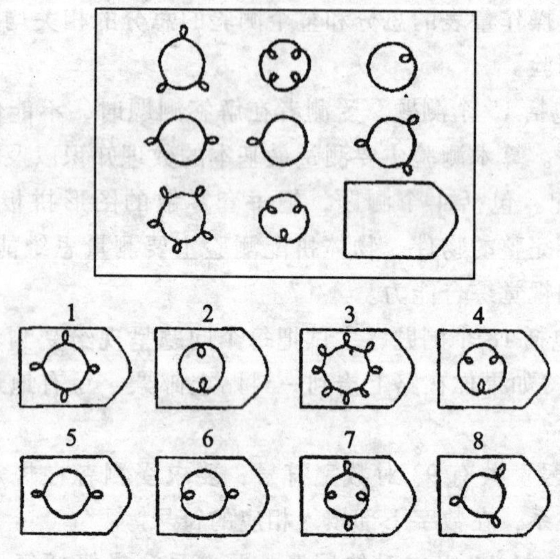

图 6-1　瑞文标准推理测验例题

直观上看，A 组主要测知觉辨别力、图形比较、图形想像力等；B 组主要测类同、比较、图形组合等；C 组主要测比较、推理、图形组合等；D 组主要测系列关系、图形套合、比拟等；E 组主要测互换、交错等抽象推理能力。测验通过评价受测者这些思维活动来研究他的智力活动能力。

二、情绪智力测验

有这么一则故事：一个人去买鹦鹉，看到一只鹦鹉前标“此鹦鹉会 2 门语言”，售价200元。另一只鹦鹉前则标道“此鹦鹉会4门语言，售价400元”。该买哪只呢？两只都毛色光鲜，非常灵活可爱。这人转啊转，拿不定主意。结果突然发现一只老掉了牙的鹦鹉，毛色暗淡散乱，标价800元。这人赶紧将老板叫来：这只鹦鹉是不是会说8门语言？店主说：不。这人奇怪了：那为什么又老又丑，又没有能力，会值这个数呢？店主回答：因为另外两只鹦鹉叫这只鹦鹉老板。

这故事告诉我们什么呢？真正的领导人，不一定自己能力有多强，只要懂信任，懂放权，懂珍惜，就能团结比自己更强的力量，从而提升自己的身价。相反许多能力非常强的人却因为过于完美主义，事必躬亲，认为什么人都不如自己，最后只能做最好的攻关人员、销售代表，成不了优秀的领导人。如果用一个词语来形容那个老鹦鹉，那就是“EQ高”。EQ是emotion quotient的简称，译成汉语便是“情感智商”，因美国哈佛大学心理学博士丹尼尔·戈尔曼在他的《情绪智力》一书中介绍给大众而名闻天下。

戈尔曼在其著作《情绪智力》中提到：“真正决定一个人成功与否的关键是情商而非智商。”情商是情绪智力的一个指标，情绪智力包括一系列相关的心理过程，这些过程可以概括为三个方面：准确的识别、评价和表达自己和他人的情绪；调节和控制自己和他人的情绪；利用情绪信息，以便有计划的创造性的激励自己或他人的行为。当今社会，成功更需要合作，单凭一个人的能力是远远不够的，如何与他人和谐相处，如何调动自己和他人的积极性，都与情绪智力有关。孤傲、孤僻、孤独的人，是最不快乐的，因为这些人不会或不愿表达自己的情感，他们也不能很好地识别他人的情绪表现以致别人敬而远之，更谈不上合作。在工作中，我们常看到有些领导的工作业绩可能很好，但是在上下级关系处理中却显得力不从心。这些高智商的领导，其情绪智力却急需提高。除了能够理解人，学会分享他人的快乐与悲伤外，积极调试自我状态，不沉迷不放弃，保持韧性也是高情绪智力的表现。所以说，成功是头脑和态度、意志等方面的综合。

情绪智力的研究受到广泛重视，其重点是情绪智力理论模型和量表的开发研究。至今，情绪智力量表已有近十个版本，主导地位的情绪智力模型以及基于这些模型所开发的情绪智力量表主要包含以下一些：

（一）情绪智力量表（EIS）

1990年梅耶和萨拉维指出情绪智力应包括区分和调节自己与他人的情绪，以及运用情绪信息引导思维的能力。其中区分自己与他人的情绪包括两个方面：（1）情绪的评估和表达（包括言语、非言语表达的理解和移情）；（2）情绪调节包括调节自我和他人的情绪。运用情绪信息引导思维的能力包括灵活计划、创造性思维、注意力转移以及动机状态四个方面。

情绪智力量表（EIS）是斯科特（Schutle）等人根据梅耶和萨拉维（1990）的情绪智力模型开发的一份自陈问卷。它共有33项，可用于评估人们对自己以及他人情绪的感知、理解、表达、控制和管理利用的能力。斯科特等人用这份量表测验了一个社区的328名男性和女性。在考查测验的内在一致性信度时，采用了α系数估计法，结果测得社区样本的内在一致性系数为0.90。两个星期后得到的重测信度为0.78。在此量表上高分者通常更为积极、更能克制冲动、更清楚地表达自己的感受、更好地恢复、较少的情感障碍和抑郁、更富有同情心、更能自我监控。

1997年梅耶和萨拉维对情绪智力的内涵进行了修订，强调了情绪的认知成分。修订后的模型由四部分组成：

（1）准确地知觉、评价和表达情绪的能力；

（2）产生利于思维的情感的能力；

（3）理解、分析和使用情绪知识的能力；

（4）调节情绪以促进情绪和智力成熟的能力。

根据梅耶和萨拉维修改后的情绪智力模型，学者们又开发出多因素情绪智力量表（MEIS）和梅耶-萨拉维-卡卢索（Mayer-Salovey-Caruso）情绪智力量表（MSCEIT）两种。MEIS量表以行为表现为基础评估人们感知情绪、理解情绪和管理情绪的能力。它包括4个维度12项任务，分别是：感知情绪（4项任务）、同化情绪（2项任务）、理解情绪（4项任务）和控制自我情绪（2项任务）。该量表有整体评分和专家评分两种评分方法，共有141个自陈项目，适用于17岁以上的人群。

（二）情商问卷（EQI，BarOn，1997）

巴昂（BarOn）根据自己的专业经验，在世界范围内测验了85 000多名受测者，融合了其他学者在该领域中的研究开发出这一自陈量表。它共有5个临床量表（其中包括15个分量表）和2个效度量表，共133个自陈项目。其中，临床量表有：内省量表、人际量表、适应性量表、压力处理量表、总体情绪量表。两个效度量表分别是乐观印象和悲观印象。EQI的使用手册中没有提供整个量表总分的信度，但对15个分量表分别提供了0.69～0.86的内在一致性系数，以及0.78～0.92的一个月后的重测信度。在效度上，EQI的总分与SCL90、抑郁量表、16PF、情绪稳定量表、个性评估量表（PAI）的支配和热情分量表之间都有高于0.5的相关。

（三）情绪智力问卷（Chi-Sum Wong，2002）

Wong & Law（2002）在Gross的情绪模型基础上，编制了一套简短的测量工具，共16道题，分别从自我情绪评价、他人情绪评价、情绪使用、情绪控制等四个方面来测量员工的情商。该问卷项目比较精简，测量起来十分方便，受到不少学者的好评。

情绪智力量表（Chi-Sum Wong，2002）

(1) 自我情绪评价（self-emotion appraisal，简称SEA）

大多数时候，我都知道为什么我会产生当时的情绪

我能很好地理解自己的情绪

我真的知道我的感受

我一直知道我是否快乐

(2) 他人情绪评价（others' emotion appraisal，简称OEA）

我总是能够从朋友们的举动中推断出他们当时的情绪

我能很好地观察他人的情绪

我对他人情绪和态度十分敏感

我能很好理解周围人的情绪

(3) 情绪使用（use of emotion，简称UOE）

我总是给自己设定一个目标，然后努力达到它

我总是告诉我自己，我是一个有能力的人

我是一个自我激励的人

我总是鼓励自己做到最好

(4) 情绪控制（regulation of emotion，简称ROE）

我能够控制自己的脾气，理性地处理麻烦

我完全能够控制自己的情绪

当我很生气时，我能够快速冷静下来

我能够很好地控制我的情绪

三、特殊能力测验

所谓的特殊能力就是指某些人具有他人所不具备的能力。有时，由于工种的需要，在企业招聘中需要测验一些特殊能力。例如，为测验其想像力、创造力而进行的“一物多用”测验；为测验其双手协调动作的准确性与速度而进行的“钉板”测验；为测定其注意力的集中、分配与转移能力而进行的“划字”测验；为测定记忆广度而进行的“顺背数字”和“倒背数字”测验；为考查应试者记忆与动作的协调能力进行的“数字配符号”测验等。特殊能力

测验在员工招聘中并不常用。而且，有时需要一些心理测验仪器的配合运用，才能了解得比较准确。

特殊能力测验主要是机械能力测验，也称心智运动测验，用来测验心智与体力动作相结合的机械工作能力，还包括机械的推理测验等。它适合于选拔须掌握机械操作技能的人员，如机械师、修理工、裁剪师、绘图员、牙科医生等。

（一）感知觉和心理运动能力测验

一般说来，感知觉和心理运动能力测验不属于心理测验，但这些测验能提供给我们有关个体机能的重要信息。当工作成绩的高低依赖于感知觉和心理运动能力时，这种测验也是人员筛选、安置、咨询及诊断的重要依据。

1. 感知觉测验

某些工作的成绩受个体听觉和视觉的影响，在这种情况下，可采用感知觉测验筛选出视力或听力不足的人，作为其他测量工具的补充。

感知觉测验又分为单一目的的测验和多重目的的测验。前者指只测量一种功能的测验，后者指测量综合的感知觉能力的测验。单一目的的测验包括：视觉敏度测验、听觉敏度测验和颜色视觉测验。综合的感知觉能力测验通常是提供成套刺激以确定视觉能力，需要 3 至 6 分钟。例如，B-L 视觉测验共分四类：双眼肌肉平衡、左右眼和双眼视敏度、深度知觉、立体感和颜色辨别。

2. 心理运动能力测验

心理运动能力测验测量的是受个体意识支配的精细动作能力。这类测验专门测量速度、协调和运动反应等特性，大多与手的灵巧性有关，也有一些涉及腿或脚的运动。在 20 世纪 20 年代和 30 年代，这种测验广泛应用在工作和职业成绩的预测上。后来，美国空军人事和训练研究中心设计了心理运动能力的综合分析方法，并把一些技能容纳到飞行员训练和空战模拟中。

弗莱西曼（E. A. Flishman）及其助手发现了 11 种心理运动因素：瞄准，手、臂稳定，准确控制，手指敏捷，手工操作敏捷，四肢协调，速度控制，反应时，反应倾向，手臂运动速度，腕、手的速度。心理运动能力测验又分为大幅度运动测验、小动作运动测验及二者结合的测验。

大幅度运动测验一般指测量手指、手和手臂大幅度运动的速度及准确性的测验，常见的有斯特龙伯格敏捷测验（Stromberg dexterity test，E. L. Stromberg 编制）。该测验要求受测者尽可能迅速地将 54 个饼干大小的彩色圆盘按指定顺序排列。另一个常见的测验是明尼苏达操作速度测验（Minnesota mechanical assembly test），这是一种手工敏捷测验，包括一个有 60 个孔且有红、黄两色木块的木板，分成 5 种分测验，即安装测验、翻转测验、撤换测验、单手翻转和安放测验、双手翻转和安放测验。在这些分测验中，受测者要求将木块按指定方式翻转、移动和安放，例如安放测验要求受测者将木块放在孔中。以完成的时间为评分标准。

小动作运动测验主要测量受测者小动作的速度及准确性。常见的有奥康纳手指灵活测验和镊子灵活测验（O'G. Paterson），要求受测者用手指或一对镊子将很小的铜钉放入一个纤维板的小孔中。另外还有克劳福德小部件灵活测验（Crawford small parts dexterity test），如图 6-2。在测验的第一部分，受测者用小镊子将钉子插入孔中，并给每个钉子套一小环；第二部分，将小螺丝放入螺纹孔内并用改锥拧紧。测验成绩以完成每个部分的时间来计算。

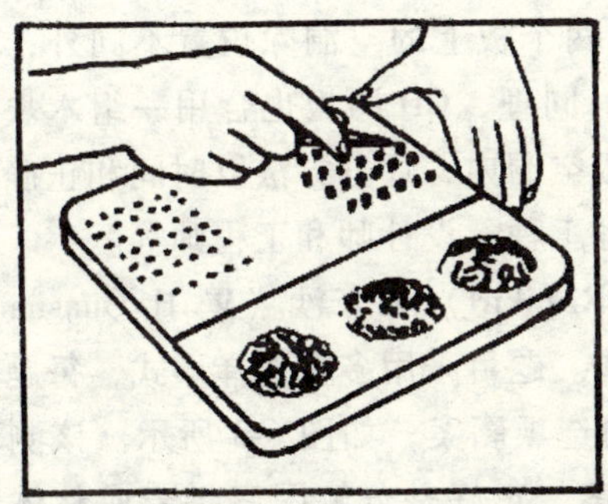

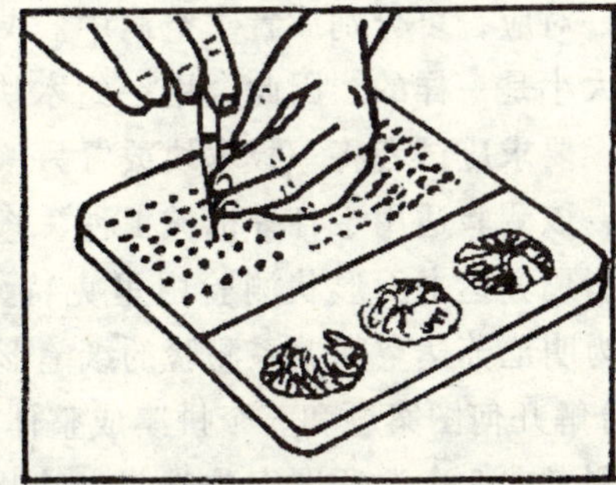

图 6-2 克劳福德小部件灵活测验题

大小动作运动测验，会同时测量手和手臂的大小动作运动及手指敏捷性两个方面的能力。常见的有普渡木钉板测验（Purdue pegboard），这个测验分为两个部分，不使用工具。第一部分要求受测者用右手、左手和两手把钉子插到孔中；第二部分要求把钉子、铜圈一起放在孔中，可以同时用两手。另外还有宾夕法尼亚双重动作工作样本（Pennsylvania Bi-Manual worksample，由 J. R. Robert 编制）和本纳特手-工具敏捷性测验（Bennet hand-tool dexterity test，由 G. K. Bennett 编制）。这两个测验都要使用螺母和螺栓，前者要受测者将 100 个螺母拧在 100 个螺栓上，然后将它们插入孔中；后者要求受测者先将工具箱左板上的三种不同规格的 12 个螺母从螺栓上拧下，然后把它们安装到右板上。分数以完成测验的时间计算。

（二）机械能力测验

机械能力测验是最早和最经常用于工业或军事测验中的特殊能力倾向测验，例如视—动协调因素、知觉及空间关系能力、机械推理和机械知识等。

1. 空间关系测验

20世纪20年代后期，帕特森（D. G. Paterson）和同事在明尼苏达大学对机械能力作了严格的分析，编制了三份测验：明尼苏达机械拼合测验（Minnesota mechanical assembly test）、明尼苏达空间关系测验（Minnesota spatial relations test）和明尼苏达书面形状测验（Minnesota paper formboard test）。第一种为工作样本测验，要求受测者拼排随机摆放的机械物体，测量动作敏捷性、空间知觉和机械理解；后两种测验为空间知觉测验。在机械职业中，空间知觉是一种非常重要的影响因素，这种因素主要测量立体视觉及空间操作产生某种具体形状的能力。

明尼苏达空间关系测验包括A、B、C、D四块板，每块木板上挖有58个形状不同大小各异的空洞，另有同样数量的木块，其大小与形状和木板上的空洞一一对应，可分别放置于空洞中。AB两个板上的空洞除位置不同外，其形状和大小是一样的，因此合用一组木块；同理，CD两板也合用一组木块。测验时，要求应试者将一板木块放置另一板空洞内，评分方法以时间和正确率为标准，该测验适用于各种机械工种、修理工种、设计师和工程师等。

明尼苏达书面形状测验由里克特（R. Likirt）和夸沙（W. H. Quasha）修订，为明尼苏达空间关系测验的纸笔形式。题目采用多重选择形式，每题包括1个分解几何图案题和5个拼凑成整体的选项图案，如图6-3所示。该测验要求受测者在5个选项图案中选择一个图案，正好是分解图案拼凑成整体的形状。研究表明，在测量三维空间的立体视觉和操作能力时，这个测验是有效和有用的工具之一，在预测工厂工作和工程等技术课程成绩、上级评定及在检验、包装、机械操作等工业职业的实际成就方面很有用处。

2. 其他机械能力的纸笔测验

另一种主要的机械能力测验是以机械知识、机械理解或机械推理为主。所谓机械理解是指受测者理解实际生活情境中的机械原理的能力。早期的这类测验是给受测者一堆零件，要求他们拼成常见的物体。但为适应更一般的用途，该类测验目前大多采用纸笔的形式。

本纳特机械理解测验（Bennet mechanical comprehension test，简称BMCT）是较为著名的机械能力测验，BMCT测量对实际情境中的机械关系和物理定律的理解能力。测验题目包括一些有关这种关系和定律应用的图画和问题（见图6-4）。该测验可用于军事和民用方面。现行修订版有两个复本，即S式和T式，题目的难度范围大，适用于高中生、工业与机械工作的应征者和在职者以及想进入职业学校的人。第二次世界大战期间，这个测验是对飞行员的表现最有预测力的测验之一。

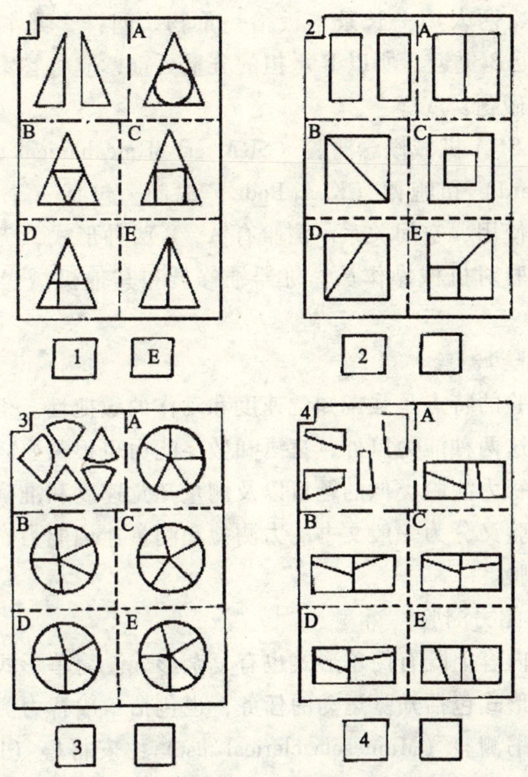

图 6-3 明尼苏达书面形状测验题

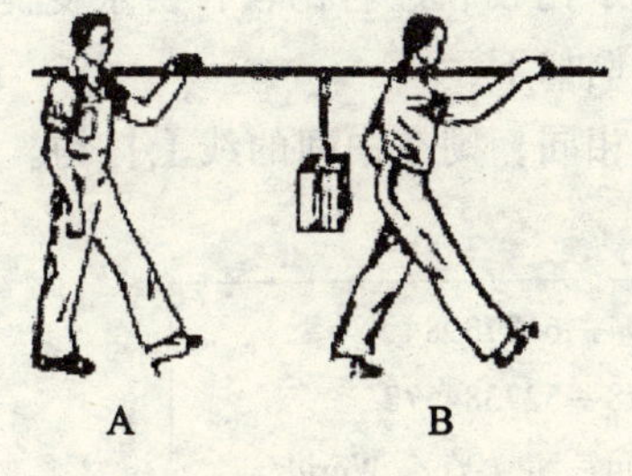

X:哪个人担的分量更重？
(如果相等的话，选择B)

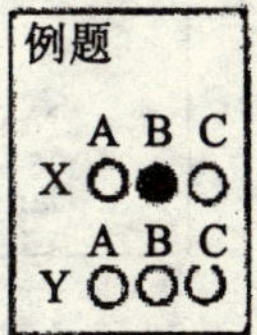

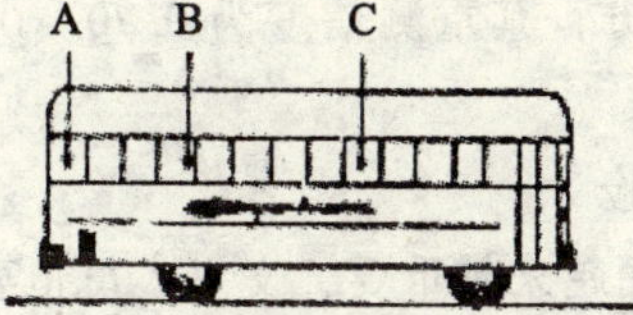

Y: A、B、C三个座位哪个
坐起来更平稳些？

图 6-4 本纳特机械理解测验题

请看例题 X，两人用一长条木板抬一重物，问：“哪个人承担更重的分量?”因为重物距 B 更近，所以 B 承担的分量更重，应将答案纸上 B 下面的圆涂黑。依此例来做题目 Y。

此外，还有 SRA 机械概念测验（SRA test of mechanical concept），由斯坦纳德（S. S. Stanard）和鲍德（K. A. Bode）编制。包括三个分测验：机械关系、机械工具及使用、空间关系。测验有 A、B 两种形式，无时间限制。小样本的研究发现测验对机械操作员、机器维修员和其他机械操作的学员是有效的。

（三）文书能力测验

文书能力测验的特点是强调知觉速度和动作的敏捷性。但在实际的文书工作中，除了需要这两种能力以外，言语和数字能力也很重要。因此，许多文书能力测验包括与智力测验类似的题目以及测量知觉速度和准确性的题目。

文书能力测验又分为一般文书能力测验和测量速记能力、计算机程序编制与操作能力的测验。

1. 一般文书能力测验

这类测验在内容上既有简单形式也有复杂形式。简单形式为简单的数字和姓名检查，复杂形式包括知觉运动的任务，也包括一般智力测验的任务。

明尼苏达文书测验（Minnesota clerical test）由安得鲁（D. M. Andrew）和帕特森编制。该测验主要用于选拔职员、检验员和其他要求知觉和操纵符号能力的职业人员。测验分为两部分：数字比较和姓名比较，要求受测者检查 200 对数字和 200 对姓名的匹配正误。举例如下：

如果同一组的两个数或名称完全相同，则在中间的线上打钩。

66273894—66273984
527384578—527384578
New York World—New York World
Cargilll Grain Co—Cargilll Grain Co.

测验以正确题数减去错误题数计分，其重测信度为 0.70 ~ 0.89，测验分数与教师和上级评定有中等相关。

2. 计算机程序编制和操作能力测验

由于计算机在办公自动化中的作用越来越重要，文书人员也要求具有一定的程序编制和计算机操作能力。在国外已经开始实施考查受测者是否具有学习使用计算机的能力倾向的测验。例如，帕洛摩（J. M. Palormo）编制的计算机程序员能力倾向成套测验（computer operator aptitude battery），包括5个分测验：言语意义、推理、字母系列、数字能力和制图能力，主要用于评估和选择学习计算机课程的申请者。编制过程中，研究者对初学者和有经验的程序员的测验结果进行分析，选择合适的测题编成测验，常模以百分位表示。

另外一个测验是计算机操作能力倾向测验，由赫罗威（A. J. Holloway）编制，包括三个分测验，用来评估在学习计算机操作时重要的能力倾向。这三个分测验是：序列再认、格式检查（检查字母和数字遵从的特定格式）和逻辑思维。

（四）艺术能力测验

艺术情趣在不同个体、不同文化和不同年龄之间存在着很大差异，因此艺术能力的判断标准是很难确定的。虽然在寻找可靠标准和使用测验预测方面存在着许多问题，但从20世纪20年代起仍有许多美术能力和音乐能力的测验产生。

1. 美术能力测验

编制美术能力测验，首先必须分析美术创作应具备的条件和能力，然后再设计测量这些能力的测验，并经过有效性的考验。但判断美术能力的强弱，并无完美而客观的标准，所以美术能力测验的编制很困难。

梅尔（N. C. Meier）经过长期的研究，分析出构成美术能力的要素有6种。①手艺技巧（manual skill）：眼、手的动作协调良好。②坚定的意志（volitional perseveration）：注意力集中，精力充沛，坚决完成有目的的工作，直到作品达到完美的目标为止。③美术的智力（aesthetic intelligence）：具有一般智力与美术的基本智力。④敏锐的知觉（perceptual facility）：敏锐精细的观察力。普通人看见一棵树，他只看到一个物体的形象；美术家看到同一棵树，则是看到一首诗或一幅画，或一个美的物体。⑤创作性的想象（creative imagination）：具有由经验发展到创作出一件“美的特征的作品”的能力。⑥美的判断（aesthetic judgement）：辨认客观情境中的统一、和谐等审美的能力。

艺术判断测验包括100对不着色的图画，内容有风景、静物、木刻、东方画、壁画等，每对图画中的一幅是名画的复制品，另一幅是模拟名画，但在技巧或结构方面稍加修改，比原作差。让受测者在两者之中挑出他认为较好的一幅（见图6-5）。这些图画的好坏标准是根据25位艺术专家的意见决定的。其中有些比较难判断，因而赋予比其他图画更高的分值。受测者选择正确的图画所获得的分数即为其成绩。测验的常模分为初中、高中、成人三组，采用百分位数，常模团体是上美术课的学生。

图 6-5　梅尔艺术鉴赏测验例题

说明：上面两图中，其一为名画原本，另一为修改作品，让受测者选择出原本。

洪恩艺术能力倾向问卷（The Horn art aptitude inventory），采用工作样本测验，需要高度的创造力，适用于大、中学生和成人，对艺术学校的新生有相当的鉴别力。测验内容包括三部分：①素描画要求受测者画出常见物体的素描，以判断受测者作品的线条品质与画面布置的技能；②随意画测量受测者用指定的图形画成简单的抽象图案的能力；③想象画是给受测者 12 张卡片，每张卡片上印有几条线条，受测者根据这些线条画成一幅草图，由这些草图来评判受测者的想像力和作画技巧（详见图 6-6）。计分采用等级评量法，提供优、普通、劣三个等级的评分图样，参考这些图样对受测者的作品给出判断。

2. 音乐能力测验

西肖尔音乐才能测验（Seashore measures of musical talents）是最早也是最为突出的音乐能力测验（1939），它的刺激材料主要是一系列音乐调式或音符刺激，而后来的测验多采用有意义的音乐选段。该测验的刺激由唱片或磁带呈现，每一项目共有两个音或两个音阶，测量受测者音乐能力的 6 个要素是：辨别音调的高低，指出第二音是否高于第一音；辨别音强的高低，指出第二音是否强于第一音；辨别节拍，比较每一对音的节拍是否不同；辨别时间的长短，指出每对音中的第二音是否长于第一音；辨别音色或音质，指出每对音中两个音质是同还是异；音调的记忆，连续将三五个音演奏两次，当第二次演奏时，改变了其中的一个音，受测者须记下改变的是第几个音。每一项目的音阶差别

图 6-6　洪恩艺术能力倾向测验例题

开始时显著，随后越来越细微，没有音乐才能的人，仅能区分显著的差别，不能区分细微的差别。这个测验偏重于听知觉方面。唱片共有两套，分别用于测量专攻音乐和非专攻音乐的人。测验成绩不以总分计算，而以 6 种能力的剖析图作为取舍的根据。该测验适用于小学生到成人，每个测验约需 10 分钟。

音乐能力倾向测验（musical aptitude profile，简称 MAP），由戈登(E. Cordon)编制，用录音机播放，包括 250 个原版的小提琴和大提琴短曲选段。该测验不要求受测者有音乐知识或任何音乐方面的个人史，主要测量三种基本音乐因素：音乐表达、听知觉和音乐情感知觉。有三个分测验：T 测验——音调形象（旋律、和声）；R 测验——节奏形象（速度、节拍）；S 测验——音乐感受（短句、平衡、风格等）。前两个分测验都有正确答案，要求受测者比较两个测验相同或相异；后一个分测验采用多重计分，要求受测者回答两个录音带的音乐哪个更具韵味。

四、创造力测验

创造能力是指个人发现事物的新关系、新联系，或提出某种新的、独特的答案，用以组织某种活动或解决某种问题的个性心理特征。它能使个人在已有知识经验的基础上，重新组合产生新的、前所未有的思维结果，并创造出新颖的、具有社会价值的产物。

创造力与智力既有联系又不完全相同，基尔福特（Guilford）对目前个别智力测验和团体智力测验所做的分析证明，目前的智力测验大多数测量的是认知力、记忆力以及辐合思维，只有零星的试题测量发散思维和评价力，他认为创造性活动所依靠的能力主要是发散思维。因而许多创造力测验都设法测量受测者的发散思维水平。

创造力测验目前已设计出多种，有些心理学家用五种方法测量创造力：

第一种方法叫单字联想测验，要求受测者对“螺钉”或“袋子”之类的普通单字说出尽可能多的定义，分数决定于定义的绝对数目和这些定义可分为几类的数目。比如：请你写出所能想到的带有“土”结构的字，写得越多越好（5分钟完成）。

第二种方法是物品用途测验，要求受测者对一个像砖块或牙签之类的普通物品说出尽可能多的用途，根据说出用途的数目和独创性两方面来评定分数。例如，回答“砖块可做自卫武器”就比“砖块可建筑房屋”更具有独特性。

第三种方法是隐蔽图形测验，给受测者看一张上面画有简单几何图形的卡片，要求他找出另一个形态和花样都更复杂的隐蔽起来的图形。

第四种方法是寓言测验，给受测者呈现几个短寓言，但却缺少最后一行，要求他给每个寓言做出三种不同的结尾，一个要求是“道德上的”，一个要求是“诙谐的”，一个要求是“悲伤的”，根据结尾的数目、恰当性和独创性评分。

第五种方法是组成问题，给受测者几节复杂短文，每篇短文包含一些数字说明，要求受测者根据已知的材料尽量组成多种数学问题，根据问题的数目、恰当性、复杂程度和独创性评分。

著名的创造力测验有以下几种：

1. 托兰斯创造性思维测验

该测验是托兰斯在吉尔福特关于创造性思维的三个特征的基础上编制的。它包含托兰斯图形创造性思维测验、托兰斯语文创造性思维测验、托兰斯声音和词汇的创造性思维测验三种。该测验考查的是表现于学校教育背景中的创造力，适用于从幼儿园到研究生在内的在校学生。

2. 威廉斯创造力测验

这是著名心理学家威廉斯总结了不同专家从人格角度研究创造力所得结果的基础上编制的创造力测验。该测验系统包括发散性思维测验、发散性情意测验及威廉斯量表三个分测验。它是为适应认知情意互动教学模式而设计的，因而较多地适用于在校学习的学生，尤其是儿童。

3. 南加利福尼亚大学创造力测验

该测验是吉尔福特及同事在大规模能力倾向研究计划中发展起来的，主要用于测验发散思维，包括：词语流畅性、观念流畅性、联想流畅性、表达流畅性、非常用途、解释比喻、用途测验、故事命题、推断结果、职业象征、组成对象、略图、火柴问题、装饰等测验。这个测验是比较典型的创造力测验，简单说明如下：

词语流畅：迅速写出包括一个指定字母的词。如包含"o"的词，load，over，pot，等等。

观念流畅：迅速列举属于某一种类的事物的名称。如圆的东西，地球，乒乓球，篮球，水珠，车轮，杯子口，齿轮，等等。

联想流畅：列举近义词。如，艰苦的近义词：艰难、困难、困苦，等等。

表达流畅：写出每个词都以指定字母开头的四词句子。如"K－U－Y－I－"，则 Keep up you interest，Kill useless yellow insects 等等反应合乎要求。

非常用途：列举出一个指定物体的各种可能的非同寻常的用途。如报纸用于点火，用作包装箱子的填充物，用来挡光线，用来作垫子，用来写字，用作剪纸材料，等等。

解释比喻：以几种不同方式完成包括比喻的句子。如"一个女人的美丽就像秋天，她——"。可以反映为"在还没来得及充分欣赏时就消逝了"，"高雅，空旷，明洁"，等等。

用途测验：尽可能多地列举每一件东西的用途。

故事命题：为短故事情节命题。如"为准备冬令商品，一个百货商店的新职员订购了10打手套，但忘记了指定手套要成对。现在店里有100只左手套。"可为这个故事取题目为："新员工"，"10打手套"，"只有左手的人"，等等。

推断结果：列举一个假设事件的不同结果。如"假若人们不再需要食物或睡眠，会出现什么情况？"回答如"干更多的工作"，"不再需要闹钟"，"食品工厂停工"，"没有农民了"，"污染减少了"，等等。

组成对象：给定一组图形，如圆、三角形、梯形、正方形、长方形等，让人们运用这些材料，组成各种有意义的图形。

略图：把一个简单的图形复杂化，组成尽可能多的可辨认的物体的略图。

火柴问题：移动指定数量的火柴棍，保留一定数目的正方形或三角形。

第四节　人格类测验

近年来在组织行为学的研究中，发现人格特征对员工的工作绩效影响很大。有的员工在操作机械时，不是粗心大意，就是心不在焉，甚至喜欢刺激冒险。这种性格被称为肇事性格（accident-prone personality）。导致车祸发生的人为因素，多数与司机的肇事性格有关。有的员工一旦接受了任务就一定要按时按量地完成，如果不能达成，则会产生很大的心理冲突和焦虑感，这样的员工常常具有很强的责任心。对于这样的员工，领导就会很放心将工作交给他。所以，企业在进行员工选拔时，要注意鉴别员工的人格特征，避免人—职不匹配的产生。

一、自陈式量表

自陈式量表是问卷式量表的一种形式，简单地说就是书面的“问”和“答”。问卷式量表一般可以分为两类：一类是自我报告量表，也叫自陈式量表，是由受测者自己做答的；一类是问卷式的评定量表，是由熟悉受测者的人做答或对受测者进行观察的人做答的。这里首先介绍自陈式量表。

自陈式量表是测量人格最常用的方法，其基本假设是，只有受测者自己最了解自己，而任何其他的观察者都不可能了解受测者行为的所有方面，而且，人格特征具有内隐性，有时从外部很难观察得到。最早的自陈式量表是伍德沃斯（Woodworth）在第一次世界大战期间设计的个人资料调查表。该调查表主要用于考查士兵对军队生活的适应情况，并用以甄别不适合服役的严重精神病人。该量表的问题涉及一些精神症状和行为偏差，如病态恐惧、强迫观念和强迫行为、睡眠障碍和其他一些身心症状等。例如，有这样的问题：“你经常做白日梦吗？”“你尿床吗？”实际上，这是把与精神病人的谈话进行标准化并使之适用于团体施测的一种尝试。第一次世界大战后，有人对此量表进行修订并在学校中使用。

常见的自陈式量表题目形式包括以下几种：

（1）是非式：我喜欢参加热闹的公共集会。　□是　□否

（2）折中是非式：有时我的思想很乱。　□是　□否　□不一定

（3）多重选择式：我最喜欢的朋友是这样的人：

□诚实的人 □能干的人 □热情的人 □幽默的人

(4) 迫选式：所谓迫选式就是必须从两个给定的选项中选出一个来。例如：

□我喜欢修理一些家用电器

□我喜欢在业余时间写一些抒情散文

如果两个都喜欢，那么就选出一个相对更喜欢的；如果两个都不喜欢，那么就选择一个相对不那么讨厌的。

(5) 利克特式五点或七点量表。

你对自己的家庭满意吗? □非常满意 □比较满意

□无所谓 □极不满意 □不大满意

再如：我一个人呆坐着思考问题。 5 4 3 2 1

数字表示强度和频率。5 分表示经常，4 分表示多次，3 分表示偶尔，2 分表示很少，1 分表示从不。

自陈式量表的测量工具一般为调查表，题目数量比较多。自陈式量表通常包含几个分量表。在同一个量表中往往包含几个分量表，每个分量表测量一种人格特质。它通常采用纸笔形式，可以进行团体施测。

1. 常见的自陈式人格测验之一——16PF

卡特尔 16 种个性因素测验（16PF）是美国伊利诺伊州立大学个性及能力测验研究所的卡特尔教授于 1949 年编制的，其后又几经修订，形成若干版本，16PF 适用于 16 岁以上的青年人及成年人。

16PF 确定了 16 种人格特征，据此编制人格量表，这 16 种因素的名称及符号是：

A. 乐群性 B. 聪慧性 C. 稳定性 E. 恃强性

F. 兴奋性 G. 有恒性 H. 敢为性 I. 敏感性

L. 怀疑性 M. 幻想性 N. 世故性 O. 忧虑性

Q1. 实验性 Q2. 独立性 Q3. 自律性 Q4. 紧张性

根据这 16 种人格特征，16PF 编制了 187 道题目，中间另有一些测谎题，用来测验受测者答案的真实性。16PF 的测题采取按次序轮流排列的方式，以便于计分，也便于保持受测者的答题兴趣。每一道题都有 3 个可能的答案供受测者选择，每个答案均赋以相应的分值（一般为 0 分、1 分或 2 分），最后按 16 种因素统计分值。其题目形式如下：

1. 我喜欢看团体球赛。
   (1) 是的　(2) 偶然的　(3) 不是的
2. 我喜欢的人大多是
   (1) 拘谨缄默的　(2) 介于 (1) (3) 之间　(3) 善于交际的
3. 金钱不能给人快乐。
   (1) 是的　(2) 介于 (1) (3) 之间　(3) 不是的
4. "女人"对于"儿童"，犹如"猫"对
   (1) 小猫　(2) 狗　(3) 男孩

16PF 试题量比较大，因而施测时尤其要注意不要出现漏答的现象。另外，卡氏 16 种因素测验虽然没有时间限制，但受测者一般应顺其自然地选择自己的反应，依题作答，不能犹豫不决，拖延时间。

从 16PF 中可以得到受测者在 16 种根源特质上的 16 个量表得分，对分数的解释如下。其中，"职业上倾向于"意指所倾向的这类职业特质较为突出。

(1) 因素 A 乐群性

①高分者。开朗、热情、随和，易于建立社会联系，在集体中倾向于承担责任和担任领导。在性方面倾向于自由、早婚。在职业中容易得到晋升。推销员、企业经理、商人、会计、教士、社会工作者等多具有此种特质。

②低分者。保守、孤僻、严肃、退缩、拘谨、生硬。在职业上倾向于从事富于创造性的工作，如科学家（尤其是物理学家和生物学家）、艺术家、音乐家和作家。

(2) 因素 B 聪慧性

这是一个智力因素。高分者较聪明，低分者较迟钝。

(3) 因素 C 稳定性

①高分者。情绪稳定、成熟，能够面对现实，在集体中较受尊重。较少患慢性病，不容易罹患精神疾患。容易与别人合作，多倾向于从事技术性工作、管理性工作及飞行员、空中小姐、护士、研究人员、运动员等工作。

②低分者。情绪不稳定、幼稚、意气用事。当在事业和爱情中受挫时情绪沮丧，不易恢复。身体易罹患慢性疾病。婚姻稳定性较差。多倾向于从事会计、办事员、农工、艺术家、售货员、教授等职业。

(4) 因素 E 恃强性

①高分者。武断、盛气凌人、争强好胜、固执己见。有时表现出反传统倾向，不循规蹈矩，在集体活动中有时不遵守纪律。社会接触较广泛。有时饮酒过量，睡眠较少，不太注重宗教信仰。在婚后更看重独立性。在学校学习期

间，学习成绩一般或稍差。在大学期间可能表现出较强的数学能力。创造性和研究能力较强，经商能力稍差。在职业上，倾向于飞行员、竞技体育运动员、管理人员、艺术家、工程师、心理学家、作家、研究人员。

②低分者。谦卑、温顺、随和、惯于服从。职业选择倾向于教士、咨询顾问、农工、教授、医生、办事员。

(5) 因素 F 兴奋性

①高分者。轻松、愉快、逍遥、放纵，身体较健康，经济状况较好。性方面自我约束力较差。不容易得各种精神疾患和冠心病。社会联系广泛，在集体中较引人注目。在家庭中，夫妻相互独立性较强。在职业上，倾向于运动员、商人、飞行员、战士、空中小姐、水手，惯犯中具此种特质的人较多。

②低分者。节制、自律、严肃、沉默寡言，不容易犯罪。在经济生活、道德行为、体育活动等方面都较谨慎，不喜欢冒险。学术活动能力要比社会活动能力强一些。职业上倾向于会计、行政人员、艺术家、工程师、教士、教授、科研人员等。

(6) 因素 G 有恒性

①高分者。真诚、重良心、有毅力、执著、道德感强，孝敬、尊重父母。对异性较严谨，社会责任感强，受到周围人的好评。重视宗教，工作勤奋，睡眠较少，在直接接触的小群体中会自然而然地成为领导性人物。在职业上倾向于会计、教士、民航驾驶员、空中小姐、百货经营经理等。很少有犯罪违法行为，宗教先知和宗教领袖多具有此种特质。

②低分者。自私、唯利是图、不讲原则、不守规则、不尊重父母、对异性较随便、缺乏社会责任感、轻视宗教。在职业上倾向于艺术家、社会工作者、社会科学家、竞技运动员、作家、记者等。具有此种特质的人可能有违法行为，那些声名狼藉的人多具有此特质。

(7) 因素 H 敢为性

①高分者。冒险、不可遏制、在社会行为方面胆大妄为，副交感神经占支配地位。在职业上，倾向于竞技体育运动员、商人、音乐家、机械师等。

②低分者。害羞、胆怯、易受惊怕，交感神经占支配地位。在职业上，倾向于牧师、教士、编辑人员、农业工人。

(8) 因素 I 敏感性

①高分者。细心、敏感、依赖性强。通常身体较弱、多病，不太爱参加体育锻炼。遇事优柔寡断，缺乏自信，儿童期间多受到家庭的溺爱和过分保护，一般女性得分高于男性。在职业上倾向于美术、牧师、教授、行政人员、生物学家、社会科学家、社会工作者、编辑。在学习上，语文优于数学。

②低分者。粗心、自立、现实。喜爱参加体育活动，通常身体较健康。遇事果断、自信。职业上倾向于物理学家、工程师、飞行员、电气技师、销售经理、警察等。

(9) 因素 L 怀疑性

①高分者。多疑、戒备，不易受欺骗，易困，多睡眠。在集体中与他人保持距离，缺乏合作精神。有时有自杀、同性恋、违法、吸毒等行为。职业上倾向于艺术家、编辑、农工、管理人员、创造性科学研究人员。

②低分者。真诚、合作、宽容、容易适应环境，在集体中容易与人形成良好的关系。职业上倾向于会计、飞行员、空中小姐、炊事员、电气技师、机械师、生物学家、物理学家。

(10) 因素 M 幻想性

①高分者。富于想像，生活豪放不羁，对事漫不经心，通常在中学毕业后努力争取继续学习而不是早早就业。在集体中不太被人们看重，不修边幅，不重整洁，粗枝大叶。经常变换工作，不易被晋升。具此种特质的人大多属于艺术家。

②低分者。现实、脚踏实地、处事稳妥，具忧患意识，办事认真谨慎。

(11) 因素 N 世故性

①高分者。机敏、狡黠、圆滑、世故，人情练达，善于处世。不易罹患精神疾病。在社会中容易取得较好的地位，善于解决疑难问题，在集体中受到人们的重视。职业上倾向于心理学家、企业家、商人、空中小姐等。

②低分者。直率、坦诚、不加掩饰、不留情面，有时显得过于刻板，不为社会所接受。在社会中不易取得较高地位。职业上倾向于艺术家、教士、汽车修理工、矿工、厨师、警卫。

(12) 因素 O 忧虑性

①高分者。忧郁、自责、缺乏安全感，焦虑、不安、自扰、杞人忧天。朋友较少，在集体中既无领袖欲望，亦不被推选为领袖。常对环境进行抱怨，牢骚满腹。害羞、不善言词、爱哭。职业上倾向于艺术家、教士、农工，大多数宗教领袖都具有此种特质。

②低分者。自信、心平气和、坦然、宁静，有时自负、自命不凡、自鸣得意，容易适应环境，知足常乐。职业上倾向于战斗飞行员、竞技体育运动员、行政人员、物理学家、机械师、空中小姐、心理学家。

(13) 因素 Q_1 实验性

①高分者。好奇，喜欢尝试各种可能性，思想自由、开放、激进，接近进步的政治党派。对宗教活动不够积极，身体较健康，在家庭中较少大男子主

义。职业倾向于艺术家、作家、会计、工程师、教授。

②低分者。保守、循规蹈矩、尊重传统。职业倾向于运动员、教士、农工、机械师、军官、音乐家、商人、警察、厨师、保姆。

(14) 因素 Q_2独立性

①高分者。自信、有主见、足智多谋。遇事勇于自己做主，不依赖他人，不推诿责任。职业上倾向于创造性工作，如艺术家、工程师、科学研究人员、教授、作家。

②低分者。依赖性强，缺乏主见，在集体中经常是一个随波逐流的人，对于权威是一个忠实的追随者。职业上倾向于空中小姐、厨师、保姆、护士、尼姑、社会工作者。

(15) 因素 Q_3自律性

①高分者。较强的自制力，较顽强的意志力量，较坚定地追求自己的理想，有良好的自我感觉和自我评价，通常注重性道德，饮酒适度。在集体中，可以提出有价值的建议。职业上倾向于大学行政领导、飞行员、科学家、电气技师、警卫、机械师、厨师、物理学家。

②低分者。不能自制、不遵守纪律、松懈、随心所欲、为所欲为、漫不经心、不尊重社会规范。不太注重性道德，饮酒无节制。在职业上倾向于艺术家。

(16) 因素 Q_4紧张性

①高分者。紧张、有挫折感、经常处于被动局面、神经质、不自然、做作。在集体中很少被选为领导，通常感到不被别人尊重和接受，经常自叹命薄。在压力下容易惊惶失措，多患高血压症。职业倾向于农工、售货员、作家、记者。

②低分者。放松、平静、不敏感、有时反应迟钝。很少有挫折感，遇事镇静自若。职业倾向于空中小姐、飞行员、海员、地理学家、物理学家。

16PF 量表的计分是根据答卷及所选各项的赋分，得到各个量表的原始分数。由于个人量表中题目数量不等，还要通过查对常模表将原始分数换算成标准分 10 分（比标准 9 分多出一个等级）。再按标准分在人格剖面图上找到相应分值，得到一个人的人格轮廓型。

在人员选拔和招聘过程中，我们通过 16PF 测验可以对应聘者的性格特征有全面的了解，然后再针对企业的特点和工作的特点，选择性格特征适合的应聘者。例如，松下电器要求自己的员工诚实正直、工作踏实、对公司忠诚、喜欢挑战性的工作。这样的员工在性格特征上就会倾向于崇尚并遵从行为的社会化标准和外在强制性规则，这是有恒性（G）的高分特征；工作踏实的人往往在关注某一件事时，同时又关注事件的事实和细节，这样的人在幻想性（M）这一基本性格特征上不会得到非常高的分数。在实验性（Q_1）上得高分的人对新观念和新经验有强烈的兴趣，乐于完成有变革的、有挑战的工作。所以，当松下电器进行招聘时，选择那些有恒性得分较高，实验性得分较高，幻想性得分不要太高的应聘者就比较合适，这些应聘者与该企业的企业文化能够较好地融合。

2. 常见的自陈式人格测验之二——SCL-90

SCL-90 是由美国的 Derogatis. L. R. 在 1975 年编制的。该量表共 90 个项目，包含有较广泛的精神症状学内容，从感觉、情感、思维、意识、行为直至生活习惯、人际关系、饮食睡眠等，均有涉及。它对有可能处于心理障碍边缘的人有良好的区分能力，适用于测查人群中哪些人可能有心理障碍、有何种心理障碍及其严重程度如何。在临床上经常使用，可广泛应用于精神科和心理咨询门诊中以了解来访者的心理卫生问题，可作为诊断参考，也可以用作初级的筛查工具。

SCL-90 量表题目举例

例 1：因为感到害怕而避开某些东西、场合或活动。

A. 从无　B. 轻度　C. 中度　D. 偏重　E. 严重

例 2：感到紧张或容易紧张。

A. 从无　B. 轻度　C. 中度　D. 偏重　E. 严重

例 3：有想摔坏或破坏东西的冲动。

A. 从无　B. 轻度　C. 中度　D. 偏重　E. 严重

（1）SCL-90 的结构及简要解释

SCL-90 量表包括如下 10 个因子：

①躯体化。该因子主要反映受测者的主观的身体不适感，包括心血管、胃肠道、呼吸等系统的不适，及头痛、背痛、肌肉酸痛和焦虑等其他躯体表现。

②强迫症状。主要指那种明知没有必要，但又无法摆脱的无意义的思想、冲动、行为等表现，反映临床上的强迫症状群。

③人际关系敏感。主要反映人际交往障碍，如个人不自在感、自卑感，尤其是在与他人相比较时更突出。

④忧郁。主要指忧郁苦闷的感情和心境，反映与临床上抑郁症状群相联系的广泛的概念。

⑤焦虑。主要指游离不定的焦虑及惊恐发作，反映临床上明显与焦虑症状相联系的精神症状及体验。

⑥敌对。主要指恼怒、发脾气和冲动的特征，从思维、情感及行为三个方面来反映病人的敌对表现。

⑦恐怖。与传统的恐怖状态或广场恐怖所反映的内容基本一致，也包括社交恐怖的项目，主要反映对孤独和公共场合的惧怕。

⑧偏执。主要指对他人不满和无中生有的程度，反映猜疑和关系妄想。

⑨精神病性。主要反映神经质的强烈程度，其中有幻听、思维播散、被洞悉感等精神分裂症状项目。

⑩其他项目。主要反映睡眠及饮食等情况。

（2）SCL-90 的评分

每一个项目采取五级评分制（五个等级），分别是：

①没有：自觉无该项症状（或问题）。

②轻度：自觉有该项症状，但影响轻微。

③中度：自觉有该项症状，有一定影响。

④偏重：自觉常有该项症状，有相当程度的影响。

⑤严重：自觉该症状的频度和强度都十分严重。

由自评者自己体会，没有反向评分项目。

（3）SCL-90 的计分

SCL-90 的主要统计指标：统计指标主要为两项，即总分与因子分。总分为 90 个项目单项分相加之和，能反映其病情严重程度。因子分指在 10 个因子上的得分，每一因子反映受测者某一方面的情况。

因子分分值的意义：1 ~2 提示心理健康，2 ~3 提示亚健康心理状态，3 ~4 提示有心理健康问题，4 ~5 提示有严重心理健康问题。依据全国常模，满足以下任一标准，可考虑筛查阳性，需进一步检查。总分超过 160 分；或阳性项目数超过 43 项；或任一因子分超过 2 分。

聘用有心理障碍的人，不但工作绩效没有保证，而且往往造成重大失误。最典型的是对持枪刑警的选拔，持枪是一件责任重大的事，如果不能保证持枪者有足够健康的心理，那么一件微不足道的小事，就会使持枪者失去理智，用手中的枪危害他人生命。另一方面，不要把具有某些特质的人安排到他不适合的职位上。例如，具有高焦虑、高抑郁倾向的人，他们在现实生活中对压力的敏感超出常人，对一件很小的事件也会产生很强的情绪反应，这种类型的应聘者就不适合如决策者这类压力比较大的工作。如果勉强其承担这种工作，只会对他的身心造成损害，同时他也不能产生好的工作绩效。

二、投射测验简介

投射技术是弗朗克（L. K. Frank）首先提倡使用的，此类方法是向受测者提供一些未经组织的刺激情境，让受测者在不受限制的情境下，自由表现出他的反应，通过分析反应的结果，就可以推断他的人格结构。在这里，刺激情境对决定受测者的反应并不重要，它的作用只是像银幕一样，受测者把他的人格特点投射到这张银幕上来。因此，利用这种投射技术编制的测验叫做投射测验。

投射技术具有以下几个特点：（1）测验材料没有明确结构和固定意义，其结构和意义完全由受测者自己决定。（2）受测者有广泛自由的反应方式，可作多种反应，因而得到的反应资料较为丰富。（3）受测者不知道测验的目的。(4) 可同时测量几个人格维度，并对结果作整体性分析。下面介绍一些主要的投射测验。

（一）TAT 主题统觉测验

主题统觉测验（简称 TAT）是一个著名的人格投射测验。该测验最早是由莫里和默根于 1938 年在美国哈佛创制的，其理论基础就是莫里的“需要—压力”理论。全套测验包括多张内容颇为暧昧的图片（全部为黑白色），另加一张空白卡片。图片的内容多为人物，兼有部分景物。TAT 对受测者的反应没有限制，基本上就是看图说话，让受测者根据自己的理解、想象去编造故事，最后测评者则根据所编制的故事内容，评价受测者的心理特点。

具体测试时，每次给受测者一张图片（如图 6-7 所示），要他编一个故事，要求说明图中表达了什么事件，事件发生的原因是什么，将来演变下去可能产生什么结果，个人的感想等。每张图片需要 5 分钟，测验完毕后，还要和受测者谈话，以进一步了解和澄清故事的内容。

主题统觉测验的基本假设是：个人对图画情境所编造的故事与其生活经验有密切的关系。受测者在编造故事时，不自觉地将隐藏在内心的冲突和欲望穿插在故事的情节中，借故事中的人物行为宣泄出来，把个人的心理历程投射到故事之中。

对结果的解释，莫里认为应该从下面 6 个方面进行分析：

（1）主人公。分析一个故事首先要辨别受测者故事中认同的角色，如领袖、隐士、罪犯等。有时故事里的主人公不是只有一个。

（2）主人公的动机倾向和情感。分析时要注意主人公的行为，特别是非常行为，受测者提到的次数多，就是动机或情感强烈的表示。主人公身上所表现出来的需要和情绪的强度，都可以进行等级评定。

图 6-7 主题统觉测验例图

(3) 主人公所处的环境力量。主人公所处的环境力量有时是图画中没有的，而是受测者自己杜撰出来的。

(4) 结果。把主人公的力量和环境的力量进行对比，经历了多少困难和挫折？结果是成功还是失败？快乐还是不快乐？

(5) 主题。主人公的需要与环境压力相互作用与故事结局一起构成一个简单主题，简单主题的联合，就形成了复杂主题。主试要从中分析出受测者最严重、最普遍的难题是来自环境压力，还是来自自身的需要。

(6) 兴趣和情操。受测者对图片中各种人物的比喻，例如，有些受测者将老年妇女经常比喻为母亲，将老年男人经常比喻为父亲，等等。

(二) 罗夏克墨迹测验

罗夏克（H. Rorschach）是瑞士的精神医学家，他从 1910 年开始研究精神障碍对于知觉的影响，曾用许多画片来测查病人，以后改用墨迹图。在最初制作时，先在一张纸的中央滴一堆墨汁，然后将纸对折，并用力压下，使墨汁向四面八方流动，形成两边对称但形状不定的图形。罗氏以多种此类图形，对各种精神病患者试验，发现不同类型的病人，对墨迹图形有不同的反应。进一步和低能者、正常人、艺术家等的反应作比较，最后选定其中 10 张作为测验材料，逐步确定记分方法与解释受测者反应的原则，并于 1921 年出版了著名的《精神诊断》一书。

罗氏的 10 张墨迹图中，有 5 张（1、4、5、6、7）为黑色的，3 张（8、9、10）为彩色的，另两张（2、3）除黑色外，尚加有鲜明的红色。这 10 张图片都编有一定的顺序，施测时每次出示一张，同时问受测者：“你看到这像什么?”或“这使你想到了什么?”并允许受测者转动图片从不同角度去看，然后让受测者按照自己所想像的内容做自由描述，此为自由联想阶段，没有时间限制。图 6-8 就是该测验图中的一个。

测试者要逐字逐句详细地记下受试的话，并记下每张图片从出现到第一次反应所需要的总时间、受试者的情绪表现、附带的动作及其他重要行为等。接下去是询问阶段，主试再将各图片逐一交与受试者，并询问受试者是根据墨迹的哪一部分做出反应的，以及引起反应的因素是什么，对其回答亦要做详细记录。受试者在此期间可能会进一步对先前的反应加以补充或澄清。

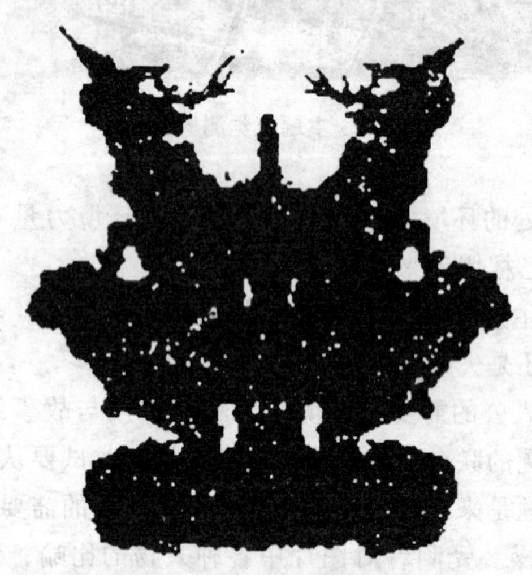

图 6-8 罗夏克墨迹测验例图

罗夏克墨迹测验一般从四个方面进行计分，每一个方面都有规定的符号和它们可能代表的意义。

(1) 反应的部位

受测者对墨迹图的反应着重在什么部位？可以分为：

W（整体反应）：受测者对墨迹的全部或几乎全部进行反应。W 分数过高可能提示受测者思维有过分概括的倾向，或愿望过高。W 分数过低或没有，表示受测者缺乏综合能力。

D（明显局部反应）：受测者对墨迹图的空白、浓淡或色彩所隔开的大部分进行反应。有较多数量 D 答案的受测者，可能表示有良好的常识。

d（细微局部反应）：受测者对墨迹图的空白、浓淡或色彩所隔开的部分进行反应。

Dd（特殊局部反应）：受测者对墨迹的极小或不同一般分割的一部分进行反应。Dd 分数高的受测者，可能提示刻板或不依习俗的思维。

S（空白部分反应）：受测者将墨迹图作为背景，将空白部分作为对象，对白色空间做出反应。

（2）反应的决定因素

受测者进行反应的决定因素是什么？是墨迹的形状，还是颜色？把图形看成静的还是动的？一般应注意下列 4 个因素：

F（形状）：知觉由形状或形式决定。受测者反应与墨迹形状甚为接近，表示受测者具有现实性的思维；极差的外形相似性可能意味着受测者思维过程混乱。

M（运动）：受测者在墨迹中看到人或动物在运动。M 多表示情感丰富，M 少可能意味着人际关系差，M 也是内向性的符号。

C（彩色反应）：受测者的反应由墨迹的色彩决定。C 分高表示外向情绪不稳定。

K（阴影反应）：受测者的反应决定于墨迹的阴影部分，可被认为是焦虑的指标。

（3）反应的内容

这就是受测者把墨迹看成什么。罗夏克墨迹测验的反应内容及记号如表 6-1 所示。

表 6-1 罗夏克墨迹测验的反应内容及记号

记号	意 义	记号	意 义
H	人	Pl	植物
(H)	非现实的人	Na	自然
Hd	人的部分	Obj	物体
(Hd)	非现实的人的部分	Arch	建筑物
At	人的解剖	Map	地图
Sex	性	Lds	风景
A	动物	Art	艺术
(A)	非现实的动物	Abst	抽象
Ad	动物的部分	Bl	血液
(Ad)	非现实的动物的部分	Cl	云、烟
Aobj	动物制品	Fire	火
A. At	动物解剖	Expl	爆发

（4）反应的普遍性

受测者的反应与一般人的反应是否相同？一般分为两种：普遍反应（P）表示多数人共有的反应，独特反应（O）表示比较特殊的反应。做出特殊反应的受测者，可能基于创造性的思想，也可能是病态思想的象征。只有经验丰富的主试才能做出正确的区分。

罗夏克墨迹测验的最大优点是其隐蔽性，让受测者不知道如何猜测施测者的动机而产生迎合反应，比较真实地了解个人背后深层次的动机和人格特点。然而，这也成为罗夏克墨迹测验的最大缺点，由于其计分受经验的影响很大，未受过专门训练的人不容易掌握，而且对结果的解释带有主观性，导致测验本身的效度难以分清楚。

为了克服罗夏克墨迹测验的不足，在罗夏克之后，有许多人也改进了墨迹测验。例如，何兹曼（Holtzman）的墨迹测验，测验分为 A、B 两个副本，各有 45 张墨迹图，要求受测者对每张图只做一个反应。他的墨迹测验制定出了常模，这可以说是罗夏克墨迹测验的发展。

三、其他测验方法简介

（一）观察法

当问及一个诺贝尔获奖者的经验时，这位获奖者表示：我告诉你如何获得诺贝尔奖——与大师一起工作。他的回答表明，获得诺贝尔奖的诀窍不在于读到合适的书，或者从老师那里直接学习一些东西，而是和大师一起工作，从他们身上学习正确的工作方法，这就是观察法的魅力。

观察法不同于一般的观察。一般的观察没有特定的目的，并且可以随时随地进行。观察法则是指那种标准化的观察方法，事先制定观察的目的和计划，如观察什么、在什么时候和情境下进行观察、观察多长时间、记录些什么信息(如某种行为的出现频率)。由于目的性很强，所以观察很有针对性，这对于研究一个人的心理活动是非常有用的。

最常用的观察法是自然行为的“非控制观察”（uncontrolled observation），也称自然观察法（naturalistic observation)。这种自然观察不把人的行为限制在某种特定情境和条件之下，而是对自然情境下受测者行为的直接观察、记录和分析。例如观察正在流水线上操作的工厂女工或观察会议中各个员工的表现，这些都是非控制的或自然的观察。与自然观察法相对应的是控制观察法（controlled observation)。控制的观察需要在经过预先安排和设计的情境下进行，以决定受测者在这种特定情境下将会产生什么反应。例如一个机修岗位的应聘者，可以让其亲自修理几个故障器械，考官可以通过人为设置机器故障的程度来考查该应聘者的工作能力。我们在人员选拔的时候，有时候会故意安排一些情景，观察被选拔者在这些情景中的反应，从而考查其能力和素质，测评中常见的评价中心即采用了大量的观察法。

在实际应用观察法的过程中，观察者与被观察者之间的关系通常有两种：一种是参与观察法（participant observation）；另一种是非参与观察法（non-participant observation）。这两种方式的区别，在于观察者是否参与被观察者的活动。在前一种观察法中，观察者成为观察情境的一部分。该方法被文化人类学家广泛使用，以致有研究者开玩笑说：一个典型的土著家庭是由一个父亲、一个母亲、两个孩子和一个文化人类学家所组成。比如：为了了解招聘对象的公德心、爱心，一位招聘者让被测试者在某指定地点集中，然后乘公司的客车到达公司，招聘公司老总就是一位老太太，她最后上车，观察是否有应聘者帮助她，给她让座位。有时，公司在确定初步接受应聘者后，请“受聘”人员进餐，通过所谓受聘解除应聘者的伪装，透过进餐活动进一步考查应聘者的行为表现，也属于这种方式。

必须指出的是，观察者自己的行为有可能影响情境里其他人的反应。不过，支持参与观察法的人认为，主动参与到情境中去，能对被观察者的行为有更深的了解，这是其他方法难以做到的。

但是，无论在什么情况下，受测者一旦意识到自己处于被观察的地位，他的行为就不自然，就会产生角色扮演现象。采取不引人注目的观察法（unobtrusive observation）的方法，没有观察者和被观察者之间的互动，被观察者的行为才不会受到影响。无论是控制的还是非控制的观察都可以不引人注目，在有些情况下，即使参与的观察也可以相对不引人注目。

观察法比较简单易行，是运用最广的方法。这种方法的优点是获得的材料比较真实，缺点是只能对观察的材料做出比较精确的分析和判断。观察法操作起来不是很容易，有赖于观察者的观测能力，它需要观察者具备知识、技能和素质等多方面的条件。

（二）情景测验法

情境测验是将受测者置于特定的情境中，由主试观察其在此情境下的行为反应，从而判定其人格。有实际生活情境，也有设计的情境。情景测验法在现实社会中的应用相当广泛，如在各种教学工作中的实验，实际上就是一种情景模拟，水利设计工程中的情景模拟，甚至包括企业产品开发中的新产品试验、产品试销等都可以采用情景模拟的测验。在现实生活的各种娱乐游戏活动中，情景模拟也比比皆是。在企业才人测评中，组织可以按照管理人才所应聘的岗位设计模拟情景，参加评价的管理人才在模拟情景中担任其所应聘职位的管理人员，模仿真实的企业生产经营场面，从管理人才在模拟情景中所表现出来的能力来评价其真实的管理才能。

“情景测验”这一术语在第二次世界大战期间开始普遍使用，但类似的测验却早已有之。品格教育测验（CEI）就是最早的情境测验之一。CEI 一般用来测验诚实、自我控制、利他主义等品格和行为。著名的哈梅诚实测验包括三种：曲线迷、周迷和方迷，即各种各样图形迷津。要求受测者闭上眼睛，将铅笔尖端放在迷津的“×”处，当听到主试说“做”的时候，用铅笔尖在迷津的线中间移动，不可接触迷津的任何一边，计分的方法是完成 1 题得 1 分。在这些测验中，正常情况下得分不应太高。分数过高，说明是偷看的。

品格教育测验的情境具有现实性和伪装性，情境压力测验经过特别的设计，使得情境对受测者产生一种情绪上的压力。然后，由主试观察记录受测者如何应付情境，从而了解他的人格特征。引起焦虑的情境一般是各种引起惊吓的刺激、不相容的知觉暗示、失败的威胁以及助手的不合作，等等。第二次世界大战时，美国战略情报局为了选拔派往海外的间谍，多采用这种情境测验。其中最常用的一个是“无领导团体情境”。在情境中安置数人，彼此互不相识，受命完成一项任务，必须数人通力合作，并限于规定时间内完成。否则，将会受到惩罚。能自动出面担任领导并能赢得他人支持的人具有领导能力。这种方法后来在评价中心里多被采用。

情境测验的优点是从受测者在实际情境中所表现的行为去推测其人格特征，它比问卷法和投射法更自然，更能接近真实生活，而且在大多数情况下，受测者并不知道测验的真实目的，甚至不知道在接受测验，因而不大可能作假。其缺点是实施困难，费时费钱，一次只能测验极少数人，主试需要经过严格训练，即便如此，误差还是会存在。

关键概念

心理测验　问卷法　投射法　常模　智力测验　16PF　主题统觉测验　罗夏克墨迹测验

复习思考题

1. 心理测验的各种方法在企业中分别如何起作用？
2. 如何实施心理测验，需要注意什么？
3. 请举例说明某种常见的心理测验在人员的招聘、培训等管理程序上所起的作用，并说出有什么不足，如何才能合理运用心理测验。

第七章　面　　试

本章要点

- 理解面试的含义、特点及类型
- 理解面试的流程和规范
- 掌握面试题目编制、考官培训和面试过程中的压力缓解技术
- 掌握结构化面试和基于行为事件访谈法的面试技术

第一节　面试概述

面试，古已有之。战国时期，秦孝公招贤于天下，卫鞅入秦，经孝公多次面试后，委以重任，遂施以变法，强秦以威诸侯。在当代，面试更是各类组织人才招聘、选拔以及录用过程中普遍采用的测评手段。据统计，全世界约有80%的组织将面试技术应用于人才选拔过程中。令人遗憾的是，尽管每个人都知道面试大概是怎么回事，但究竟什么是面试，未必有多少人能说清楚，对面试存在的诸多认识上的误区；在实践中，对面试操作上也存在众多的偏颇。比如，有许多人以为，面试就是面对面地交谈，在这样一种指导思想下，面试就是一种人人皆会的交谈，面试也就没什么技巧可言，顶多就是口才好的人可能面试成绩会好些而已。显然，这是对面试的一种片面认识。因此，正确认识面试的地位和作用，科学设计面试步骤和程序，掌握面试技巧与策略，建立健全客观高效的面试评价机制，对于提高人员选拔质量，充分发挥人力资源的效用，具有十分重要的现实意义。

一、面试的概念

面试技术是人员测评技术中一种最传统而又最重要的技术方法。当前，理论界对面试存在两种不同的认识。狭义的观点认为，面试就是面谈的意思，即面对面的口试，是你问我答的过程。评价者在面试的过程中对被评价者的语言与行为表现进行客观评价，依此来确定被评价者与特定岗位的素质标准的匹配

程度。广义的观点认为，面试是评价者通过与被评价者直接交谈，或者置被评价者于某种特定情景中进行观察，从而完成对其适应职位要求的某些能力、素质和资格条件进行测评的一种方法。因此，面试也包括情景模拟测试和现场测评等方法。

为了保证能够系统地阐述人员测评的各种技术方法，本书中的面试特指狭义的面试。我们对面试进行如下界定：面试是一种评价者与被评价者双方面对面的观察、交流的互动可控的测评形式，评价者通过双向沟通来了解被评价者的素质状况、能力特征以及应聘动机的一种考核技术。根据这一定义，面试主要包括5大要素，即被评价者（被试、应试者、考生）、评价者（主试、评委、面试者、考官）、测评内容（测评要素、试题、评分标准）、实施程序、面试结果。

在面试过程中，评价者可以根据被评价者当场对所提问题的回答，考查其运用专业知识分析问题的熟练程度、求职动机、个人修养、实践经验、思维的敏捷性、语言表达能力等；通过对其面试过程中的行为特征的观察和分析，考查被评价者的外表、气质、风度、情绪的稳定性，对应聘职位的态度，以及在外界压力下的应变能力。评价者可以通过连续发问，弄清被评价者在回答中表达不清的问题，从而提高考查的深度和清晰度，并减少被评价者通过欺骗、作弊等不正当手段获得分数的可能性。所以，面试是人才选拔和录用中不可或缺的重要测评方法。

二、面试的特点

与其他人员测评技术和方法相比，面试具有以下五个特点：

（一）面试手段以谈话和观察为主

心理学的研究表明，一个人的能力、气质、性格往往是通过外部行为特征表现出来的。也就是说，人的心理特征是看不见摸不着的东西，但我们可以通过个体的外部行为表现去推断其内在的心理特征。常言道，听其言，观其行。在面试中，考官正是通过应考者的语言行为（应考者所说的）和非言语行为（应考者的神态表情、行为举止等），来推测和判断应考者的能力和个性品质的。

1. 谈话

谈话是面试过程中的一项非常重要的手段。在面试过程中，主考官通过向应试者提出各种问题；应试者要对这些问题进行回答，主考官能否正确地把握提问技巧十分重要。他不仅可以直接地、有针对性地了解应试者某一方面的情况或素质，而且对于驾驭面试进程、营造良好的面试心理氛围，都有重要影响。比如通过面谈，可以直接了解被测评者的口才。再比如，针对应试者的特长，提出一些启发性问题，使应试者进一步思索，展示其才华；当应试者的回答文不对题时，可利用提问调整话题；当应试者讲完后，可以通过短暂的沉思或补充性的追问，形成一个“缓冲区”。这对于鼓励应试者的谈吐，引发新的思路，转移话题都有益处。在面试的谈话过程中，听觉通道的运用也十分重要。比如可根据应试者讲话的语音、语速、腔调等来判断应试者的性格特征等。考官还可以对应试者的谈话进行分析，比如是否听懂了主考官的提问；是否抓住了问题的要害，语言表达的逻辑性、层次性、准确性等。

2. 观察

观察是面试过程中的另一个主要手段。在面试中，要求主考官善于运用自己的感官，特别是视觉，观察应试者的非语言行为。它不仅要求主考官在面试中善于观察应试者的非语言行为，而且要能指明应试者的行为类型，进而借助于人的表象层面推断其深层心理。对应试者非语言行为的观察，主要有面部表情的观察和身体语言的观察。

国外一项研究表明，在求职面试中，从应试者面部表情中获得的信息量可达50%以上。面试过程中，应试者的面部表情会有许多变化，主考官必须能观察到这种表情的变化，并能判断其心理。例如，应试者面部涨得通红、鼻尖出汗、目光不敢与主考官对视，便反映其自信心不足，心情紧张。应试者的目光久久盯着地面或盯着自己的双脚，默不作声，反映其内心的矛盾或正在思考。当主考官提出某一难以回答或窘迫的问题时，应试者可能目光暗淡、双眉紧皱，带着明显的焦急或压抑的神色。总之，主考官可以借助应试者面部表情的观察与分析，判断应试者的自信心、反应能力、思维的敏捷性、性格特征、情绪、态度等素质特征。

在面试过程中，除面部表情外，身体、四肢等在信息交流过程中也发挥着重要作用。具有不同心理素质的人，其身体语言的表现形式各不相同。比如，一个情绪紧张的人，他可能两肩微垂，双手持续地做着某个单调的动作，身体移动的速度相对较慢。一个性格急躁的应试者，常常会无休止地快速运动手脚，双手还可能不断颤抖。一个缺乏自信和创新精神的人，会始终使他自己的双手处于与身体紧密接触的部位，头部下垂。一个人紧张或焦躁不安时，往往会出现膝盖或脚尖有节奏地抖动，手指不停地转动手里的东西，摆弄衣服，乱摸头发等。

（二）面试测评内容的广泛性

笔试主要限于应考者用纸笔作答，着重测试应考者掌握的知识、文字表达能力等方面的情况。面试能对应考者的多方面素质进行有效测评，重点测试以下内容：一是应考者的口语表达能力，主要考查应考者表达是否清晰、明确、简洁，是否富有逻辑性；二是应考者的应变能力，主要考查应考者在有压力的情境中反应是否灵活、敏捷、快速；三是应考者的分析综合能力，主要考查应考者的逻辑思维是否有条理，是否善于分析、判断和概括问题；四是应考者的仪表、风度、举止，主要考查应考者的言行举止是否端庄、稳重、得体，是否有充沛的精力；五是应考者有关实际工作的能力，主要考查应考者是否具备与工作相关的能力；六是应考者的个性特征、价值观和为人处世方式等，尤其是考查应考者是否具备与工作相关的个性特征，是否具有与组织文化相匹配的价值观。所以，通过面试能够获得的信息比较丰富、完整和深入；由于面试可以追问，可以获得许多深层次的信息，比如行为的动机信息，决策的过程信息；由于面试有反馈，可以澄清许多不清楚的地方，避免模糊。

（三）面试形式的灵活性

面试是一种很灵活的测评方法，面试的方式和内容具有较大的变通性。

首先，各单位、各部门、各岗位的工作性质、工作内容和任职资格条件等不同，对所需人员的要求也不同，面试可以根据不同职位的特点，灵活地采用不同的方式去考查应考者。

其次，尽管面试的问题可以是事先设计好的，但在面试实施中并不是对所有应考者都一定要按同样的内容来进行（严格的结构化面试除外），考官可以针对应考者的具体情况，根据所获得的信息是否足够来决定面试问题的多少。经验丰富的考官能够按照应试者的回答内容进行引导，尽可能地挖掘应试者对面试问题最真实的想法。如果面试者发现被测评者能力很强或者很弱，可以适当地调整询问的进程或问题，发现更有价值的信息。

最后，每一位应试者的面试时间，不能作硬性规定，而应视其面试表现而定。如果应考者的回答已经充分地显示了某方面的信息，那么面试过程可以缩短；而如果应考者的回答不足以显示某方面的信息，或者考官觉得对应考者的有关情况还把握不清，还可以进行一些追问。考官追问的过程，充分体现了面试灵活性的特定。这样，面试的时间就可长可短，不过一般不会少于20分钟，也不会多于1个小时。

（四）面试过程的互动性

面试与笔试的一个重大区别是，面试中考官和应考者之间是有互动的信息交流的。面试是主考官和应试者之间的一种双向沟通过程。

一方面，面试中，考官会随时根据应考者的问题回答、表情和行为举止等情况，积极地变换面试的问题和追问，并评价应试者。另一方面，面试过程中，应试者并不是完全处于被动状态。应试者也会根据考官的提问，充分发挥自己的能动性，通过主考官的行为来判断主考官的价值判断标准、态度偏好、对自己面试表现的满意度等，来调节自己在面试中的行为表现；应试者还可借此机会了解自己应聘的单位、职位、发展机会、待遇等，以此决定自己是否可以接受这一工作等。

一方面，应考者的表现时时影响着考官的评价，另一方面，考官的信息反馈又会影响到应考者的表现。面试中考官与应考者之间的这种直接的交互作用提高了相互沟通的效果和面试的真实性、直观性。所以，面试不仅是主考官对应试者的一种考查，也是主客体之间的一种沟通、情感交流和能力的较量。主考官应通过面试，从应试者身上获取尽可能多的有价值信息。应试者也应抓住面试机会，充分利用面试的互动性，积极主动地回答有关问题，获取那些关于应聘单位及职位、自己关心的信息。

（五）面试评价的主观性

面试中，考官通过对应试者在面试过程中表露出的关键语言和典型行为进行评价，来判定应试者对组织和岗位的匹配程度。因此，与笔试那样有明确的客观标准不同，面试的评价标准往往带有较强的主观性。对应试者的评价基本上依赖于考官对岗位素质标准与面试问题评价标准的理解，以及考官对应试者表现出的行为的理解。面试官的评价往往受个人主观印象、情感、知识、经验等许多因素的影响，尤其是面试评价的结果可能会过于依赖于考官的以往经验，使不同的考官对同一位应考者的评价往往会有差异。所以，面试评价的主观性似乎是面试的一大弱点。不过，由于人的素质评价本是一项十分复杂的工作，考官可以把自己长期积累的经验运用到面试评价中。在这个意义上，面试的这种主观性也是其独特价值。

三、面试的种类

面试的种类，根据不同的标准可以有多种不同划分。

（一）根据面试的结构化（标准化）程度，可以分为结构化、半结构化和非结构化面试

所谓结构化面试就是对面试内容、题目、实施程序、评价标准、考官构成等方面都有统一明确的规范的面试。结构化面试减少了主观性，信度和效度较高，但缺点是过于僵化，难以随机应变，搜集信息的范围受到限制。

半结构化面试是指只对面试的部分因素有统一要求的面试，如规定有统一的程序和评价标准，但允许面试官在具体操作过程中，根据实际情况和应聘者的回答作一些适度的调整和改变，面试题目可以根据面试对象随意变化。

非结构化面试则是对与面试有关的因素不作任何限定的面试，也就是通常

没有任何规范的随意性面试。面试官可以根据应聘者的具体情况以及面试的需要随机提出问题，往往是一些开放式问题，并且可以根据其回答就某一方面进行深入了解。非结构化面试颇类似于人们日常非正式的交谈，除非面试考官的个人素质极高，否则很难保证非结构化面试的效果。目前，非结构化的面试越来越少。

（二）根据面试对象的多少，可以分为单独面试和集体面试

单独面试是一次只有一个应考者的面试，现实中的面试大都属于此类。单独面试的优点是能够给应考者提供更多的时间和机会，使面试能进行得比较深入。单独面试又分为两种类型，一种类型是只有一位考官负责整个面试过程，这种面试方式大多在规模较小的单位，或录用较低职位的人员时采用；另一种类型是多个考官面试一位应考者，这种形式在国家公务员录用面试和大型企业的招聘面试中广泛采用。

集体面试则是多名应考者同时面对考官的面试。在集体面试中，通常要求应试者进行小组讨论，或者相互协作解决某一问题，或者让应试者轮流担任领导主持会议，或者发表演说等。集体面试主要用于考查应试者的人际沟通能力、洞察与把握环境的能力、组织领导能力等。无领导小组讨论是最常见的一种集体面试法。小组面试的优点是效率比较高，而且便于同时对不同的应考者进行比较，不足之处是一位应考者的表现会受到其他应考者行为的影响。

（三）根据面试目的不同，将面试区分为压力性面试和非压力性面试

压力性面试是将应考者置于一种人为的紧张气氛中，让应考者接受诸如挑衅性的、非议性的、刁难性的刺激，以考查其应变能力、压力承受能力、情绪稳定性等。典型的压力性面试，是以考官穷究不舍的方式连续就某事向应考者发问，且问题刁钻棘手，甚至逼得应考者穷于应付，考官以此种“压力发问”方式逼迫应考者充分表现出对待难题的机智灵活性、应变能力、思考判断能力、气质性格和修养等方面的素质。

非压力性面试则相反，考官力图创造一种平和、友好的氛围，以利于应试者客观、全面地反映真实素质，也就是在没有压力的情境下考查应考者有关方面的素质。需要指出的是，压力性面试是为了考查应试者面对压力时的素质水平，因而这种方法不可滥用。

（四）根据面试内容设计重点不同，将面试分为行为性面试和情境性面试

行为性面试的内容侧重于应考者过去的行为，这种面试的基本假设是：被试过去的行为是对其未来表现最好的预测。行为性面试中所提的问题，大都是从工作分析中得到的，通过提问应试者过去的工作经历，判断应试者在特定的工作情形下，什么是有效的与什么是无效的行为模式，来预测他在本组织中将

会采取的行为模式。

情境性面试是通过给应考者创设一种假定的情境，考查应考者在情境中如何考虑问题、作出何种行为反应。情境性面试是面试形式发展的新趋势。在情景性面试中，突破了常规面试即主考官和应试者一问一答的模式，引入了无领导小组讨论、公文处理、角色扮演、演讲、答辩、案例分析等人员甄选中的情景模拟方法。在这种面试形式下，面试的具体方法灵活多样，面试的模拟性、逼真性强，应试者的才华能得到更充分、更全面的展现，主考官对应试者的素质也能作出更全面、更深入、更准确的评价。

（五）根据面试的进程来分，可将面试分为一次性面试和分阶段面试

所谓一次性面试，即指用人单位对应考者的面试集中在一次进行。在一次性面试中，面试考官的阵容一般都比较“强大”，考官通常由用人单位人事部门负责人、业务部门的负责人以及人事测评专家构成。在一次面试情况下，应试者是否能面试过关，甚至是否被最终录用，就取决于这一次面试表现。面对这类面试，应试者必须集中所长，认真准备，全力以赴。

分阶段面试又可分为“按序面试”和“分步面试”两种。按序面试一般分为初试、复试与综合评定三步。初试一般由人事部门主持，将明显不合格者予以淘汰。初试合格者则进入复试。复试一般由用人部门主管主持，以考查应试者的专业知识和业务技能为主，衡量应试者对拟任岗位是否合适。复试结束后即再由人事部门会同用人部门综合评定每位应试者的成绩，确定最终合格人选。

分步面试，一般是由用人单位的主管领导、处（科）长以及一般工作人员组成面试小组，按照小组成员的层次，由低到高的顺序，依次对应试者进行面试。面试的内容依层次各有侧重，低层一般以考查专业及业务知识为主，中层以考查能力为主，高层则实施全面考查与最终把关。实行逐层淘汰筛选，越来越严。应试者要对各层面试的要求做到心中有数，力争在每个层次均留下好印象。

（六）其他分类

除了上述面试类型外，还有其他分类方式。比如，依据面试的功能，可以将面试分为鉴别性面试、评价性面试和预测性面试。所谓鉴别性面试，就是依据面试结果把应考者按相关素质水平进行区分的面试；评价性面试则是对应考者的素质作出客观评价的面试；预测性面试是指对应考者的发展潜力和未来成就等方面进行预测的面试。

还可以依据面试结果的使用方式，将面试区分为目标参照性面试和常模参照性面试。所谓目标参照性面试，就是面试结果须明确应考者的素质水平是否达到某一既定的目标水平，通常分为合格与不合格两种；而常模参照性面试，

则是根据面试结果对应考者按素质水平高低进行排序，从而进行优胜劣汰决策的面试，结果往往分为若干档次。

第二节　面试的流程与规范

正确、合理的面试一般有着严谨的面试流程和操作规范，这是面试结果科学、有效的前提和保证。在本节里，我们将重点介绍面试的一般流程与各阶段的基本操作规范。

一、面试的流程

一般来说，一个结构完整的面试应包括图 7-1 所示的流程。面试过程主要由三个基本阶段构成，即面试准备阶段、面试实施阶段、面试评价阶段。不同阶段各有其具体操作流程和步骤，环环相扣，组织严密。下面我们就来详细地认识一下面试流程中的关键环节。

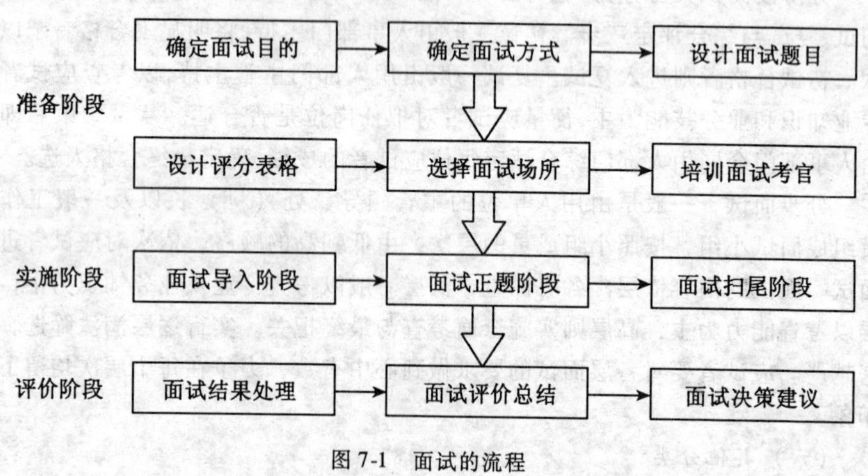

图 7-1　面试的流程

（一）面试准备阶段

成功的面试是建立在充分准备的基础之上的，那些仓促上阵、草率从事、缺乏准备的面试活动将很难取得预想的效果。面试准备阶段的一般步骤是：（1）首先要确定面试的目的；（2）确定面试方式；（3）拟定面试的内容，设计面试的题目；（4）准备面试的各种评分表格和材料；（5）准备面试的场地；（6）选择和培训面试考官以及考务工作人员；（7）查阅面试对象的简历，熟悉应试者的基本情况。

（二）面试实施阶段

一切准备就绪后，面试就进入第二个阶段，即正式的实施。本阶段是面试官同面试对象直接接触、交流和互动的过程。成功地完成本阶段的任务是建立在事先对面试对象的基本情况充分了解的基础上，通过面谈和观察来验证个人简历，了解其是否具备所需的素质及其程度，并在结束面谈前得出基本结论。面试实施阶段的一般步骤是：（1）由工作人员引导面试对象由候考室进入面试室；（2）以面试组长为主，同面试对象简短地寒暄，给面试对象创造一个轻松的氛围和良好的开始；（3）引导面试对象自我介绍后，按计划导出问题，仔细倾听，适当反馈，认真观察并简短记录；（4）适时、适当地结束面谈，礼貌地辞送面试对象。

（三）面试评价阶段

面试实施阶段完全结束后，面试应该立即进入第三个阶段，即面试评价阶段。因为较长的时间间隔会使面试考官由于遗忘，而出现信息丢失，造成误判。在本阶段，面试考官主要依据评分标准和量表，根据面试过程中的交谈和观察所收集到的信息，对面试对象进行价值判断，进行总体讨论和决策。面试评价阶段的一般步骤是：（1）考官根据评分标准，完整填写面试成绩评分表；（2）由工作人员收集面试评分表，进行统计处理和排序；（3）考官小组可根据排序情况进行民主讨论和分析，得出公允、统一的结论；（4）作出是否录用的具体建议；（5）会同主管领导和用人单位领导作出录用决策。

二、面试的规范

为了提高面试的有效性，除了遵循科学的面试基本环节和流程外，还应建立面试的专门制度和规定，形成面试各环节流程的基本操作规范，以减少面试的主观性和随意性。下面，我们将根据面试流程的不同阶段和环节，分别介绍面试操作的基本规范和要领。

（一）面试准备阶段的操作规范

1. 明确面试维度

在面试之前，首先必须明确我们希望通过面试来考查应试者的哪些方面的素质条件——面试维度。规范的做法是通过系统的工作分析，或胜任特征分析，来为我们提供特定岗位的任职资格或胜任特征模型。在工作分析的结果——工作说明书中的任职资格包含了履行特定岗位职责应该具备的知识、经验、能力、技术和其他必要条件。任职资格反映的是基本达到岗位任职水平的资格标准，是完成岗位工作所要求的最低标准。胜任特征模型则精练地提取了特定岗位优秀任职者所应具有的知识、能力、个性特征、社会角色、自我定位及动机等。但在众多需要考查的素质中，并非每种素质都是面试手段能够充分考查的。比如教育背景、基本能力等我们可以通过看个人简历和基本能力测验来考查。对于思维分析能力、决策协调能力、动机、价值观等较为深层的个人特质，采用面试的方法比较好。因此，我们必须从这些素质中筛选出适宜通过面试的方式来考查的方面——面试维度。例如，某公司在招聘销售人员时所确定的面试维度为：谈判技巧、沟通能力、解决问题的能力、预测能力、进取心、应变能力。

面试维度的解释一直是面试工作中的难点。比如我们都知道，面试中经常考查应试者的"沟通能力"。但是，到底什么是沟通能力？每个考官的解释可能都不同。另一方面，很多岗位都需要沟通能力，但不同岗位对沟通能力的要求也不一定相同。比如销售经理和技术经理的沟通能力要求是有差异的。因此，我们必须根据岗位的特点对面试维度进行准确的定义。建议对于面试维度的定义，应当遵循以下几个原则：（1）以具体的行为来表现；（2）对维度进行二次分解，分解构成一个维度不同的素质剖面；（3）素质剖面要能够体现不同岗位对同一维度的要求差异；（4）素质剖面之间要相对独立，不能有较大的交叉。

2. 设计面试题目

明确了面试维度后，接下来我们就可以考虑使用什么样的面试问题。面试不是随心所欲地提问，而是要通过适当的问题在短时间内考查应聘者的特征，因此在问题设计上需要主考下一番工夫。

通常，在编制面试题时，要以工作分析，尤其是对关键事件的分析为基础，常用的方法包括问卷法、与熟悉该职位的专家进行访谈等。接下来，对收集到的关键事件进行分类和排序，那些对某一测评维度最有代表性的关键事件就可以用来编制面试题目，这样题目效度比较高，同时也能够与实际工作有较高的关联。面试的题型包括基于行为的问题、情境性问题、知识性问题等。其中，基于行为的问题和情境性问题目前比较常用，也是目前公认为颇有效的两类问题。行为性问题是了解应试者在过去某种特定情境下的行为表现，而情境性问题则是给出一个特定的情境，让应试者做出反应。我们可以根据面试对象的特点，将面试维度与面试题型进行合理的匹配。比如，如果面试对象是缺乏工作经验的大学生，我们就可以用情境性的题目；如果面试对象是具备工作经验的人，就可以用行为性面试题目。由于面试题目设计是面试的一项核心问题，包含大量的技巧，在下一节我们还将更详细地分析，在这里就不再赘述。

3. 建立评价标准

很多主考习惯在面试之后给应试者的总体表现打一个分或者写几句评语。

但是，如果主考一天要面试十几位应试者，几天下来，他还能想起那个简单的数字或评语的具体含义么？或者当有几个应试者的分数很接近时，他该如何取舍呢？可见，面试如果没有建立科学的评价标准，主考的评价会带有很大的主观性。对此，可以分三步来完成：第一步，将面试维度和含义明确写出来，交给主考进行学习和掌握。尤其重要的是，要对各测评维度制定出科学合理的权重。各维度的权重可以根据工作说明书或工作经验得来，但应综合各方面的意见。第二步，制定一个计分标准和计分形式。制定计分标准是指对应试者的回答给出评判标准，让主考明白什么样的回答是“好”的，什么样的回答是“中等”的，什么样的回答是“差”的。例如，有一道考查人际适应与技巧、组织协调能力的题目是这样的：

假设你的上级安排你与一位经验丰富、年纪比你大的同事来共同完成一项工作，出于某种考虑，上级让你来做项目负责人，而那位同事对此却有些不满，你会怎样处理这个问题？

评分标准：

好：能认识并理解上级的安排，意识到自己与同事潜在的人际角色变化，并有成熟的解决办法，有能够将此项工作组织安排好的能力和信心。

中：能以任务为重，并有能力组织完成，但人际上却较生硬，协调能力差。

差：做和事佬，放弃自己的责任；或趾高气扬，拿上级的命令压制；或缺乏信心，动辄拿上级的命令做挡箭牌。

面试的计分方式可采用等级评定的办法，一般可采用四级、五级、七级或九级评定。目前较多采用的是五级评定法。有时也可以将各等级量化，即赋予每个等级一个标度：一种是定量标度，就是用分数的形式来表示，如表7-1中的1～9分；另一种是定性标度，如采用“优、良、中、合格、差”等字符来表示。

第三步，设计面试评分表。我们可以根据面试所要考查的维度，以及各维度的重要性（权重），做出一张面试评分表（见表7-1）。这样，主考就可以对应试者各个维度的表现进行评价，然后根据各个维度的得分算出总分。

4. 选择面试场所

良好的面试场所和主考的态度能够决定你的面试能否顺利进行，而且对于企业的形象有很大的影响，所以不能等闲视之。面试场所的选择应该注意以下几个方面：

表 7-1　　面试评分表

姓名：	性别：	编号：	应聘职位：	所属部门：	
评价要素	表达能力	沟通能力	领导能力	团队合作能力	组织协调能力
权重	15%	25%	25%	15%	20%
典型行为记录					
要素得分					
评价标准	好：9~7 分 中：6~4 分 差：3~1 分				
主考评价意见	（就您感受最深的地方进行评价） 录用建议：________ 主考签字：________				

第一，一般会把面试场所安排在企业的会议室或会客厅，对于高级管理人员或核心专业人员的面试，不妨选择一个较为中立的地点，如宾馆、酒店等第三方的会议室。

第二，面试场所的大小应由面试方式决定，如果是多对一的面试，则要有较大的空间，不要使应试者感到拥挤，有压迫感。

第三，面试场所要求安静、舒适，采光、隔音要良好。室内应有沙发、茶几或咖啡桌。面试时不能有其他人随意进出，不能随时有电话的干扰，也不能有其他事情打扰，否则会使应试者分心。

第四，面试场所的布置主要考虑到减少应试者的压力。桌椅的摆放、主考和应试者位置的安排都有一些技巧和讲究，必须格外注意。有些管理人员喜欢坐在自己深色的、宽大的办公桌后来面试应试者，再加上窗外射进的耀眼的阳光，会给应试者带来一种极不平等的感觉。这种情况一般很不利于应试者正常发挥，也会让人对你的公司产生不好的感觉。

5. 培训面试考官

考官是面试过程中至关重要的一个因素，考官的观念、经验、知识结构等都直接影响着面试成功与否。因此，对面试考官的培训不可忽视，否则，公司在面试上投入的时间和资金可能起不到什么效果。对考官的培训主要包括以下几方面的内容：

第一，首先要让主考明确面试的目的是为公司选用优秀的人才，是要考查应试者相关的能力和素质结构，主考应该从公司的利益出发，公正、客观地对应试者做出评价，不要只凭个人好恶作决定。主考的表现代表着公司的形象，他们应该让应试者在与他们接触的过程中感受到彼此的价值。

第二，主考应该对招聘岗位有全面了解。不仅要了解专业技术知识，也要对工作职责、工作内容有所认识。如果是多对一的面试，主考小组应至少包括部门主管和人力资源部的人员，这样才能保证在知识结构上的完整。

第三，主考应该熟练掌握面试的维度、评价标准、面试题目、提问和追问技巧、倾听技巧、观察和记录技巧、评分和报告方法等。采用小组面试时，考官之间还有必要进行一下分工。

（二）面试实施阶段的操作规范

1. 面试组织过程的规范

面试的组织过程包括相关人员分工、通知面试对象、被试候考、面试引导与离场等环节的具体组织安排。参与面试工作的人员，除了考官以外，还有一些辅助者。这些辅助者包括咨询员、引导员和计分员。

通知面试对象来面试时，要通过电话、信件等方法确认对方是否收到了通知，而不能只将信函发出就了事。要向应试者说明面试的时间、地点、公司联系人、联系电话、要带的证明文件、附件材料，并重申他所应聘岗位的名称。

咨询员主要负责向被试集体说明面试的具体安排与注意事项。比如政府公开选拔领导干部的活动中，就需要在面试之前详细地向被试说明决定面试顺序的方法、面试的时间安排、面试的准备等事项。如果公司希望将面试过程录像或录音，必须预先征得应试者的同意。一般情况下，咨询员的责任范围仅局限于候考室。

引导员主要负责将应试者带领到面试室。引导员要确保在带领的过程中未参加面试的应试者与已经面试结束的应试者不能发生联系，以防泄漏题目。每个应试者结束面试之后由引导员监督离开面试现场，并确保其不与其他应试者发生联系。

计分员负责按照规定让应试者进行抽签，以决定面试的先后次序（在进行分组的情况下），并将应试者的编号与姓名进行登记。在面试结束后，计分员负责搜集考官打出的分数，并进行统计处理。

2. 创造良好的开始

面试难免会给应试者带来一定的压力，一些不善于控制情绪和进行自我调节的人往往表现失常。如果面试一开始，考官张口就提出一个很严肃的问题，应试者多少会有一些手足无措。因此，在面试之初，主考应该引导应试者缓解压力，适应面试情境。在这方面，可以采用一些技巧和方法，具体在下一节中我们将进行详细介绍。总之，为面试对象创造一个轻松、融洽的面试气氛和环境，创造一个良好的开端，是此阶段的宗旨。

3. 正题阶段的操作规范

进入正题阶段，首先，如果主考对面试对象的简历有疑问或不清楚的地方，应该向他（她）询问。接下来，主考就要向面试对象询问事先准备好的问题。并非所有的应试者都会说出主考想要的信息，比如，有人可能沉默不语，有人可能会在某一个问题上占用太多的时间，或者在询问过去行为的时候，有的人可能会搬出书本上的理论而不是讲述自己的经历。面对这些情况，主考可以使用如下技巧：

第一，适时认同。在应试者回答问题时，主考可以适时地做出一些代表认同的行为，来增加应试者的信心，使其更加全面地表现自己。比如，点头或简短地回应，给应试者以鼓励。这样传递给应试者的信息是“我在认真听你说，我欣赏你的做法”。

第二，适当追问。有时候应试者会给出一个动听但模糊的回答，如“我以前的上司很欣赏我”。这并不是主考想要的回答，应立刻追问，让其用事实来说明。比如可以这样追问：“那么，你一定有很多出色的表现，请你回忆一下，你工作中哪件事得到了上司的赞赏?”应该注意的是，追问的问题应该是中性的，不能引导应试者向某个方向回答。比如，对上面的问题，不应追问：“是因为你的勤奋努力吗?”这就可能使应试者认为考官比较看重“勤奋努力”，从而使其回答偏向这个方向。

第三，适度沉默。在面试过程中，适度的沉默能够产生积极性的紧张。当主考要求应试者描述一项过去的行为时，应试者经常会向别处看，这是一个让主考保持沉默的信号，应该给应试者思考的时间。沉默是有促进性的，能使应试者感觉到压力，进而回答问题。但这个沉默的过程不应该持续 10 秒以上，否则，应试者的注意焦点就会离开问题。这时候，主考就要介入，说一些话，对应试者进行启发。

第四，适时打断。一个好的面试，控制权应该掌握在主考手里。有些面试对象会在某一个问题上滔滔不绝，如果任由其说下去，可能会影响面试的时间和进程。主考必须通过打断面试对象无关的话语来控制面试，以便获得主考所需要的信息。

4. 收尾阶段的操作规范

面试进入最后阶段时，主考可以向应试者介绍一下公司的总体情况和他所应聘的职位。必要时，可以给应试者一份职位说明书，并回答应试者的问题，包括该职位的职能、有关组织隶属关系、工作时间、工作责任、工作待遇等。

有时应试者可能还有一些其他问题，主考应鼓励应试者提出来，并通过他们的问题来加深对应试者的了解。应聘者问得很仔细的问题通常是他们关心的情况，有经验的主考可以借此来考察他们的应试动机。如果应试者很在意和公司签订劳动合同的期限及违约金的支付情况，那么这位应试者很可能将本公司作为其职业生涯中的一个跳板，不会在这里长期安心工作。

当主考和应试者都从对方那里获得了自己需要的信息后，面试也该结束了。不要忘记感谢应试者来参加这次面试，然后告诉他下一步该做什么，如果面试是最后一关，请告诉应试者公司会在多长时间内告诉他结果，然后礼貌地目送应试者离开。

值得注意的是，无论应试者是否通过了面试，公司都应该将结果明确地告诉他。有些管理者认为如果我不想录用你，就没有必要再通知你。但明确和及时的反馈能够让应试者尽早做出下一步决定，这不仅是对应试者的尊重，也能提升公司的形象，让人觉得该公司是值得信任的。

（三）面试评价阶段的规范

送走应试者后，主考应该立即填好面试评分表，评分必须遵循考查的维度和评价标准，并以对面试过程中面试对象的谈话和行为观察为基础。这项工作不要等到所有的面试对象都结束面谈后才做，否则，容易遗忘或混淆诸多应试者的行为表现；也不要在面试进行过程中来做，以防无法根据应试者的整体表现来做出总体、客观评价。如果是多对一的面试，则应该在每名应试者的面试结束后由主考们分别进行评分，再将结果汇总。如果发现不同主考的评分差异极大，应及时进行讨论，尽快得出一致的结论。

面试评分表中不仅要求主考对面试对象进行量化评价，还要进行定性的评语评价。量化评价解决的是在众多的应试者之间进行横向比较的问题，而评语评价解决的是说明评分理由的问题。对面试评价报告的整理，也因面试形式不同而存在差异。如果是小组面试，对面试对象的最终评价，需要所有的考官达成一致性意见以后再作决定。如果是一对一的面试形式，就需要报告主笔人摘录考官的面试记录，寻找考官定量评价的依据，形成最终报告。评价报告应尽量以数字、应试者的语言和行为为证据，避免形成空洞的评价。

第三节 面试的核心问题解析

面试能否成功，虽然会受到多种因素的影响，但其中面试题目、面试考官、应试者状况三个方面的影响至关重要。此外，面试的信度和效度经常会有一些心理效应的干扰。面试题目的设计、面试考官的选择与培训、应试者的身心状况决定着面试的效果，而这三个方面都有一些核心技术和方法。下面，我们就分别从上述方面来介绍。

一、面试题目的编制

面试题目设计是考官根据面试维度选择题型、编制题目的过程。面试题目的信度和效度水平对最终的面试效果具有关键性的影响。面试题目编制的质量是面试取得成功的基本保障。

（一）编制面试题目的原则

在面试的过程中，如果不提前对题目进行严谨科学的设计，而是临时抱佛脚，面试的结果必将受到影响，面试题目设计的四个基本原则：

1. 针对性原则。首先，题目的设计必须针对特定的岗位素质要求及其测评维度，制定针对性的评分标准；其次，面试题目要针对应试者人群提出，应该是应试者群体所熟悉的问题。

2. 延伸性原则。首先，面试问题的形式应该保持延伸性，比如尽量采用开放性的题目，能够极大提高应试者的积极性；其次，问题的内容应具有延伸性，让题目之间保持联系，便于考官在面试追问中保持联系。

3. 鉴别性原则。要求所设计的题目既要有一定难度，又要具备一定的鉴别度，即题目难易适中，能将同一要素上处于不同水平的应试者区别出来。既要避免题目过于简单，应试者得分普遍较高出现“地板效应”，还要避免题目难度过高，出现“天花板效应”。

4. 开放性原则。即面试题目要让应试者在不受限制的情况，表达自己真实的想法，以便考查其真实素质。

（二）编制面试题目的步骤

介绍了面试题目设计的原则以后，下面介绍面试题目设计的基本步骤。

第一，首先明确面试的要素（在所有需要考查的要素中，选择适宜面试考查的维度或指标）。

第二，明确定义每个面试要素。对面试要素进行定义，可把握以下问题或要点：(1) 单个面试的行为表现有哪些？(2) 不同能力水平的应试者是如何表现的？(3) 表现面试要素的特定行为在什么样的情景中能够体现出来？(4) 应试者可能采用的行为会有哪些？(5) 不同的行为会取得哪些结果？(6) 针对面试维度哪些行为是有效的，哪些行为是无效的？

第三，收集能够表现这些行为的情境或时间信息。比如：(1) 需求岗位的工作内容；(2) 需求岗位的关键工作任务；(3) 执行任务过程中出现的关键事件；(4) 工作过程中的热点、难点问题。

第四，对信息进行加工，整理题目。(1) 提取事件关键信息成为题干，题干要求尽量简洁，能够让应试者直接听懂，题目的信息量不宜过大；（2）追问的问题要求紧扣题目情境，可按 STAR 模式（即情境，situation；任务，task；行动，action；结果，results）的要素进行设计。

第五，根据题目设计答题要点和评价标准。（1）根据体现面试要素的行为设定答题要点（行为分解）；（2）按要素对应和综合对应设定评价标准（评分标准）。

第六，在面试之前对题目进行试测和调整。

（三）面试题目的类型

常见的面试题型有六种，每种题型都各有其独特的特点和作用。这里将六种题型分别介绍，如表 7-2 所示。

表 7-2　**面试常见的题目类型**

题型	目的	样题
导入性问题	降低应试者的紧张情绪，创造融洽的交流环境	你到这里需要多长时间？我们这里还好找吗？等等
行为性问题	了解应试者在过去某种特定情景下的行为表现	请根据你过去的工作经验举一个例子，说明你是如何消除与同事间误会的？等等
智能性问题	考查应试者的思维逻辑性与综合分析能力	你如何看待办公室政治的问题？请问你对互联网上博客的火爆有什么看法？等等
意愿性问题	考查应试者的求职动机及与岗位的匹配程度	某公司招聘市场人员，应聘者分为两类，一类选择高底薪，另外一类选择低底薪，你会选择哪一种呢？你是喜欢跟强势的领导工作，还是喜欢跟民主的领导工作，为什么？
情景性问题	可根据具体岗位组合测试要素（组织、分析、沟通等）	如果请你来组织本届大会你会如何组织？如果某天董事长出差，你忽然接到通知，税务局要来进行税务稽查，此时你又联系不到董事长，你将如何处理这件事情？
应变性问题	考查应试者的情绪稳定性与应变能力	领导开会时发言明显出错，你如何制止他？你的领导交给你一件根本无法完成的工作，你会如何处理这种情况？

（四）行为性问题的编制

1. 什么是行为性问题

> 问题：如果有人对你的工作提出批评，你会怎么做？当你的工作中出现紧急情况时，你会怎样处理？

如果主考向应试者提出这样两个问题时，你会期望得到什么样的回答？显然，这两个问题是没有什么效果的，我们无法从应试者的回答中获得多少有价值的信息。道理很简单，绝不会有人在面试中说他会因此而讨厌向他提出批评的人，也不会有人说他面对紧急情况会手足无措。但经验告诉我们，在实际工作中不乏其人。我们无法从应试者的回答中知道将来他面对这些情景时他会做何种表现。这就是为什么行为性问题在面试中越来越受到管理人员的重视的原因。

基于行为的问题是指让应试者对自己以前有过的某些行为进行描述，通过了解应试者过去曾经发生过的与工作有关的行为，可以了解到他与工作有关的各种特征和素质。行为性问题询问的是应试者亲身经历过的事件，以及在此事件中应试者所表现出来的具体行为，而不是他的感觉、情绪、态度、观点等主观性方面。在提问时，要注意应该使用“怎样”、“如何”、“什么”之类的词，而不是“为什么”。下面是一些面试中的行为性问题：

> 请讲述一次这样的经历：当你所在的团队中发生冲突时，你是怎样来解决争端的？
>
> 你有没有这样的经历：在一次活动或工作中，你被要求和一些陌生人或是你不喜欢的人合作。如果有，能具体描述一下你是怎么做的吗？
>
> 请回忆一下，当你与一个极难对付的人或是一个不赞同你意见的人打交道时，你是怎么做的？
>
> 请讲述你的一次经历，能够说明你能够营造一种环境，使团队工作更加有效。

2. 行为性问题的效用

心理学的研究表明，人类是习惯的动物，一个人一旦形成了某种思维和行为模式，就很难改变，就会在类似的情景中一次次地重复这种模式，因此，我们可以从一个人过去的行为预测其未来的行为。设计行为性问题的基本假设是：应试者过去的工作经验可以预测他未来的工作业绩和表现。面试中，行为性问题运用得当，有三个方面的好处：

第一，主考可以通过应试者的描述看到他在以前工作中的具体表现，而不只是像“我工作很努力”、“我有很强的工作责任心”之类的笼统抽象、空洞悦耳的描述。主考可以这样推测：当应试者在以后的工作中遇到类似的情景时，他也会有类似的表现。

第二，基于行为的问题要求应试者详细具体地描述过去的经历，而且主考可以通过追问来澄清含糊的地方，这样，应试者就很难用事先准备好的答案来应对，很难编造故事和弄虚作假。

第三，行为描述式的资料容易记录，不会涉及主考当时的意见和判断，在管理者和测评人员之间也容易保证得到客观、公正和一致的评价结论。

3. 行为性问题的提问技巧——STAR 模型

在应试者回答主考提出的行为性问题之前，为了获得有意义的信息，主考可以先向应试者作如下强调和说明：第一，要讲述你亲身经历过的事情；第二，要清楚地描述事情的起因、过程和结果；第三，不必涉及你所学过的理论性知识。为了帮助主考鉴别应试者的回答是否完整，可以采用 STAR 模型，即一个完整的行为事件必须包含四个要素：

情境（situation）：指关于任务、问题背景或环境的具体描述；

目标（task）：指应试者在特定情境中所要达到的目标、所需完成的任务；

行为（action）：指应试者针对上述情境和目标所采取的行动，或未采取的行动；

结果（result）：指应试者已采取的和未采取的行动的结果。

下面举一个例子来进一步说明。例题：请举出一个通过你的努力留住一个试图跳槽的核心员工的例子。作为主考，应当关注应试者的回答中的如下信息：

了解当时的情境：(1) 这个员工为什么想跳槽？(2) 这个员工在企业中有什么价值？(3) 如果他跳槽，会给企业带来哪些损失？

了解当时的任务：(1) 你对留住这个员工有何想法？(2) 你认为有什么办法可以解决这个问题吗？(3) 关于这件事情你对自己的期望是什么？

了解应试者当时采取了哪些措施：(1) 你是如何采取行动的？(2) 你是通过哪些手段留住这个员工的？(3) 你进行了哪些工作留住了这个员工？

了解确定的结果：(1) 最终有什么结果，你满意吗？(2) 如果再让你处理一次类似的事情，你认为有哪些经验可以借鉴？

应当注意的是，如果主考觉得应试者的回答有些模糊、可能遗漏了一些关键信息，或是偏离了对行为的描述，就必须果断地使用提示、打断和追问来使之回到正确的轨道上。主考还应如实地记录下应试者的回答。记录时应保持应试者回答的原话，不要加进自己的评价或感受。评价的工作应在面谈结束后进行。详细设计和注意事项可参见本章第五节的基于行为事件访谈法的面试部分。

（五）情景性问题的编制

1. 什么是情景性问题

情景性问题是通过向应试者展示一个假设的情景，来让其解决情景中出现的问题，从而考查应试者的各方面的素质和能力。这类问题目前在面试中应用十分普遍，其测试的效果较好。例如，我国政府公务员选拔考试中的部分面试题目就是情景性问题。为了加深印象，下面列举一些情景性面试题目样例及其对应的考查维度。

考查计划组织能力：

如果领导让你负责一项公益性宣传活动，例如，到公园宣传环境保护法规（包括展板、展台、咨询服务、散发宣传材料等），你准备怎样组织这项活动？

考察求实、责任感：

假定你是一个部门的负责人，当你将一篇在新闻发布会上的发言稿让领导审查时，他暗示你是否能将某项工作成绩的数字夸大一些，这时你该怎么办？

考查人际沟通能力：

作为管理者，你最近发现另一科室的人员经常到你科室中谈话。你看到本科室职员的工作效率在下降，由于工作时心不在焉，还出现了一些错误。这时，你会怎样处理这个问题？

2. 情景性问题的优缺点

情景性问题的优点是设计的目的性很强，可以通过多个问题的组合来全面考查应试者的各方面的特征。而且，它的评分过程是标准化的，可以由多个主考同时对一名应试者的回答评分。

情景性问题的缺点在于所呈现给应试者的情景是假设的，因此，应试者对假设情景的回答可能都是他理想中的反应或理论上的回答，而真正遇到实际情况时能否表现出他回答的行为就不得而知了。

科学和经验证明，这两种面试题目都是有效的。相比之下，对于那些有工作经验的应试者和比较高级的职位，采用行为性问题来测试更为有效；而对于那些缺乏工作经验的应试者（如刚刚毕业的大学生）而言，情景性问题则更为有效。

3. 情景性问题的提问技巧

编制情景性问题应当以基于岗位的工作分析和胜任特征分析所提炼出来的

关键事件、胜任特征为基础。应试者对情景性面试问题的回答必须有时间的限制，一般来说，每道题的回答时间以 5 分钟左右为宜。面试开始时，主考应向应试者说明每道题的作答时间。如果考生在某一题目上的回答超过或低于规定时间太多，主考应提醒他掌握好答题时间，这样的提示一般不超过两次。如果考生没有时间观念，任意拖延答题时间，主考应在规定时间内结束面试，无论预定的问题是否已经问完。除非特例，没有时间观念或在面试时不服从指导和警示的人一般不能录用，因为，这类以自我为中心的人有可能给以后的工作带来一系列麻烦。

二、面试官的选拔和培训

面试中我们该选择什么样的考官？为什么面试考官对相同对象的评价意见缺乏统一？这是困扰很多人力资源经理的问题。其实这个问题不难理解，不同的考官的个性、观念、经验、知识结构等不同，难免会对同一面试对象的评价产生差异。但差异过大必然会影响面试效果和人才的录用选拔，因此，必须在面试考官的选择和培训方面下一些工夫。

（一）面试考官的素质要求

面试考官的素质是决定面试质量的核心因素。比如在我国政府公务员选拔考试中，《国家公务员录用面试暂行办法》和《国务院工作部门面试考官资格管理暂行细则》就对公务员面试考官应该具备的基本条件进行了规定。当然，上述规定与企业中的面试考官条件要求存在较大差距。企业面试中，对考官的素质要求，可进行如下概括和总结：

1. 基本素质要求

第一，了解面试岗位的工作内容与任职资格条件。这是对面试考官的基本要求之一。面试考官只有系统地了解岗位的工作目标、工作内容和任职资格，才能对各个岗位的评价标准有统一的认识。只有客观地认识到岗位的评价标准，才可能对应试者进行准确的评价。

第二，掌握面试知识和技巧。是否具备面试知识与面试的相关技巧，是衡量面试考官素质的基本要求。面试考官必须对面试流程、面试题型、面试特点等具备基本知识，同时还要掌握提问技巧、追问技巧和面试过程有效控制的技巧。只有掌握了面试的基本知识与面试技巧，面试考官才能顺利地完成面试任务。

第三，具备客观、公正的基本素质。客观与公正是对面试考官的个性特点的要求。实践证明，为人圆滑、谁都不得罪的“老好人”，是很难对不同的应试者进行客观评价的。这一点在内部竞聘的人员测评项目中表现得最为明显。

面试考官只有客观、公正地对每个应试者进行评价，才能充分发现应试者之间的素质差异，从而对应试者做出准确的评价。

2. 深层能力要求

第一，系统分析能力。系统分析能力是对考官分析面试评价标准、面试维度与应试者行为表现之间关系的要求。如果考官缺乏系统分析能力，仅能从表面上进行肤浅的评价，对于像“动机与岗位匹配性”这样的面试维度就会缺乏准确的理解，并且不能准确把握应试者在评价过程中的表现。

第二，良好的自我认知能力。很多考官在对应试者进行评价的过程中容易受自身主观意识的一些影响，也就是“拿自己当标准衡量别人”。如果考官自己的表露性比较强，对于比较缄默的应试者就会给出较低的分数或评价。这种考官的根本错误在于，不是根据岗位的评价标准对应试者给予评价，而是根据自己的主观意识。避免这种情况的有效办法就是，考官必须具备良好的自我认知能力。考官只有清楚自身的优点与不足分别是什么，才能在面试的过程中刻意地规避由于主观意识而造成的不客观的评价行为。

第三，观察与归纳能力。在面试过程中，考官需要对应试者的关键语言、典型行为进行观察与记录。要想分析出哪些是应试者有效、关键的语言，依赖的是考官的倾听能力和分析能力。对应试者所表现出的典型行为的观察，需要依赖考官的观察能力。将观察到的应试者的典型行为与面试维度和评价标准进行分类比较，则要依靠考官的归纳能力。

第四，良好的倾听能力。面试过程中，一个广为认可的原则就是，“让应试者多讲”。实践这个原则需要考官具备良好的倾听能力和意识。有些“急性子”的考官不等应试者说完就直接打断其说话，实际上这会直接影响面试的效果，使应试者不能正常发挥水平。另外，小组面试过程中，考官之间交头接耳的现象比较普遍，这同样会给应试者带来心理压力，以为自己的回答出现了什么纰漏，从而影响其水平的正常发挥。因此，考官的倾听意识十分重要。

第五，沟通能力与共享意识。考官的沟通能力体现在两个方面，其一是与应试者的沟通，其二是与其他考官的沟通。前者不必多言，而考官之间的沟通非常有必要。因为考官之间经常会对同一应试者的某个维度的评价出现较大差异和不同意见。当不同意见出现的时候，需要考官互相举证，用自己的观察、记录和分析来说明自己的评价理由，与其他考官共享自己的观点和思想。如果考官缺乏主动沟通的能力和共享意识，就难以对同一应试者形成一致的评价意见，就会对面试的质量产生较大的影响。

（二）面试考官的组成结构

在企业面试实践中，一对一的面试形式采用的越来越少，更多的是采用多对一的面试形式，即多名面试考官测试一名应试者，尤其是针对高层或核心岗位的面试更是如此。这样，就必然要求在面试考官的组成结构上具有一些特殊要求。

一般而言，面试考官由三类人员构成：一是人力资源部的人员，主要负责应试者在工作、学习经历、薪资、福利、求职动机等一般事项的考察；二是用人部门的人员，主要负责工作技能、专业知识、工作经验等专业业务方面的考查；三是外部顾问专家，主要负责针对特殊素质、能力和项目进行考查，当没有外部顾问专家的时候，这方面的测试的工作一般也可由经验丰富的人力资源部经理或职能部门的主管负责。

面试考官的选择方面，除了考虑前面所总结的基本素质和能力要求以外，还必须考虑以下因素：一是考官必须是职位高于所聘职位的人员；二是有时公司考虑到政治方面的需要，在招聘某些高层或核心岗位的时候，面试考官的组成和搭配会有一些特殊安排。

这样，考官的人数便至少有2~3人。在角色分工安排上，一般设置1位面试主考官，然后配置1~2位副面试官。主面试官主要负责面试提纲所列问题的提问和面试进程的控制；副面试官在主面试官提问过程中不应擅自发问，可在主面试官提问完毕后适当补充提问，以免打乱主面试官提问的逻辑顺序；所有面试官在面试过程中都需对应聘者的典型行为事件进行记录，主面试官可以只记录关键要点，把更多的精力用在提问和追问上。

（三）面试考官的培训

选择好面试考官后，接下来就是对他们进行培训。考官培训常用的方法包括讲授法、讨论法、角色扮演和反馈法等。录像是常用的工具。培训课程的时间从几小时到一周不等，但越是大公司的大规模、高层次的面试活动，考官培训的时间越长，一般多为1~2天。考官培训主要应从思想和方法两个层面来开展。

1. 考官的思想培训

对面试考官的思想培训，主要是要求面试考官必须全面、透彻地了解企业文化。比如，某企业在文化因素中强调“以人为本”。这就需要考官将以人为本的企业文化与面试工作进行紧密联系，充分认识到人才对企业发展的关键性作用，认识到人的素质的个性化与差异性，认识到对应试者进行正确评价的意义。对考官进行思想培训是统一考官思想的过程。树立考官对面试工作的正确认识、培养考官的责任意识是这一环节的最终目标。

2. 考官的技术培训

在帮助考官正确认识面试工作重要性的基础上，还要对考官进行技术层面的培训。技术培训包括岗位的胜任条件或任职资格、面试维度的定义、面试的评价标准、面试题目、面试过程的提问技巧、考官的观察与记录技巧、评分或报告方法。对考官的面试技术培训，是对考官进行培训的核心内容。

对考官的技术培训可以分成两个层次：第一，通用内容的培训，如提问和追问技巧、观察与记录技巧、评分或报告方法等；第二，针对性培训，指每次面试之前必需的培训。因为不同的岗位差异较大，针对性是就针对不同面试岗位而言，其主要培训内容是岗位的胜任特征和条件、面试维度的定义、维度的评价标准。

3. 对外部专家考官的培训

值得注意的是，现在大量的企业会邀请企业外部的专家参与企业的面试活动。外部专家的加盟自有其特殊的优势和效用，比如中立性、客观性、在测评技术方法以及对某些深层素质和能力测评上的优势。但是，一些企业人力资源主管认为，专家应该是无所不知的，从而忽略了对外部考官在技术层面上的针对性培训，并且外部专家对企业文化的认识和理解也不如企业内部人员深刻，结果导致外部面试专家在面试评价过程中不能按照企业既定的面试评价标准开展面试工作，或者与企业的要求相去甚远，从而也就失去了邀请外部顾问专家考官的意义。

三、面试中的压力缓解技术

如前所述，面试难免会给应试者带来一定的压力，一些不善于控制情绪和自我调节的人往往会表现失常，影响其正常水平的发挥。有些主考很看重应试者在压力下的应变能力，但实际上所谓的“处变不惊”只是少数岗位的必备能力。因此，为了较为准确地评价应试者，我们应该在面试开始之前就给应试者创造一个轻松、融洽的环境，以利于他更好地发挥。下面介绍一些压力缓解的技术和方法。

（一）面试前的压力缓解

1. 面试前的环境适应

应试者初次到达一个陌生的公司参加面试，因为环境的不熟悉，加上面试的考验和对结果的期待，多少会产生一些紧张心理。为了帮助面试对象很快地熟悉和适应环境，面试的组织工作人员可以从以下方面努力：第一，在通知面试对象参加面试时，要向应试者详细说明面试的时间、地址、交通方式、公司联系人、联系电话、所需准备的证明文件和附加材料，并重申他所应聘的岗位名称。这样，应试者从公司这方获得的信息更详细和明确，其应对也更加从容，同时应试者对公司也能建立良好的印象。第二，最好提前通知公司的接待员，说明应试者会在何时到达，应该让他在哪里等候。为提前到达的应试者预留房间，让应试者能安静地等待，而不会被其他来访者及同事打扰，并征求应试者的意见，给予饮料服务。第三，如果需要应试者在面谈前填写资料表或接受技术性测验，必须预留充分时间及准备有效的工具。不要让应试者在等候面试的时间超过 15 分钟。第四，将已经接受面试的应试者，与未接受者分开。第五，如果公司希望将面试过程录像或录音，必须预先征得应试者的同意。

2. 通过面试场所的环境和布置来减压

在准备面试场地时，应该充分考虑到环境和布置两个关键因素。面试场地环境要考虑噪音与光线两个关键问题；而面试场地布置要根据面试形式安排桌椅摆放的风格和距离。以上因素都会直接或间接地影响应试者的心理压力。面试场地环境的噪音会对面试的效果产生直接的影响，所以面试场地要确保没有噪音的干扰。安静的面试环境是成功面试的基本保障。面试场地的光照效果同样也会对面试效果产生关键影响。面试场地处于阳光直射之下或光线过强，都会分散考官或应试者的注意力和精力。如果面试场地光线比较昏暗，也会给应试者造成比较大的心理压力。最好的方式是光线明亮，考官和应试者都不要处于阳光直射的角度。良好的光照效果，有助于放松面试双方的心理状态。总之，对面试场地的基本要求是：（1）面试场地的环境必须安静、无干扰；（2）考场面积适中，一般以 30～40 平方米为宜；（3）温度、采光度适宜；（4）每个独立的面试场地应根据应聘者的多少设立相应的候考室，避免相互影响。

面试场地的桌椅摆放风格是很有学问和讲究的。考官与应试者不同的位置安排和距离远近，产生的面试效果是不同的。下面进行重点介绍。就考官与应试者的位置安排来说，通常有如下几种模式，如图 7-2 所示。

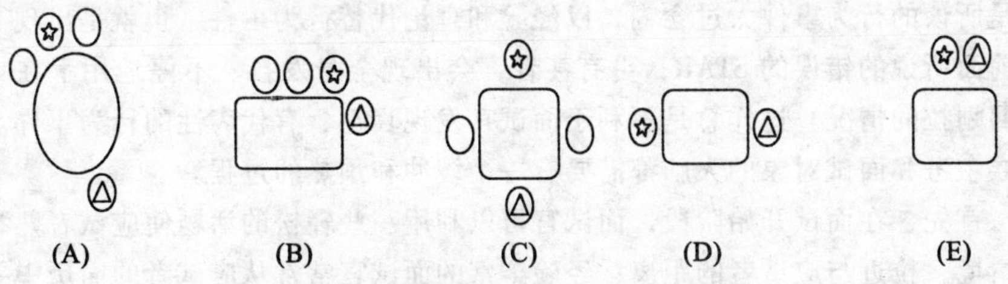

注：应试者与面试官相对位置示意图中，☆表示主面试官，△表示应试者，○表示其他面试官或记录人员

图 7-2　应试者与（主）面试官的相对位置

采用 A 形式时，面试的气氛较为严肃，同时应试者也不会感觉到太大的

心理压力；应试者与主面试官的位置成一定的角度时（如 B 所示），可以避免目光直射，缓和应试者的紧张情绪，同时也有利于面试官观察应试者；如果应试者和面试官面对面地就座且距离较近（如 C 所示），则二者的目光直视，容易给应试者造成心理压力，在希望考查应试者的压力承受能力时较适合采用这种相对位置。在 D 这种形式下，应试者和面试官的距离太远，不利于双方交流，且空间距离过大也增加了人们之间的心理距离，不利于和谐气氛的建立；若应试者和面试官在桌子的同一侧就座（如 E 所示），则二者的心理距离太接近，面试官的位置显得不够庄重，不易对应试者造成心理压力，同时也不利于面试官观察应试者的表情、姿势等。

（二）面试过程中的压力缓解

1. 充分利用身体语言

作为主考，第一次看到应试者时，请给他（她）一个微笑和一个真诚有力的握手，这可以帮助你建立一种友善的气氛，使应试者对接下来的谈话增强信心。双方落座后，主考还可以按照 SOLER 模式来调整身体姿态。分别是：（1）Sit opposite，坐着要面对别人，直接面对面地坐着会给人不舒服的感觉，两个人的方向呈 45°角会令人感觉比较自然；（2）Open，姿势自然开放；（3）Leaning，身体微微前倾；（4）Eye-contacting，目光接触，但不要一直盯着对方的眼睛，可以将目光保持在对方的鼻子周围，不时对视一下；（5）Relaxation，保持放松。做到这样，不仅会使面试对象感到轻松自信，同时也为自己的公司建立了良好的形象。

2. 可以闲谈一会儿

应试者总是意识到这是一次与自身利益切实相关的考试，受到这种紧张情绪的影响，应试者有时会出现“脑子一片空白，不知道该说什么”的情况，或是所谈的行为事件太过含糊，以经验和理论代替行为事件，也就是出现了我们前面所说的错误的 STAR；更有甚者，会出现全身发抖、不停地用手在桌上来回划拉的情况。这样总是不利于面试官发现真正、有代表性的行为事件。这时候主考和面试对象的大脑都需要有一个缓冲和预热的过程。

首先，在面试开始阶段，面试官可以利用一些轻松的话题使应试者熟悉这一情境，拉近与应试者的距离；经验丰富的面试官常常从应试者的简历中寻找贴近应试者的话题。例如，一位应试者的名字中有个“甍”字，面试官便可问：“你的这个字很少见，有什么特别的意思吗？”

此外，还可以事先准备一些可供闲谈的问题，能够让双方都逐渐进入状态。这些问题应该容易回答，并且与面试对象有关。比如问：路上还顺利么？今天过来的时候路上堵车了吗？今天的天气好像有点热？你是从 ×× 地来的？

这里的气候还适应吧？但应该注意的是，用来闲谈的问题不应让面试对象有很大的发挥余地，以免浪费时间。比如不宜问：你觉得我们这里的工作气氛怎么样？你对这里的第一印象如何？

3. 面试过程中的倾听与回应

面试过程中，考官如果能做到细心倾听，并善于回应，也能极大的缓解应试者的心理紧张和压力，有利于其正常水平的发挥。正如前面一直强调的，面试的内容应该集中于应试者过去的行为，切忌将其情感、理念混淆其中；但在面试氛围的构建中，为了保证面试的顺利展开，也必须关注应试者的感受。以下几点可供参考：

第一，保持良好的面部表情。亲切、自然的微笑总能起到最好的调节作用。根据面试当时的情况，面试官的表情或动作可以向应试者传达一些信息。比如：点头或微笑表示“说的很好，请再谈一些”；而皱眉头则表示“我不太明白”。

第二，及时、适度的称赞。增强应试者的自信是建立良好关系的关键。有时适度的称赞也是用于过渡的良好润滑剂。例如：你谈的非常好，让我又进一步了解了你的工作。你在这么短的时间内完成了这么艰巨的任务，真是不容易。你谈得很好，接下来能否再谈谈……（此后可转入询问下一个行为事件）不过，应当注意的是，称赞不等于夸大其词，只有在值得称赞时才可这样做，而且称赞要简短、具体、切题。

第三，尽量减少负面信息。应试者要在感觉自然和不受心理威胁的情况下，才会坦诚地提供负面或敏感性的资料；在必须了解此类资料的情况下，可以将这些资料加以合理化。例如：有时我们都会因工作压力很大而有逃避的冲动，你是否能谈谈自己工作中这样的一个例子呢？（应试者：“我对自己当时的处理方式很不满意，太武断了，使得他们之间的矛盾加剧，后来还得花很多时间协调他们之间的关系。”）虽然你最初采用的方法不恰当，但后来你也很努力地进行补救了。应当注意的是，面试过程中应尽可能地搜集足够的资料，但不要勉强应试者承认错误。

四、面试中常见的心理效应解析

（一）首因效应

首因效应，也称第一印象，即考官根据面试开始几分钟甚至是面试前从资料（如笔试、个人简历等）中得到的印象对应试者做出评价。如果考官对应试者的第一印象很好，考官就会有意无意地证明应试者确实不错，就可能给出较高的评价；反之，第一印象是负面的，考官将努力证明应试者确实不行，应试者即使付出再大的努力，也难以改变考官的这种印象，从而考官对应试者的评价就可能比实际的低。正是首因效应左右着我们的思维，才产生“面试三分钟见分晓”的说法。生活的经验告诉我们，这种仅凭第一印象去判断一个人，难免失之偏颇，常常导致错误的结论。首因效应会从两个层面对面试质量产生影响：第一，破坏了面试技术本身的科学性与客观性；第二，破坏了面试应该公平、公正的基本原则。因此，面试时应客观地观察与评价应试者的行为表现及问答状况，而不仅仅是凭第一印象去评判一个人。一个有效控制的方法是用主观意识来控制。当考官在最初的接触中对应试者产生了好恶倾向，就应迅速判断一下是他身上的什么特点导致产生了这种倾向，在接下来的面试里，随时提醒自己不要受这个特点的影响。

（二）晕轮效应

晕轮效应，也称光环效应、联想效应，是指当应试者在某一方面表现出特长或优秀时，考官便由此而联想到他在其他方面也应该很优秀。反之，如果考官认为应试者某个方面差，这种信息也会被放大，考官会认为应试者各个方面都很差。所谓爱屋及乌、“情人眼里出西施”等都是生活中晕轮效应的典型例子。这种认知偏差在有些考官的面试过程中可能经常发生。例如“这位应试者相貌堂堂，彬彬有礼；而那位相貌平平，言语拘谨，由此判定前者可能知识渊博、能力出众，后者必定知识浅薄、能力有限”。有的应试者在面试回答问题时旁征博引、口才出众，那么在评分表的其他维度上就可能提高考官对他的评价。光环效应能降低分别评价的作用，增强各个维度之间评价结果的关联性。考官的这种以偏概全的方式可能会使那些最佳的人选失去录用的机会，而有些并非合适的人选，却由于“晕轮效应”而被录用，从而造成考查失真、用人不当的严重后果。有些企业通过无履历面试的方式来克服光环效应。还可以通过制定详细明确的评分表来克服，当主考给应试者打分时，应该按照评分表的维度逐项评分，每个维度都要单独考虑，不要彼此影响，这样结论就比较客观。

（三）偏见效应

考官对应试者进行评价的过程易受考官主观意识的影响，而在考官的主观意识中则存在各种偏见。比如：有的考官不喜欢个性强硬的应试者，有的考官不喜欢花枝招展的女性应试者，有的考官喜欢长相有魅力的应试者，有的考官不喜欢语调缓慢的应试者等。如果应试者恰恰具备考官不喜欢的因素，那么考官在评价的过程中对应试者的评价就会较低。即使这些因素与客观的评价标准无关，即使应试者某些方面表现很优秀，考官仍然会对应试者进行较低的评价，因为评价的过程是受考官的主观意识影响的。

（四）相似效应

相似效应是指考官可能会将应试者的条件或经历与自己进行比较，而不是将应试者的素质条件与客观的评价标准进行比较。相似效应在考官对应试者进行评价中表现为：对与考官相似的应试者（比如学历、毕业院校、家乡、家庭状况、工作经历、兴趣爱好等）评价较高，对与考官差异性比较大的应试者评价就会略低。如果面试不能按照评价标准对应试者的表现进行评价，就很难保证面试的客观性与科学性。

（五）对比效应

对比效应指的是考官相对于前一个接受面试的申请者来评价目前正在接受面试的申请者的心理倾向。如果第一个申请者得到极好的评价，而第二个申请者的评价为“一般”，则考官对第二个申请者的评价比本应给予的评价更差；如果第一个申请者的表现一般，而第二个申请者表现出色，则他得到的评价可能会比他本应得到的评价更高。

（六）刻板印象

刻板印象指的是人们对某一类人或事物产生的比较固定、概括而笼统的看法，是我们在认识他人时经常出现的一种相当普遍的现象。中国人经常有“物以类聚，人以群分”的说法，其实就是因为人际交往中，因为没有时间和精力与群体中每一个成员进行深入的认识和交往，从而只能以与部分成员交往的经验，由部分而推知全部，形成对群体的总体认知和印象。比较典型的有性别刻板印象、地域刻板印象、职业群体刻板印象、社会刻板印象等。刻板印象一经形成，就很难改变，并形成偏见，影响我们的思维方式以及对人和事的认识和判断。面试过程中也要尽量避免刻板印象给考官造成的评价偏差和干扰。无履历面试受到很多企业的追捧，正是由于事先对应试者掌握的信息容易形成刻板印象，干扰面试过程中对其客观、公正的评价。

第四节 结构化面试

随着市场竞争加剧和企业产品需求的波动，企业用人需求处于不断变化之中，为尽快地录用和选拔合适的人员，面试技术在各类组织中得到广泛的应用。但是，面试过程如果没有进行预先的准备和设计，不仅使面试者在面试过程中操作起来不容易规范，而且对评价的结果也容易产生不良的影响。与一般性面试不同的是，结构化面试事先进行了精心的设计，并且在操作过程中运用了标准化的实施程序，因而它不仅提高了结果的准确性，而且还能保证评价过程和结果的公平与公正，因而，结构化面试日益得到管理者的青睐。

一、结构化面试的内涵及特征

（一）结构化面试的内涵

结构化面试，也称标准化面试，是根据所制定的评价指标，运用特定的问题、评价方法和评价标准，严格遵循特定程序，通过测评人员与应试者面对面的言语交流，对应试者进行评价的标准化过程。由于吸收了标准化测验的优点，也融合了传统的经验型面试的优点，结构化面试的测验结果比较准确和可靠。

（二）结构化面试的特征

结构化面试具有以下特征：

1. 面试要素结构化

根据面试要求，确定面试要素，并对各要素分配相应权重。同时，在每一面试题目后，给出该题测评要素（或考查要点），并给出答题要点（或参考答案），供考官评分时参考。

2. 面试问题结构化

面试问题应围绕岗位的任职条件和胜任特征进行拟定，其内容可以包括对职位要求的知识、经验、个性、动机、技术和能力等；题型方面一般较多的选择行为性题目和情景性题目；在题目的编排顺序上有严格的考虑；对同一职位的面试对象的提问方式、题目和顺序都保持统一。

3. 评分标准结构化

具体表现为与面试试题相配套的面试评价表也是结构化的。面试评价表中必须至少包含三个方面的内容：一是评价要素，是对每一测评要素的定义和描述；二是权重，即该要素的水平刻度；三是评分标准，即观察要素标准与水平刻度的对应关系，是每个测评要素不同表现的量化评分指标。

4. 考官结构化

结构化面试的考官人数一般为4～7名，依据用人岗位需要，按专业、部门、职务、年龄及性别按一定比例科学化配置，其中设主考官一名，具体负责向应试者提问，并总体把握面试的进程；其他考官各有分工。

5. 面试程序及时间安排结构化

结构化面试应按照严格的程序进行，面试的流程必须保证对同一岗位的面试对象是无差异的。面试时间一般为30分钟，具体也可视面试题目的数量而定；同时对每一题目也应限制时间，一般每道题目的问答时间在5分钟左右。

总之，结构化面试在实施过程中运用了一系列的标准化程序，如指导语的标准化、面试题目的标准化、面试提问的标准化、评价维度的标准化、评价方法的标准化以及结果统计的标准化等。这样做不仅可以确保面试考官不会遗漏某些关键细节，而且可以有效控制很多误差的产生，以确保考官对应试者做出的判断和评价的公平性和准确性。

二、结构化面试的优点和局限

（一）优点

在诸多现代人员测评的技术方法中，结构化面试是应用最为广泛的方法之一。相比较而言，结构化面试简便易行，测评的科学性和信度、效度较高，易于标准化。具体而言，结构化面试具有以下优点：

1. 结构化面试能保证面试的客观和公平

在结构化面试中，不仅面试题目对报考同一职位的所有应考者相同，而且面试的指导语、面试时间、面试问题的呈现顺序、面试的实施条件、面试的评分标准都是相同的，这样能保证面试过程的公正、公平。此外，结构化面试也不同于传统的面试，它更加注重根据工作分析得出的与工作相关的特征。面试人员知道应该提出哪些问题和为什么要提出这些问题，避免了犯主观上的归因错误，每个应试者都得到更客观的评价，降低了面试的随机性，以及不公平的程度，能够可靠、有效地在最短的时间内选聘到真正能够满足工作要求的应试者。

2. 结构化面试既有较高的信度和效度，同时成本也较低

面试是人才选拔和评价中经常使用到的一种方法，根据国外的调查显示，90%以上的企业在招聘和选拔中都使用了面试。在评价的效度上，结构化面试的信度和效度比一般性面试明显要高得多，它是效度仅次于评价中心技术的方法。但是，相比评价中心技术而言，结构化面试对成本及实施人员的专业性要求则要低得多，因此在企业自主进行人员选拔时，它的实用性非常高。在国内，每年的国家公务员选拔都采用结构化面试的方法，许多企业为了保证选聘人才的客观、公开、公正、公平，特别是在国有企业改制中实施竞聘上岗时，也都采用了这种方式。

3. 结构化面试操作规范，易于为人们所接受

结构化面试对面试的考查要素、面试题目、评分标准、集体操作步骤等进一步规范化、结构化和精细化，并且统一培训面试考官，提高评价的公平性，从而使面试结果更为客观、可靠，使同一个职位的不同应试者评估结果之间具有可比性。通过比较选择合适的人员，不易造成不公平现象，保证了用一种不偏不倚、所有应试者都可以接受的方式进行筛选。

（二）局限

从测评方法来看，结构化面试虽然有着其他测评方法不可比拟的一些优势，但其组织形式的特殊性，以及人的素质复杂性和差异性，又决定着结构化面试在测评中的局限性。主要表现为：

1. 谈话深度的局限性

结构化面试的“结构化”既是优点，但有时也是缺陷。结构化面试的问题由于是提前设计好的，必须按照严格的程序进行，且由于时间的限制，面谈过程更多围绕既定的问题来展开，这样面谈过程比较机械、不自然；问题可能显得唐突，也不能更深入了解应试者的思想和内心活动；尤其是当应试者展现出一些更为有意义和价值的信息时，由于时间和结构的限制，考官很难深入、全面挖掘和灵活掌控。

2. 强调负面信息

实践表明，在结构化面试中，考官受应试人员不利信息的影响要大于受有利信息的影响。考官从好的印象转变为坏的印象，要比从坏的印象转变为好的印象更为容易。事实上，结构化面试本身经常主要是寻求应试者的负面信息。这样，考官容易产生偏见，易于接受与自己思想接近的应试者的答案，从而给予高分。也有可能由于应试者某一方面的言行给考官留下不好的印象，而被淘汰。

3. 鉴别功能有待强化

理论上，结构化面试应该主要甄别面试入围者在岗位能力上的差异，以及在个性品质上与职位的匹配性。现实中，从结构化面试鉴别功能的发挥来看，结构化面试能够对预设的测评要素进行一定程度的区分。但总体而言，其鉴别功能还有待强化。反映比较集中的问题如“高分低能”、“高能低分”、“练习效应”，在实践中都不同程度地存在；还因此出现了一些“面试专业户”。这些问题阻碍了结构化面试鉴别功能的正常发挥。

三、结构化面试的测评要素

总体来讲，结构化面试测评要素的确定应依据对面试的具体要求（如面试达到的目的、职位的具体要求等）而定。一般而言，结构化面试能对以下四类要素进行测评：

（一）基本条件

1. 仪表、仪态

仪表、仪态是一个人的外在形象。不同的职位要求是不一样的。例如前台文员相对于财务工作人员来说，在仪表、仪态方面要求较高。评价仪表、仪态可以从应试者的穿着是否得体、沉着稳重与否、坐姿、礼节、语言谈吐等方面进行评价。

2. 教育经历

教育经历的评价在很多公司都不被重视。例如只要求大专以上学历，而对于学历背景则不关心。其实，不同学制、不同专业、不同学位、不同毕业学校、主修还是辅修等都是评价学历的重要指标。例如，人力资源管理专业在A重点大学是国家重点学科，拥有博硕士培养资格，在B重点大学是一般学科，只有本科培养资格，两个学校毕业的同是本科学历，其含金量却是不相同的。

3. 工作经验

评价工作经验不能笼统评为具有多少年的工作经历。同一职位在不同的公司其工作职责和工作内容是不同的，其拥有的权限也会不同。很多招聘人员被应试者的工作经历所迷惑。一个人的工作经历并不能代表他的工作经验。除此以外，评价一个人的工作经验，还应该参考公司的知名度，以及公司的规模。

4. 专业知识水平

专业知识主要考查其深度和广度。特别是对于从事专业技术工作的人员来说，对专业知识的考查更需要认真评估。除此以外，我们还需要参考他所接受的相关培训和继续教育的经历。

（二）一般能力

1. 语言表达能力

这是指清楚流畅地表达自己的思想、观点，说服、动员别人，以及解释、叙述事情的能力。语言表达能力一般不需要单独测评，在整个结构化面试的面谈和交流过程中，应试者的语言表达能力自然能显露。

2. 逻辑思维能力

这是指通过分析与综合、抽象与概括、判断与推理，揭示事物的内在联系、本质特征及变化规律的能力。

3. 相关的工作技能

这里所指的相关工作技能是指完成测评岗位所需要的一些必备的技能，如计算机和网络的应用、外语水平、公文写作等。

（三）特殊能力

1. 计划能力

这是指对实际工作任务提出实施目标，进行宏观规划，并制定实施方案的能力。

2. 组织协调能力

这是指根据工作任务，对资源进行分配，同时控制、激励和协调群体活动过程，使之相互配合，从而实现组织目标的能力。

3. 沟通能力

人际沟通能力是通过情感、态度、思想、观点的交流，建立良好协作关系的能力。沟通能力是面试官较为关心的一个因素。在一般面试过程中，面试官主要通过双方互动过程来了解应试者的沟通能力。沟通能力主要从应试者的言语是否简明扼要、是否善于倾听、表达思想清晰程度、所表达的意思易于被理解程度方面进行评估。

4. 人际交往能力

人际交往能力具体体现在容易与他人建立良好的关系、与他人合作状况、能够及时有效解决相互之间的利益冲突和非利益冲突等方面。面试时可以结合事例考查应试者该方面的能力。

5. 判断决策能力

应试者的分析决策能力主要是指能够抓住问题的本质、分析透彻、理由充分合理、善于在适当的时机提出有效解决方案，对重要问题进行及时有效的分析判断，作出科学决断的能力。

6. 应变能力

应变能力是面对意外事件，能迅速地作出反应，寻求合适的方法，使事件得以妥善解决的能力。应变能力重点考查应试者能否审时度势、快速适应外界变化冲击、取得主动权。例如，我们可以给予应试者一些意想不到的问题，要求应试者具备快速反应能力，回答得体。

7. 领导能力

学者们对领导能力的研究成果是非常多的，意见也不太一致。结构化面试所指的领导能力主要体现在对下属工作的客观有效评价、授权、指导、培训和激励下属。

8. 创新能力

这是指发现新问题、产生新思路、提出新观点和找出新办法的能力。在知识经济时代，员工的创新能力是企业格外重视的一种能力。

（四）其他品质

1. 个性特征

个性特征是面试官考查的重要指标。不同岗位需求的人格特征不一样，例如内向、外向、气质特点、情绪稳定性、自我认知等。除此以外，应试者的心理健康状况需要重点评估。一个心理不健康的应试者会影响周围的同事。不过，对心理健康状况的评估采用单独的心理测验效果更好。

2. 情绪自控能力

情绪自控能力又被称为情商。情商是指自我意识、自我激励、认清和调控他人和自己的情绪以便适应周围的环境，以及挫折承受方面的能力。情商在企业管理中比较盛行。例如，有研究将取得极大成功的主管与失败的主管进行对比发现，失败者的智商和专业技能几乎都是很高的，他们的致命弱点在于情绪智能，即自大、过分依靠脑力、不能适应地区偶发经济波动、藐视合作。

3. 稳定性与可靠性

组织承诺与忠诚度问题一直困扰着人力资源工作者。从心理学角度来说，一个人的品性具有一定的稳定性。因此，考查应试者过去的经历以及品质特征，在一定程度上可以有效评价其稳定性和可靠性。除此之外，一个人的责任心和诚信度也需要认真评价。

4. 求职动机与愿望

求职动机与愿望决定一个人未来的工作努力方向和程度以及工作稳定性，主要从薪资水准、工作条件与工作环境、工作时间、培训机会、福利、职业发展等方面考查。

四、结构化面试的设计

结构化面试的基本原理是：对同类应试者，用同样的语气和措辞，按同样的顺序，问同样的问题，按同样的标准评分。问题的结构就是招聘岗位所需的人员素质结构。结构化面试的设计步骤为：

（一）岗位胜任特征分析，确定评价要素

人员招聘和选拔的目标是为了及时满足企业发展的需要，弥补企业岗位的空缺，因此其最直接的目标是获得该岗位所需要的人，对岗位的分析尤为重要。一般可以采用两种分析方法：一是根据工作说明书对组织目标、岗位目标、岗位职责，以及从事该工作的人员所必须具备的资格条件和要求给予分析说明；二是对该岗位的高绩效者和一般绩效者具备的素质特征进行对比分析，确定该岗位胜任特征，以明确在工作中哪些事例体现良好的绩效，哪些事例反映了较差的绩效。通过上述两种方法，可以确定面试的评价要素。

在确定评价要素时，一般不宜选择太多，如果确实在关键岗位或高级管理岗位上，需要候选人具备较多的素质和胜任特征时，则在单独一个面试过程中也不宜将所有的要素都选择进来。面对上述情况，可以用多种评价方式来考查不同的要素，或者采用组合性的面试分别考查不同的要素。例如，某大型国有企业选拔驻外机构人员的时候，就采取了3个面试组对应试者的不同要素进行考查，成立了专业知识面试考官组、外语水平面试考官组和综合素质面试考官组，分别对应试者的专业知识水平、外语水平以及综合素质方面（跨文化适

应能力、沟通能力、领导能力等）进行考查。

（二）面试题目设计

结构化面试的题目并不是漫无目的地编制，而是在确定的评价要素基础之上有针对性地编制和设计。一般情况下，一个面试的持续时间为 30 ~ 45 分钟，要在这么短的时间里了解一个人是否能够胜任目标岗位，不可能对应试者的所有方面都进行了解，我们只需要了解他是否具备该岗位的关键要素，尽量减少其他无关的信息对评价的干扰。应当指出的是，如果对非关键因素了解太多，反而可能影响我们对关键因素的判断和评价。举个例子，假设我们要选聘一个技术研发人员，那么该岗位的关键要素可以确定为逻辑思维能力、创新能力和团队意识等，这样在设计结构化面试题目的时候，我们只要针对上述关键要素编制题目就可以预测应试者是否能够在该岗位取得良好的绩效。在上例中，如果我们对应试者的领导能力也加以考查，那么一旦某一应试者在领导能力上的表现比较差时，考官很可能对其在逻辑思维能力、创新能力或是团队意识上也做出比较低的评价。结构化面试中常见的两类有效问题为：

1. 以经历为基础的问题

以经历为基础的问题，也叫行为性的题目，考查的是与工作要求有关，且求职者所经历过的工作或生活中的行为，采用行为性的题目，是为了考查应试者在过去的经历中是否表现出目标岗位所必须具备的素质。设计行为性的面试题目通常采用“STAR”技术，即通过问应试者在何种情境下（situation）做过何种任务（task），自己在该任务中都采取了何种措施（action），最后取得了怎么样的结果（result），来判断他是否具备某一方面的能力或素质。采用 STAR 技术编制行为性面试题时，应试者很难对自己过去的行为进行夸大或捏造，因为在这类题目中，他需要回答许多细节问题，如果说谎的话很容易被考官识破。关于 STAR 技术我们在下一节还将更为详细地介绍，这里就不再赘述。

2. 以情景为基础的问题

以情景为基础的问题是在假设的情况下，与工作有关的求职者的行为表现。下面介绍一个情景性题目的范例。

题目：

如果在工作中，你的上级非常器重你，经常分配给你做一些属于别人职权范围内的工作。对此，同事对你颇有微词，你将如何处理这类问题？

出题思路：情境性问题。将面试者置于两难情境中，考查其人际交往的意识与技巧，主要是处理上下级和同级权属关系的意识，即沟通能力。

评分参考标准：

优：感到为难，并能从有利于工作、有利于团结的角度去考虑问题，态度积极、委婉、稳妥地说服领导改变主意，同时对同事一些不合适甚至过分的做法有一定的包容力，并进行适当沟通。

中：感到为难，但又不好向领导提出来（怕辜负领导的信任），私下里与对你有意见的同事进行沟通，希望能消除误会。

差：不感到为难，坚决执行上级交代的任务，并认为这是自己能力强、能干的必然结果。

（三）结构化面试的操作过程

从结构化面试的操作过程来看，它采用标准化的程序设计，其指导语、题目的提问顺序、每一个问题的回答时间限制以及问题的提问者都进行了事先的规定。指导语可以告诉应试者面试的题目数量、回答问题的时间限制等细节性问题，最后再确认他已经做好准备后，才开始按照既定的顺序向他一一提问。完成问题的设计之后，将对问题进行排列。原则上是先易后难，循序渐进；先熟悉后生疏；先具体后抽象；先一般性的问题，后专业性的问题。从应试者能够预料的问题出发，让其逐渐适应、展开思路、进入角色。此外，把问题分配给特定的考官，由合适的人提出合适的问题，以免面试提问次序混乱。

在整个过程中，所有的面试者都面对相同的面试情境做出自己的反应，避免由于面试考官在提问方式上的不同而影响应试者水平发挥的差异。结构化面试在这里借鉴了标准化心理测验的原理——应试者对相同的情境做出的不同反应，是由于应试者素质水平的差异造成的，这样就能够区分不同的应试者之间素质的差异，避免了由于其他因素干扰造成考官在判断上的误差。

（四）明确评分标准和评分人，设计规范的评分表

规定了特定的提问考官，当然就得赋予其一定的权力，在这个问题上，该考官就有绝对的决定权。

首先，对于常识性的问题，一般只存在正确与否，那么可以安排一名非专业考官进行提问，各位考官的打分都有相同的权重。对于专业性的问题，则由该专业资深的考官提问，并赋予其较高的权重。当然，也可以专业问题直接由专业考官打分，结构化面试中并不需要每位考官都予以打分。

其次，如果有多名考官进行评分，评分就应当有一定的合理性，避免出现其他考官的“陪考”现象，因为这样会使面试失去极大的公平与公正。每位考官的最大权重最好保持在50%，具体的权重由具体的面试要求决定。

再次，赋予每个问题的分值应当合理，可以10分制，也可按五段分值1、

3、5、7、9，这样有利于应试者档次的拉开，便于最终录用的决策。

最后，在评分表的设计上要有规范的格式和明确说明，让考官明确自己在某个阶段的具体行动和某个问题上的决策权重，并在规定的打分栏后留有空余，给予考官对应试者回答的记录以及补充对某些问题的个人看法，便于面试的评估总结或再次面试。

（五）结构化面试的结果评价

从结构化面试的判断和评价方式上来看，它一般采取多个评价者对同一个应试者进行评价，而且采用量化的数据判断应试者在每一个评价要素上的素质高低。为了统一评价的标准和尺度，在面试之前一般要对所有的考官进行培训。在一个应试者面试完毕之后，每一个面试考官都独立地对他的表现进行判断和评价，然后综合各考官的评价结果形成最终的评价（在面试评价者较多的情况下，可以去掉最高分和最低分）。采取这种方式形成最后的判断避免了单个评价者在评价过程中形成的偏差，使最后形成的判断结果更加具有可信度和准确度。

面试结果的量化评价还有助于在不同的评价者之间进行客观比较。许多面试者在面试过程中常常遇到这样一种情况，两位应试者的优势各不相同，对于所应聘的岗位来说都挺适合，这时很难决策到底哪一位才是最适合的。在结构化面试中，在事先进行岗位胜任特征分析的时候，根据每一个评价要素的重要程度确定其权重，通过加权求和得出应试者的综合得分。这样遇到上述情况，我们就可以比较两者综合得分的高低来进行决策和选择。例如在选择研发人员的时候，如果甲在逻辑思维能力上表现得比乙出众，而乙在创新能力上表现得比甲出众时，我们就可以他们的最后综合得分来比较两者的高低。

五、结构化面试的实施步骤

结构化面试一般有五个阶段：建立融洽关系阶段、介绍阶段、核心阶段、确认阶段和结束阶段。其中贯穿了各种类型的提问等语言沟通技巧，而且还有一系列的非语言沟通技巧。

（一）建立融洽关系阶段

该阶段约占整个面试时间的2%，虽然短暂却十分重要，确定了其余面试部分的基调。该阶段的目标是帮助应试者放松心情，公开地谈论自己，以便考官对应试者的工作适应能力做出判断。考官可通过提出一些随意的、不针对工作相关话题的封闭式问题就可以达到目的。

（二）介绍阶段

该阶段约占整个面试时间的3%。这一阶段一般以导入语和指导语的形式出现。例如，下面是一则结构化面试的指导语：

"现在，我们会向你询问一些问题，其中，有些是和你过去经历、工作有关的，有些要求你发表自己的见解。一共6道题，总共时间不超过45分钟。请你仔细思考问题后再回答。请你仔细听好问题，把握问题的实质。现在，请你准备好，开始提问了"。

（三）正题阶段

这是整个面试中的最实质性阶段。该阶段大约占整个面试时间的85%。在此阶段，面试者将根据工作要求和职责规定，按照事先设计好的面试问题及其顺序，依次提出问题，全面搜集有关应试者各项素质和能力的全部有关信息。

（四）确认阶段

该阶段给考官一个核实应试者工作水平的机会。确认阶段约占整个面试5%的时间。在此阶段不应再引入任何新话题，可以提一些开放式和封闭式问题，其中前者比例略大一点，偶尔也可以提一个素质考核方面的问题。

（五）结束阶段

此阶段是整个面试"最后机会"阶段，约占5%的面试时间。结束要顺畅、自然，否则会给面试者留下不好或太突然的感觉。面试考官要确保他的提问涉及了作出聘任决定所需的全部信息；同时，应试者也有了一个最后展示自己的机会。

六、结构化面试注意事项

（一）结构化面试前的准备

相对于传统面试，结构化面试前的准备时间要更长，有许多工作需要筹备：（1）考试场地的布置安排。这可以反映企业文化，体现组织的管理水平，给应试者企业的初步印象，也会影响到应试者对企业的接受程度。（2）面试前，材料要准备充分。包括应试者的个人资料、结构化问题表、面试评分表、面试程序表。（3）面试时间的合理确定。要使面试人员既能够充分获取应试者的真实信息，又不至于过于增加面试成本。一般来讲，每个应试者都会有些应对面试的心理准备，而他们的心理警觉期一般在20～30分钟之间，如果超过这个时间段，人的心理警惕度会降低。因此，面试时间稍长对发现问题比较有利。每人每次的面试时间可安排在连续40分钟以上，如果可能的话，公司可安排几轮面试。（4）面试人员的协作分工。一般参与面试的人员包括人力资源部的人员、用人部门的人员，有时还需要有来自外部的顾问专家的加入。人力资源部的人员负责工作、学习经历、薪资、福利、求职动机等一般事项的考查；用人部门的人员负责技能、知识、工作经验等专业业务方面的考查；顾问专家则针对特殊项目进行考查。

（二）结构化面试过程中，有效信息的获取和传递

首先，面试人员适度诱导应试者提供与工作相关的信息。比如，面试人员在提问时，应对求职者的回答采取开明接受的态度，定期地发出信号，如以点头、微笑等表明对求职者的谈话很感兴趣。其次，面试人员还应控制面试的进度，确保在合理的时间内回答问题。在有必要了解具体情况时，可让应试者作出详细的描述。最后，面试人员应提供关于组织和工作的恰当信息，一般在求职者的必要信息已被全部收集后进行，这包含着积极和消极的信息。面试人员应诚实地回答求职者所提及的关于组织和工作的任何问题，这将有助于选聘过程的双向选择。

（三）面试成绩的评定及统计

面试结束后，可通过最终评分法或一问一评法对成绩加以评定。在评分的统计方法上，一般有三种：一是可以按预定标准将得分简单相加以得出分数；二是按反映每个属性的相对重要性（在工作分析中具体规定了每个属性的相对重要性）对得分进行加权求和以得出分数；三是也可以按照面试人员的权威程序对得分进行加权求和以得出分数。每种分数的统计方法各有其适用的方面，各视具体情况而采用。

值得注意的是，在录用决策方面，在按照工作所需要的每一属性来评价应试者时，不仅要比较总体的得分，而且还应关注属性是否具有可补偿性。也就是说，有时某类属性的高分可以补偿另一种属性上的低分；有时某一方面的熟练精通并不能弥补另一方面的不足。比如，缺乏与人和谐共处的能力，足可以取消候选人的申请资格，而不管其他能力的状况如何。

（四）对面试人员进行必要的培训

许多研究者认为，一个称职的面试人员是通过经验的积累而产生的。但是，在有经验的面试人员之间，对面试结果也常常会出现争议，尤其是传统的非结构化面试，突出表现了对面试结果的不一致性和主观性，而对面试人员进行培训是减少偏差的有效途径。

对面试人员的培训重点应放在：改善受训人员的提问技巧、面试的组织、提供支持、建立和谐的相互关系、倾听的技巧以及掌握相关资料的能力，各种实践手段、讨论、演示、反馈能力的培训。经过培训后，可以把这些差异限制在最低的程度，从而提高面试的可靠性和有效性。鼓励面试人员遵循最优化的

程序，以使偏见和误差出现的可能性降到最小。

（五）结构化面试的效果评估及改进

结构化面试结束后，还需对测评和选拔效果进行评估。对所选聘的人进行一段时间的跟踪，以测评面试中的结果与实际的业绩是否具有较高的一致性。通过这种评估，可以发现我们所定的评价指标是不是合适，现存的评价方法是不是可靠和准确，进而改进评价标准，完善评价方法，提高结构化面试的效度。

第五节 基于行为事件访谈法的面试

面试在人才甄别选拔中得到极其广泛的应用，这已是众所周知的事。但在过去的60年，工业心理学的调查研究发现，目前并没有足够证据来支持面试的预测效度。究其原因，大致有两点：

一方面，迫于就业压力或经济压力，有些应试者会不得已试图以虚假信息获得面试官的好印象。目前市场上各类宣传面试技巧的书籍、网络信息等更是不胜枚举，有些应试者对面试的研究甚至比面试官还深，可以说现在的“面试专家”越来越专业了。因此，随着应征者素质的不断提升，企业与应征者在招聘面试中博弈的程度越来越深。

另一方面，对个人而言，每个人都有一个主导的优势追求目标，成长轨迹就围绕着这个优势目标而展开。所谓的优势目标，是高于自己现状的目标，也就是说，我们头脑中的自己是高于现实中的自己的，因而，我们的言语难免会有些夸张。面试场合就是其中之一，为了在面试官面前表现自己，或是为了得到录用机会，应试者会尽力展现自己。如何鉴别这种环境下的语言的真实性，是对面试官的极大考验。

上述情况导致面试时对人才进行甄别的难度越来越大。如何使相关工作人员具备过硬的面试技术，并提升人才选拔水平，无疑是企业需要关注的问题。为此，有些研究者和专家致力于寻求更好的方法来提高面试的效度。目前人员测评领域较为推崇的以“行为事件访谈法（BEI）”为核心的面试方法就是其中一种，能大大提高面试测评的预测效度。目前，基于行为访谈法的人才选拔与技术已逐渐得到企业的认可和应用。

一、基于行为事件访谈法的面试概述

（一）什么是行为事件访谈法

“行为事件访谈法”（behavioral event interview，简称BEI），是一种开放式

的行为回顾式探索技术，是由美国哈佛大学心理学教授麦克里兰及其研究小组于20世纪70年代初期首创，通过对绩优员工和一般员工的访谈，获取与高绩效相关的素质信息的一种方法。行为事件访谈法是一种融合关键事件法（critical incident technique，简称CIT）与主题统觉测验（thematic apperception test，简称TAT）的综合访谈方式。其主要的过程是请受访者回忆过去半年（或一年）他在工作上最感到具有成就感（或挫折感）的关键事例，其中包括：（1）情境的描述；（2）有哪些人参与；（3）实际采取了哪些行为；（4）个人有何感觉，以及（5）结果如何，亦即受试者必须回忆并陈述一个完整的故事。

由于BEI是基于行为的连贯性原理发展起来的，它的前提假设有两点：第一，一个人过去的行为能预示其未来的行为——访谈者提出的问题应该让被访者用言行实例来回答，通过了解他过去经历中的一些关键细节，来判断其能力，不要轻信他自己的评价；第二，说和做是截然不同的，即要注意了解被访者过去的实际表现，而不是对外在表现的看法和观念，以及取得未来表现的承诺。

之所以要采用行为事件访谈法来研究与挖掘被访者的素质，主要原因如下：第一，大多数人并不十分清楚自己的素质，包括自己的优势与劣势；第二，大多数人倾向于不显露自己真正的动机与能力，而企业实践中的多数面谈都带有“引导性”，因此许多人都按照社会普遍认同的答案或他们认为访谈者期望的答案来回答。结果，很多重要的关于素质的信息都无法真正获取。BEI方法的实践恰恰解决了上述问题，弥补了员工素质研究的空白。

行为事件访谈的意义在于，通过访谈者对其职业生涯中的某些关键事件的详尽描述，并对所收集的信息进行对比分析，可以发现杰出者普遍具备，而胜任者普遍缺乏的个人素质，即资质，也就是经常说到的素质“冰山模型”中水面以下的潜能部分，用以对当事人未来的行为及其绩效产生预期，并发挥指导作用。行为事件访谈法对于人才的招聘选拔有着非常重要的借鉴意义，可以较全面、深入地了解求职者，从而获得一般面试方式难以达到的效果，因而这种方式也就越来越多地被企业面试人员所应用。

（二）行为事件访谈法（BEI）的优缺点

1. BEI方法的优点

第一，BEI观察识别员工素质的能力及效度优于其他资料收集方法。或者说，BEI方法在发现素质方面具有极高的价值。因为BEI关注应试者在过去的事件中做出的具体行为，面试官比较容易判断应试人员素质的高低，提高了面试招聘的区分度，使得企业容易做出有效的雇用决定。

第二，在BEI面试过程中，由于应试人员被要求讲述具体的事件以及自己在其中的表现，而非想象自己会怎么做，一般应试人员很难完美地杜撰出一件事来，从而加强了招聘面谈的真实性和客观性。

第三，BEI 方法不仅描述了当事人行为的结果，并且说明了产生行为的动机、个性特征、自我认知、态度等潜在方面的特征。因此，采用 BEI 方法解释素质与行为的驱动关系是非常有效的。

第四，BEI 方法可以准确详细地反映被访者处理具体工作任务与问题的过程，告诉人们应该做什么和不应该做什么；哪些是有效的和无效的工作行为，因此对于如何实现与获得高绩效具有指引作用。

第五，BEI 方法可以提供与工作有关的具体事件的全景，这些都可以发展成为企业实施招聘面试、模拟培训的有效工具与角色扮演蓝本。特别是绩优员工提供的关于具体事件的描述，正好成为其他员工可参照的职业发展路径，并总结绩优员工在何时何地、采用什么方法获得从事目前以及未来工作的关键能力。

2. BEI 方法的缺点

第一，一次有效的 BEI 访谈至少需要花费 1.5 ~ 2 个小时，另外仍需要几个小时的准备和分析时间，从时间与费用投入上，都是一笔不小的成本。

第二，访谈人员必须经过相关的专业培训，即如何把握访谈的节奏与时间，控制被访者的情绪，有效引导访谈内容不偏离访谈目标，调整访谈方式，对被访者进行有效反馈等。必要时还要在专家指导下才能通过访谈获得有价值的信息，否则会使整个访谈功亏一篑。从这个意义来讲，培养一名合格的 BEI 访谈人员需要大量的前期投入。

第三，BEI 方法通常集中于具有决定性意义的关键事件及个人素质上，所以可能会失去或偏废一些不太重要但仍与工作有关的信息与行为特征。

第四，时间、成本及必要的专家支持，使 BEI 方法无法大规模地进行，只能限定在小范围职位内展开。

（三）行为事件法面试的操作过程

1. 准备阶段——面试提纲的设计

当 BEI 用于面试时，在正式面谈之前准备好提问的题本（即面试提纲）是首要的任务，也是十分必要的。明确岗位的测评要素，科学地设计面试问题对整个面试的成功有很大的作用，可以增加面试官提问的针对性，避免问一些与目标职位胜任特质无关的问题，提高面试的效率和效果。更重要的一点是，BEI 面试一般设计的都是行为性问题，即所设计的问题都是关于应试者的行为特征。关于面试提纲的设计，我们还将在后面详细介绍。

2. 实施阶段——BEI 的展开

一般来讲，在行为事件面试的展开过程要经历以下几个步骤：（1）访谈开始阶段的自我介绍和解释，这个步骤一般不需要很长的时间，三到五分钟即可，其目的是创造融洽和谐的谈话气氛；（2）了解被访谈人的工作学习经验；（3）深入挖掘被访谈者的行为事件的具体细节（一般采用STAR模式）；（4）求证被访谈者所需特质；（5）结束语。

在此阶段，使用BEI技术的关键点在于：（1）让应试人员讲述过去实际发生的事件，而非假定的事情或抽象的思想观点；（2）事件必须与岗位核心素质有很好的相关性，可据此判断其匹配程度；（3）引导应试人员详细而具体讲出事件的细节，以及他当时（而非现在）的看法或行为；（4）事件必须包括“STAR”：情形（situation）、任务（task）、行为（action）、结果（result）；（5）避免应试者提供含糊空泛的资料。利用BEI中的追问，应试者将难以隐瞒过往的事实，所提供的资料具体且实在。

3. 评价阶段

面谈结束后，根据评价标准和面谈中对应试人员行为的编码、观察和记录，在评分表上进行打分。本阶段的关键点是减少主观判断对评价的影响。对应试者的评价基于其行为表现，而非个人的主观感受或直觉。总之，这一阶段与其他结构化面试类似，这里就不再重复。

值得指出的是，与严格的结构化面试不同，基于行为事件访谈法的面试大多是半结构化的，即面试内容集中关注应试者过去的行为表现，对面试所涉及的内容、评分标准和方法、面试官组成和分数合成统计等方面进行系统的结构化设计，但面试官可根据应试者的回答和面试的实际情况对面试问题作适度的调整和改变。因为面试的过程是主考官和面试对象之间的一场“斗智斗勇”的角力，主考官除了需要提前做好充分的准备，也需要随机应变，根据对方的反应调整自己的问题和策略。比如，对于高层领导者的“战略思维能力”和“团队领导能力”是经常的考查重点，经常提一些常用的一般性问题，但是随着面试对象的反应，问题也出现了调整，所以BEI面试的整个过程是“半结构化”的过程。

二、行为事件面试法的核心——STAR模式解析

（一）什么是STAR

BEI是通过一系列“什么”、“怎么样”、“为什么”等问题关注完整的行为事件，收集应试者在代表性事件中的具体行为和心理活动的详细信息；基于应试者对以往工作事件的描述，运用素质模型来评价应试者在以往工作中所表现出的能力素质，并以此推测其在今后工作中的行为表现。因此，面试官如何

在面试过程中展开提问和追问便成为决定面试效果好坏的重要因素。通常在BEI中，提问必须围绕着以下四个要素展开，称之为“STAR”。

◆情境（situation）：为什么会发生？指应试者的任务背景或问题背景，当时所面临的情况。

◆任务（task）：必须做什么？指应试者在特定情境中所要达到的目标或所需完成的任务。

◆行动（action）：实际做了什么？怎么做？指应试者针对任务情境所采取的行动或没有采取的行动。

◆结果（result）：行动的成效如何？指应试者采取的行动所带来的结果。

值得注意的是，在STAR模式中，通过关于行动的描述，面试官可了解应试者的工作表现，因此行动是整个STAR的关键。行动可能包括以下几项内容：（1）完成工作的步骤；（2）如何筹备进行工作项目；（3）如何防范风险或损失；（4）工作中如何处理“人”的问题；（5）本来应做但没有做的事。

（二）关于STAR的案例解析

为了更清晰、直观地了解STAR模式，下面列举几个BEI面试中的案例。

1. 案例一

情境（S）：我们最大的竞争对手在附近开了一家新的门店，并且以低廉的价格促销，导致我们的客流量减少，营业额比上个月下降了10%。

任务（T）：在1个月内，必须使我们部门的营业额增长10%，争取在同类部门中排到第2名。

行动（A）：我与主要供货商进行谈判，推出我们的独家产品，同时减少那些对手主营商品的进货量，避免与对手在他们的优势产品上发生冲突。

结果（R）：由于与竞争对手在细分市场上做出了区分，我们门店的营业额比上个月增加了12%；同时我们也与几家供货商达成了良好的长期合作关系。

2. 案例二

情境（S）：最近利用ATM机进行诈骗的案件频频发生，受此影响，针对我行电子银行部的投诉比以前增加了2倍。

任务（T）：必须在ATM机周围增强防范措施，并及时就此事向客户做出公开说明。

行动（A）：我提出与媒体联合开办ATM机专栏，就ATM机的使用和常见诈骗案例进行说明，提倡不熟悉电子产品（如老年人）和须提取大金额的客户到营业部柜台取款；在我行的24小时自助银行内增设摄像头。

结果（R）：由于及时加强了宣传力度，客户提高了警觉，利用 ATM 机进行诈骗犯的案件有所减少；另一方面，通过宣传活动，客户也更加信赖我行，近来我行的个人银行业务增长了 7%。

3. 案例三

情境（S）：总公司拨款 10 万元奖励具有创新精神的青年骨干，为自己的部门能获得更多的奖金份额，几个部门的负责人产生了意见冲突。

任务（T）：必须协调几个部门负责人之间的冲突，使奖金的分配结果公正、合理。

行动（A）：我召集几个部门的负责人开碰头会，请大家就自己所推荐的候选人进行阐述，然后要求他们以匿名的方式提出自己认为最为公正合理的奖金分配方案，并就这些方案进行讨论，最终拿出大家都认可的方案。

结果（R）：虽然最终奖金的分配方案得到了落实，但各部门间的矛盾似乎仍未消除，且仍有职工反映奖金的分配有失公允。

（三）常见的错误 STAR

如果在面试过程中，所有应试者都能够按照 STAR 对以往的工作表现进行阐述，面试官则能够容易地对其各项能力进行判断。但这种情况往往不太常见，出于各种原因，应试者的回答可能更多地反映了错误的或含糊的 STAR，这类 STAR 可能流于含糊、主观、理论或是空谈。了解这些错误的 STAR，有助于面试人员更好地掌握 BEI 面试技术。以下列举了几类面试中常见的错误的 STAR。

1. 以含糊的叙述代替具体的行为

即听起来应试者谈了许多内容，但仔细分析可以发现并未说明具体的行动。当应试者在回答时使用了"一般来说"、"通常"等词语时，他就可能在以含糊的叙述代替具体的行为。例如：当我发现可能在最后期限前不能完工，我便带领我们的小组全力投入工作，终于完成了任务。

2. 不完整的 STAR

即应试者只谈了 STAR 的某些部分。例如：我们利用中秋节进行了月饼的推广促销，活动结束后，我们的利润比去年同期增加了 20%（缺乏具体的行动）。

3. 以观点代替行为

即应试者谈的都是对某件事的看法、感受或是其个人信念，而非行动。当应试者的回答中出现了"我会"、"我认为"等词汇时，他可能就在以观点代替行为。例如：我认为在团队中及时地与下属进行沟通是非常重要的。

4. 以理论代替行为

即有时应试者所谈的是从书本上或是其他成功案例中借鉴来的知识，他可能尚未将这些知识付诸于工作实践。例如：如果由我来决定，我会在设计规格获得批准后才开始生产。

（四）STAR 技术的应用技巧

STAR 是 BEI 面试最好的武器，也是最有效的提问方法，访谈中主要使用 STAR 提问。但是，STAR 也是一项比较复杂的技术。为了能够更好地应用 STAR 技术，更加客观地反映被访谈者的实际情况，面试人员应该做好以下技术关键点：

（1）面谈中提问从好的、正向的事件开始，遵循事件本身的时间顺序。一旦发现应试人员的报告中有跳跃，就提出问题请其详细介绍，因为这些时间上的“空白点”往往是应试者最不想为人所知的“软肋”，一般都是比较失败或者潦倒的经历。（2）一次只描述一个情况，在应试人员详细讲完一个工作事件之前，不要让其转到别的事件上。注意探究其行为模式。探究思想上的起因 S 和行为过程 A。（3）当询问意图问题后，跟进一个问题：“您实际上做了什么？整个计划中，什么是特别重要的步骤？有哪些是您最难忘的事情？”（4）如果应试人员在叙述中提及“我们”，一定要问清楚“我们”是指谁，目的在于了解应试人员在当时的情景中做了什么从而可以追问应试人员行为背后的思想。（5）如果面试人员不能想到任何具体事件，考官可以通过自己的经历举例，向其描述一个完整的事件，或让其思考和回忆以前的经历。（6）不揣测和诱导被访谈者说的内容，避免探究那些会限制被访谈者思路的领域。（7）如果应试人员在面谈中变得很情绪化，就要暂时停止发问直到他平静下来。比如有些应试者的职业经历很坎坷，在回忆过去的经历时，有可能会流泪。

此外，在面试中应用 BEI 技术，在提问方面还应注意以下事项：

（1）在对访谈者进行 STAR 提问时，避免被访谈者进入理论化或泛泛的陈述中，发现这样的情况时，需要礼貌地打断对方，使其谈话回到具体事件访谈中。（2）避免问题转向绝对化和抽象化。访谈核心是了解被访谈人过去实际做过的事情。一般不要使用“为什么”。“为什么”经常会诱发一个人陷入描述情境的理论模式，而非谈出他实际做的行为；这样的问题会引发对方的理论探讨，谈得更多的是他的思想而不是事实。可以这样提问：“当时是什么情况促使您这样做？”（3）避免使用现在式和未来式的问法。比如“在这样的情况下，您会做什么？”“下一次，您将会怎么做？”等，这些现在式和未来式的问法容易导致假设性的答案。（4）避免问假设性问题。比如“您当时觉得该如何去做？”这样问对方会回答他当时想采取的措施，而未必就是实际采取的措施，可以这样提问："您当时做了些什么?"（5）避免问一般性的问题。比如"您通常会如何做?""通常"两个字会把他带入一般性的或理论性的做法，可以这样提问："当时情况下您做了什么?"（6）避免使用引导型问题或直接跳向事件结论。比如"这种情况您尝试去说服他吗?""关于用人方面您能谈谈吗?""您经常培训下属吗?"对那些优秀的管理者而言，当问他成功事例时，往往会脱口而出，因为一个成功业绩会凝结他的心血，对他的印象是极深刻的，而引导性问题会把被访谈人带入理论探讨，或者一般性的叙述中。

三、BEI面试的关键环节解析

（一）面试提纲的设计

当BEI用于面试时，在正式面谈之前准备好提问的题本（即面试的提纲）是非常有必要的。科学地设计面试提纲和面试问题对整个面试的成功有很大的作用。

1. 面试提纲的设计步骤

通常，面试提纲的设计包含以下几个步骤：步骤1——对欲测量的能力进行界定；步骤2——获得与该能力相关的关键行为；步骤3——设计基于该能力关键行为的面试问卷提纲；步骤4——对问题提纲进行修正和补充。下面我们结合一个具体案例来进行解析。

2. 案例分析

假设某次BEI面试过程中，我们需要考查被测评对象的"解决问题能力"这一素质特征，那么针对此能力素质设计面试提纲的过程如下：

第一步，明确何为"解决问题能力"。具体如下：（1）结合企业的远景、战略和岗位职能，说明什么是解决问题的能力。(2）我们将"解决问题能力"定义为：公司员工运用观念、规则、工作程序方法等对客观问题进行分析并提出解决方案的能力。

第二步，获取"解决问题能力"相关的关键行为。具体如下：（1）通过资料收集、调查、访谈和专家分析与评估，获取解决问题能力的关键行为。（2）通过这些过程我们达到以下解决问题能力的行为群组：①客观地看待事情并能广泛地定义问题；②能有系统地分析复杂问题并能进行推理和观察，以确定问题要因的相关性和因果关系；③能在制定解决方案前预先分析公司的资源环境；④能根据公司的规则、程序和方法，以及个人经验、专业知识等提出解决方案；⑤能以适当的方式建议公司领导进行决策。

第三步，设计基于问题解决能力的关键行为的面试问卷。通过对关键行为群组的分析，设定面试问卷提纲如下：（1）你觉得自己善于分析问题吗?可否列举两个你以前工作上的例子来证明你的分析问题能力？（2）请告诉我们你曾分析过的一个难题及你给予的建议？（3）请告诉我们你处理复杂问题的常用方法是什么？能否举例说明？（4）当你分析复杂问题时通常采取了哪些步骤？（5）如以10分为标准，你对自己的能力打几分？为什么？（6）你是否有过分析自己失误的经验，你如何进行补救？……

第四步，对面试提纲进行修正和补充。为了判断应试者回答的真实性，可以从以下一些问题中选取部分作为面试提纲的补充，即预定的追问问题。比如：（1）你是如何处理的？（2）你成功了吗？为什么？（3）后来发生了什么？（4）你当时面临的困境是什么？你是如何处理的？（5）你怎样成功的？请谈一谈。（6）你怎样失败的？请谈一谈。（7）你从中学习到了什么？……

在实际的面试过程中，考官经常是通过“预设—验证、新的预设—再次验证”的方式展开深入面谈，提升面试效率，因为想对所有的指标同时都详细的加以考查是有难度的，在面试的时间上也是不经济的。一个比较充分的BEI面谈需要收集大量的行为细节证据，我们更多的是先对面谈对象下一个基本预判，然后展开相关的行为细节收集，加以验证。

（二）提问

采用BEI面试方法的过程中，提问方式是很重要的。首先，切入问题的时候，要注意提问与某一项胜任力相关联的具体真实行为；其次，要对应试者的回答进行深层探究，采用“剥洋葱”的方法，直到这个问题已经能够得出明确的结果，或是清晰明确的解答。可以采用的手段为“5W1H”：（1）原因/情形（why）；（2）何时何地（when & where）；（3）你的角色和其他涉及人员（who）；（4）任务/目标/行为/结果（what）；（5）感觉/想法/动机（how）。

在使用BEI方法中，要注意避免提出理论性或假设性问题、诱导性问题。行为面试比较关注实事，因此问题必须是询问应征者的行为，或者事情的过程，而非个人的感觉、情绪、判断或意见；尽量避免问“为什么”，改为问“如何”、“怎样”；同时避免问题中含有最大限度形容词，如“最好”、“最高”等。

要想使提问有效，关键要关注应试者回答的三个方面：第一，是否阐述明确。注意非行为特征的描述，有四种典型的假行为事例值得注意：不完整的叙述、含糊的叙述、个人主观看法、理论性或不切实际的叙述。第二，是否阐述完整。要符合STAR原则。第三，是否证据确凿。注意是否得到判断其胜任力程度的足够证据。基于上述方面的关注和判断，面试官一般就能掌握好提问和追问的分寸。

追问在行为面试中是非常必要的，采用“剥洋葱”的方法其实就是一个接一个问题的追问下去，从应试者的回答当中发现问题，再继续提问，解决问题，一层层往下追问，从而发现自己最想要的信息。行为面试中的倾听也是一个非常重要的环节。尤其是在发现、判断和分析应试者的回答问题过程中都有体现。只有我们能够得到足够依据时，评价和判断才可以得出。

（三）追问

通常情况下，面试官抛出的一个问题并不足以完整地了解行为事件的全部要素，或应试者的回答陷于错误的或不完整的行为事件，即可能出现前面提过的错误的STAR。此时为了获得完整的信息，就要求面试官就所关心的内容进行追问。

因此，追问有两个主要目的：一是为了获得更多、更完整的信息，这是追问最基本的目的；二是为了查明真伪。虽然说我们是抱着基本上信任应试者的态度来进行面试，但是也存在诸多“应聘油子”，面试官要充分利用追问来“识破”他们的真相。追问有以下几种情况：

1. 第一种情况：以含糊的叙述代替行为事件或行为事件不完整

首先须辨认缺少行为事件的哪一部分，然后进行追问，补充缺少或不清楚的部分。以下的问题样例有助于提示如何处理缺乏行为事件某部分的情况。

针对缺少情境（S）的情况的追问：请描述一下当时这件事是如何发生的？是什么促使你……？当时您在工作中遇到了什么样的挑战？当时的情况是怎样的？你可以举一个你自己采用这种方法的具体事件吗？

针对缺少任务（T）的情况的追问：当时需要你做什么？当时你承担了什么样的任务？

针对缺少行动（A）的情况的追问：你实际上做了什么？请具体地描述一下当时你是怎样处理的？你对他说了什么？你采取了什么办法能达到这么好的效果？请详细谈谈你处理这件事的步骤。

针对缺少结果（R）的情况的追问：你这样做以后结果怎么样？你怎样知道所做的是有效的？这些结果与你所做的有什么直接的关系？领导和同事对此有什么评价？

2. 第二种情况：以观点代替行为

这种情况通常以“我认为”、“我会”等词语的出现为代表，必须针对观点要求应试者具体化。此外，注意有时回答的主体会以“我们”出现，也必须进一步要求应试者澄清他本身在其中起到了什么作用。

例如，被访者的回答：我认为，我的想法对整个部门有很大的影响。考官追问：请谈谈你的这种做法有什么具体的影响好吗？再比如，被访者的回答：我认为我能够承受较大的工作压力。考官追问：请举一个例子详细谈谈你是怎么应对工作中的压力好吗?

3. 第三种情况:以理论代替行为

例如,被访者的回答:及时地进行沟通是非常有必要的。考官追问:请举一个您通过及时的沟通解决问题的例子好吗?再比如,被访者的回答:人非圣贤,孰能无过;当我的下属犯了错,我总是给他们机会,并把道理说给他们听。考官追问:能举个例子具体谈谈您是怎样在他们犯错后帮助他们的吗?

另外一个问题是,考官何时停滞追问合适?一般说来,在某项能力指标上有2~3个行为事件支持对其的判断时便足够了。

(四)编码

BEI的主要任务是收集客观信息并在此基础上判断应试者是否具备与岗位素质要求相关的关键素质。因此,BEI强调应试者在回答问题中所提供信息的真实性、客观性,即“可编码性”。编码(coding)的作用在于将BEI所收集到的“故事”细节分类、记录并量化。只有真正的STAR才具有可编码性。

在分类和量化前必须先判断手中的信息是否可编码,基本条件包括:所描述的内容是不是被访者的亲身经历?行为是否已完成?是否足够具体?必须注意的是,凡是不符合以上条件的都属于不可被编码的信息。具体例子可见表7-3。

表7-3 不可编码的信息和可编码的信息的比较

不可编码的信息	可编码的信息
我是一个勤奋的人(自己的主观评价)	我的许多同事,如××和××……都说我是一个勤奋的人
我们共同完成了这个项目(我在其中具体起了什么作用?)	我和小王共同完成了这个项目,我负责设计,小王负责项目的实施
通常我会亲自打电话给客户(不是一个已完成的具体行为)	我亲自打电话给客户进行沟通,结果客户表示满意,撤销了投诉的计划
我想办法说服了会计主任(缺乏具体描述)	我请财务总监帮忙沟通,并做出了一些让步,最后终于说服了会计主任

四、案例分析

下面就某测评咨询公司对某企业的管理类岗位进行BEI面谈的提纲和评分表进行解析。

（一）测评指标

管理类岗位的测评指标主要包含五个方面，分别是成就导向、分析决策、执行力、沟通协调能力、发展他人。

（二）面谈提纲

BEI面谈提纲（管理类）

编号	1	测评指标	成就导向
问题	您对下属的发展有何要求和期望？您自己有何职业发展愿望？		
评价要点	1. 对现状是否满足，是否希望自己能通过努力获取更大的事业成就； 2. 对成就的体验主要来源于取得工作成就本身，而非外在的荣誉和报酬； 3. 是否能为制定的目标投入热情，不断采取行动以推动事情发展； 4. 是否经常为自己和组织设定具有挑战性的目标，并努力达成。		

编号	2	测评指标	分析决策
问题	您在工作中经历过哪些重大决策？您是如何决策的？结果如何？		
评价要点	1. 在面谈的过程中是否表现得思路清晰，逻辑严谨，善于抓住问题的核心； 2. 在分析问题的过程中能分析全面，较少有主观臆断的成分； 3. 在以往的工作经历中，是否能在分析问题抓住关键之后，果断地做出合理性的决策； 4. 是否敢于承担决策带来的压力和后果。		

编号	3	测评要素	执行力
问题	请回忆您的上司曾经分派给您的最有挑战性的工作是什么？当初这项任务的具体目标是什么？您采取了哪些关键行动去实现这些目标？在达成目标的过程中遇到了哪些困难？您是如何解决的？采取了哪些特别有效的控制手段？		
评价要点	1. 是否有合理的计划； 2. 如何分解目标； 3. 如何分派和落实任务； 4. 如何进行阶段考查、监督； 5. 是否有对重要节点的控制措施和手段。		

编号	4	测评要素	沟通协调能力
问题	与陌生人打交道，你一般需要多长时间才能建立起相互信任的关系？请举例。有哪些经验可以分享？在维护与客户的关系方面，有什么经验可以分享？举例。		
评价要点	1. 是否能在短时期内快速建立起彼此信任的人际关系； 2. 其技巧与方法是否符合人际交往的有关原则； 3. 在维护客户关系方面，有无成功的案例； 4. 通过沟通解决问题的意识； 5. 沟通的技巧（沟通时机的选择、具体沟通过程中的表达、倾听、反馈等）。 注：本测评指标应该结合面谈过程中应试者体现出的具体沟通行为进行评价。		

编号	5	测评指标	发展他人
问题	在自己的工作经历中，有哪些开发下属的经验和教训？这些人现在发展状况如何？与他们相处的如何？		
评价要点	1. 是否能向下属表达积极的期待； 2. 是否鼓励下属“与企业共成长”，给予下属学习实践的机会和时间，并能容忍下属的失误； 3. 是否愿意以开放性的心态将自己的经验与下属共同分享； 4. 是否能够依据不同下属的特点安排他们的工作，并给予必要性的指导和建设性意见，积极提供反馈。		

（三）评分表

BEI 面谈评分表（管理类）

姓名________ 现任岗位________

任现职时间________

背景信息：

____

____

测评指标	评分	备注（行为事件：情境、任务、行动、结果）
成就导向		
分析决策		
执行力		
沟通协调能力		
发展他人		
印象记录（不评分）		

专家签名________ 面谈时间________

关键概念

面试 流程 规范 题目编制 考官培训 压力缓解 结构化面试 BEI

复习思考题

1. 与其他测评方法相比，面试有什么特点？
2. 如何提高面试的测评效度？
3. 结构化面试有什么优缺点？
4. 基于行为事件访谈法的面试中，如何运用 STAR 技术进行提问？

第八章 评价中心

本章要点

- 理解评价中心的含义与测评原理
- 掌握文件筐测验和无领导小组讨论
- 了解管理游戏、角色扮演、案例分析、辩论赛、演讲等测评方法

第一节 评价中心技术概述

评价中心（assessment center，简称 AC）是现代人事心理学最近 30 多年来的主要发展领域之一，工业和组织心理学家对此颇感兴趣，进行了大量的研究和实验。随着人力资源管理在各种形态的组织发展中日益受到重视，评价中心也越来越在人才评价、个人发展指导、人员培训等人力资源管理领域得到更为广泛的实际应用。目前，评价中心在工业、教育、政府、军队和其他组织形式中都被广泛地加以应用。

一、评价中心的涵义

评价中心是在工作情景模拟测评的基础上逐步发展起来的，以测量评价被试的管理素质为核心的一组标准化、程序化的评价活动。它是一种综合的人员测评技术，而不是从字面上理解的中心、场所或地点。

关于评价中心的概念，学者们从不同的角度提出了各自的定义描述。

顿巴等人（Dunbar、Koretz&Hoover，1991）认为评价中心是“以超越传统测评方式，为了解被试工作熟练程度而搜集数据的一种测评方式”。

我国台湾省学者陈英豪、吴裕益（1992）则指出“所谓评价中心乃是模拟一些标准情境（亦即在自然情境下之实际操作）的测验，其模拟程度高于一般纸笔测验所代表者……评价中心通常着重在‘过程’、‘作品’，或此二者之结合”。

科尔曼博士（Coleman，1987）认为评价中心可以定义为“允许候选人在

标准化的情景下展示其与成功工作绩效相关的技能与能力的系列测验技术的总称”。

在评价中心发展历史上作出过重要贡献的学者拜汉姆博士（William C. Byham）这样描述评价中心，“评价中心是一种包括多种与工作相关的情境模拟技术，有时也包括面试和心理测验，它是一种综合评价技术。”

在1989年举行的第17届评价中心技术国际学术大会上通过的《关于评价中心的实施标准和道德准则》这样描述界定评价中心：评价中心由多种标准化的行为评估技术组成，由多名经过培训的观察员观察记录被试在行为模拟练习中的行为表现并进行初步的判断归类，然后把观察记录结果交由专家评委（assessor）组成的委员会进行讨论或通过统计综合分析程序产生整合的行为分析结果，在专家讨论过程中，对每一受测被试就评价中心所要评价的特质维度（dimension）或其他待测评的变量作出等级评估。

借鉴学者们的思想并结合国内有关学者的观点以及我们在实践领域的应用实际，我们把评价中心界定为：

评价中心是一种包含多种测评方法和技术的综合测评系统。一般而言，它总是针对特定的岗位来设计、实施相应的测评方法与技术。通过对目标岗位的工作分析作业，在了解岗位的工作内容与职务素质要求的基础上，事先创设一系列与工作高度相关的模拟情景，然后将被试纳入到该模拟情景中，要求其完成该情景下多种典型的管理工作，如主持会议、处理公文、商务谈判、处理突发事件等。在被试按照情景角色要求处理或解决问题的过程中，主试按照各种方法或技术的要求，观察和分析被试在模拟的各种情境压力下的心理、行为表现，测量和评价被试的能力、性格等素质特征。

从这个定义出发，我们把评价中心的内涵本质概括为四点，并认为这四个方面的有机整合是保证评价中心能有效地对被评价者作出素质评价的基本前提：

（1）多技术多方法的综合应用。评价中心不是一种单独的测验方法或技术，而是多种测评方法与技术的综合应用。单个的心理测验、面试或工作情景模拟都不能称为评价中心。

（2）以通过对目标岗位的工作分析所获得的工作内容和职务素质要求作为出发点来设计测评技术。这点突出强调了评价中心设计的针对性。

（3）应用与目标岗位工作具有高度相关的情景模拟练习。评价中心一般包括一组情景模拟练习，情景模拟测评是评价中心最为显著的特点，尤为强调对相关工作的情景模拟性。

（4）多名评价员共同作出评价。每一被试的评价结果都要由数名评价员经过多次讨论共同得出。

二、评价中心的测评原理

按照现代人员测评理论的观点，人的行为和工作绩效都是在一定的环境中产生和形成的，对人的价值观、能力、性格、工作态度等素质特征的测量与评价，不能脱离一定的环境，所以要想准确地测评一个人的素质，应将其纳入一定的环境系统中，观察分析被评价者在该环境下的行为表现，从而全面考查被评价者的多种素质特征。评价中心正是基于这种理论的指导而逐渐发展起来的。作为一种全新的素质测评方法，评价中心不仅强调采用多种技术和方法的综合，而且特别强调基于工作分析的情景模拟技术的应用，强调多方面、多角度地收集被试与工作有关的资料和信息；它不仅注意被试已有的与工作要求相关的实际工作能力，还特别关注被试与岗位发展的素质要求的适应性评估，即对被试潜力发展的评估。

关于评价中心的测评原理即工作机制的经典解释是：被试参与评价中心的模拟行为练习，这些行为练习都是根据对岗位进行工作分析精心设计的，评价者观察记录被试在练习中的行为表现，这些行为能按照人的特质进行分类，特定的行为表现反映特定的素质特征，从而能对工作绩效做出有意义的预测。也就是说，借用经典的人员测评的S-T-R测评模式同样可以解释评价中心的工作原理，即通过对受测被试施加行为刺激（stimuli，在评价中心中就是各种情景模拟练习），观察被试在特定刺激情景下的行为表现（response），进而推断被试的相关特质（trait）。

评价中心通过对测评程序的精心控制和方法技术的科学设计来保证测评的有效性。在1989年举行的第17届评价中心国际学术大会上通过的《关于评价中心的实施标准和道德准则》第三版中规定，规范的评价中心操作必须要有四个要素，它们是：工作分析与分类的行为观察、以模拟为主的多种方法、多个评价者、数据的系统收集处理和报告；同时提出在实施评价中心测评时要考虑以下内容：其一，维度（dimensions）。对相关岗位进行工作分析，确定岗位的素质要求，确定评价中心的测评维度（即通常说的测评指标、测评要素），明确评价中心所要评价的内容。并把观察到的行为进行分类，这些行为类别要与工作相关，与特定的维度相关。其二，技术（techniques）。评价中心技术（也可以称为练习）必须能提供工作分析中确定的维度或者特质的相关信息。不能使用单一的技术，要用多种技术，这些技术可以是测验、面试、问题量表、测量工具或工作情景模拟等，如文件筐、小组讨论、角色扮演、事实搜寻等，这些都是评价中心本身所具有的特点，多种技术的综合运用为评委提供了观察被试行为的良好机会，通过观察分析可以确定这些行为是否与我们将要测评的维度相符合。其三，评价者（assessors）。进行观察和评估的评价者必须要有多个，评价者必须经过训练并具有相关能力。其四，数据的收集和报告（gathering and reporting data）。评价者必须使用系统的程序记录所观察到的具体行为，每个练习都要有一个报告或者记录，评价者得出的数据和其他方法得来的数据必须通过评价者会议或者有效的统计程序综合在一起。

三、评价中心的发展历史

（一）从西方军事心理学的发展看评价中心的历史

1. 评价中心的源头——德国军事心理学家创设的多项评价程序

作为素质测评的新方法，评价中心起源于德国心理学家 1929 年建立的一套用于挑选军官的多项评价程序（William C. Byham，1982）。德国军事心理学家建立管理评价中心的主要任务是挑选未来军官。他们确定的建立评价程序的指导原则为整体性和自然性，整体性是指要评价未来军官的整体个性而不是单项的能力；自然性则指评价工作必须在自然、日常的环境中进行行为观察。在他们的评价程序中，评价员可以自由地使用许多不同的方法，对行为样本作出定性的评价，并强调为了结论的有效性应该把几个评价员的判断进行汇总。在评价过程中，军事心理学家首先给军官的个性和领导才能给予明确的概念界定，并通过调查把这些特质细化为明确的目标、信心、有效的想法、精神上的适应性、数学头脑和诚实等性格特征（这项工作一定意义上就相当于现代评价中心的工作分析作业）。为了评价这些个性和领导才能，军事心理学家设计了许多独特的评价方法，其中包括：（1）采用书面测验评估智力；（2）任务练习，要求参加者按照详尽的指令，在一条复杂的、紧张的障碍道路上，完成一系列任务，观察他们的首创精神、毅力和体力表现等；（3）指挥系列练习，让参加者指挥一组士兵，他必须完成一些任务或者向士兵们解释一个问题，在此基础上，评价员再对他的面部表情、讲话的形式进行观察；（4）深入面谈，了解候选人的经历、教育情况和观念等；（5）一系列的五官功能测验和感觉运动协调测验等。评价过程会持续两到三天，由两名军官、一名内科医生和三名心理学家主持进行（因为某些政治原因，德国由军事心理学家主持参与的军官评价活动在 1942 年停止）。

德国军事心理学家的领导才能多项评价程序是最先采用多种评价方法和多名评价员来评价复杂行为的，以后的评价中心工作事实上都建立在这两条原则之上，并成为今天普遍应用的评价中心技术的主要特点；其创设的情景模拟测评形式更是成为现代评价中心的核心思想。

2. 评价中心的改进与发展

（1）英国陆军部评选委员会的工作（1942—1946 年）

第二次世界大战期间，为了改变传统通过面谈挑选军官但经常失败的局面，模仿德国的评价活动，英国军队成立了陆军部评选委员会。由两位英国精神病学家制定的最初方案包括了精神病学面谈、智力测验以及与德国模式非常类似的情景模拟测验，先后有 14 万多人接受过评价，并取得成功。陆军部评选委员会的评选军官方案有所创新，评价程序分阶段在 3 ~ 4 天内完成，每 8 位候选人为一组，第一阶段的测评为小组练习，第二阶段是个人心理、精神测验和面谈，第三阶段为第二轮的小组练习。小组练习的基本原理是“小组环境是评价领导才能的最好机会”。他们认为，既然许多军事领导才能是在小组中发挥作用的，那么通过控制对小组施加压力以及观察小组成员对此的行为反应来测评领导才能就是有意义的。陆军部评选委员会使用的小组练习包括室内练习、室外练习、讨论问题、体育活动以及不同紧张程度的任务。后来，英国心理学家拜恩又对上述练习进行了修改，综合应用了无领导小组讨论、团队任务、5 分钟的即兴演讲、角色扮演、深度面谈以及投射测验等。利用这些方法和技术，评价员对候选人作出广泛的心理调整评价，并试图集中评价那些对成功领导者极为重要的个性特征。

陆军部评选委员会比较强调对拟测评的领导者特征进行明确的概念界定，他们把领导定义为“有利于达成小组目标的能力”，提出领导才能包含作出贡献的水平、小组内聚力、稳定性等三个方面，并对不同方面的领导才能采用不同的方法进行评价。

英国的陆军部评选委员会挑选军官的程序比德国有所进步。评价练习把候选人置于更现实的环境中，包括小组讨论和体力任务等，并被用来测评预先确定的领导才能的不同方面。其设计开发的经典情景模拟测验如小溪练习和建筑练习仍为现代评价中心所广泛应用。另外，英国心理学家就评价中心还进行了大量的实证研究，这也是评价中心研究历史上不得不提及的重要事件。

（2）美国中央战略情报局的管理评价活动（1943—1945 年）

中央战略情报局（Office of Strategic Services，OSS）管理评价活动的目的是针对中央战略情报局的不同工作职位（包括秘密情报员、破坏人员、宣传专家、秘书和办公室职员等）建立一套评价候选人个性的程序，这套程序包括了 8 个步骤：

①工作分析：对 OSS 的不同工作职位的工作内容和工作要求进行分析研究。

②列举导致工作成功和失败的所有个性决定因素，选择评价变量。

③给拟评价的个性变量下一个打分等级的定义，并对从事该工作的适应性下一个总体变量的定义。

④设计一个能反映拟评价变量差异性的评价程序，引入情景模拟测验。

⑤在进行具体的评分、预测和推荐之前，对每个被评价者的个性进行系统的阐述。

⑥用非技术性的语言描述这些个性概况。

⑦召开评价员讨论会议，针对每个被评价者的个性描述进行讨论修改，并根据评价结果进行打分、给出推荐意见。

⑧建立经验模型，对评价程序进行鉴定，从而可以系统地收集和记录解决战略问题所需要的所有数据。

OSS 坚信对候选人工作绩效的预测应该主要依据模仿工作环境的练习来确定，因而其进行的评价程序活动非常强调情景模拟测验和绩效练习，也同样重视面谈、履历表分析、句子完成测验、健康调查和工作条件调查、词汇测验等传统方法。另外，OSS 有时也采用住宿安排的评价方式，即通过让评价员和候选人一起在某个场所（如某宾馆）度过全部 3 天时间，一起工作、吃饭、睡觉、生活，这种安排可以给评价员创造更多与候选人进行非正式接触的机会，从而进行更为真实的观察评价。

中央战略情报局在第二次世界大战期间所从事的评价工作代表了美国第一个完备的评选和安排工作的多项评价程序，由 OSS 设计的评价方案也堪称理论与实践相结合的典范，他们的工作为评价中心在美国的大量应用打下了基础，以后在美国发展的大多数评价中心活动都从 OSS 的管理评价活动中吸取了许多思想、观点和方法。

（二）评价中心逐步走向非军事领域

最先把评价中心的概念应用于非军事目的的机构是英国文职人员委员会。从 1945 年开始，英国文职人员委员会发明并使用了一套复杂的程序，为所有中级或高级的国内外工作挑选文职人员。该委员会采取了 8 种评选方法来选拔文职人员，包括一组语言和非语言测验、个性投射测验、背景信息、各种渠道的调查报告、面谈、资格考试成绩、个人和小组的情景模拟练习等。其中情景模拟练习包括每组 7 人以讨论一个高级文官可能面临的问题为主题的无领导小组讨论、以处理假设的社会团体中可能会遇到的复杂问题为主题的演讲或报告撰写等。每次评选活动结束后，由两位行政文职官员和一名心理学家组成的委员会聚在一起交流讨论信息，独立对每个候选人就他们在文官职位上获得成功的潜力进行评价。

英国文职人员委员会的活动最先把评价中心活动应用于非军事目的，并把情景模拟测验的本质变成反映领导和管理才能的测评方式。他们的工作为评价中心最终应用于工商业领域创造了条件。

（三）评价中心大规模地应用于工业和商业领域

第二次世界大战结束后，许多军事心理学家和军官加入各类企业中从事小规模的人员测评活动，逐渐地，情景模拟测评技术研究得到进一步发展与完善，逐步形成了一个包括多种评价方法和形式的测评系统——评价中心。随后，评价中心开始进入工商界、行政管理部门，并广泛应用于管理人才的素质测评、选拔和培训。

今天广泛应用的评价中心基本模式起源于道格拉斯·布雷20世纪50年代在美国电报电话公司（AT&T）的研究（Bray，Campbell，&Grant，1974）。当时，布雷在AT&T公司受雇负责管理发展研究（management progress study，MPS）课题项目，MPS是一项关于成功管理人员的个人和他所在组织的特点的研究，同时也是一项对管理人员的发展纵向趋势的研究。MPS的目的是获得那些正成为或试图成为公司中、高级经理的人才的特点和成长状况等资料。

布雷和拜汉姆（Douglas Bray & William Byham）等人集中研究了与成功有关联的个人特点的评价方法，在MPS中应用的方法包括面谈、公文处理练习、商业游戏、无领导小组讨论、投射测验（句子完成测验）、自我描述，此外还有一些笔试项目包括中学和大学能力测验（SCAT）、关键性思维测验、爱德华个人偏好测验、生活态度调查表、个人历史调查表等。

在此之后，美国许多有名的大公司如通用电气公司（GE）、国际商用机器公司（IBM）、福特汽车公司（Ford）、柯达公司（Kodak）等也都采用了这种技术，并建立相应的评价机构来评价管理人才。美国的一些政府部门如农业部、国内税收署也应用评价中心选拔人才。为了规范评价中心技术，在1975年5月于加拿大魁北克举行的第三届评价中心国际大会上，与会的专家学者们一起制定通过了《关于评价中心的实施标准和道德准则》。随后，英国、法国、加拿大、澳大利亚、日本等国也采用这种方法进行人员测评。

我国对评价中心技术进行系统研究和实践应用是20世纪80年代后期的事。早期评价中心技术主要通过两种途径进入中国：第一，跨国公司的管理实践。例如，诺基亚、西门子、汉高等公司或借用其母国公司总部的评价中心机构或委托国际咨询公司运用评价中心测评他们在华投资企业的员工。第二，学术界的介绍和商业化的尝试。80年代中后期有关人事测评或人事管理的教科书中都有或多或少的对评价中心的内容介绍；商业化的尝试主要是指一些大学心理学或管理学教师尝试应用评价中心技术为政府或企业用户选拔人才。80年代末至90年代初曾在我国评价中心技术发展历史上作出过重要贡献的学者是陆红军，他曾应用评价中心技术先后十多次为政府和企业选拔人才，并于1988年由其负责自筹资金在上海举行了“人力资源管理和评价中心”国际学术大会，当时与会人员有来自学术界和企业界及政府部门的共200多人。

20世纪90年代后期，随着市场经济的发展、企业对选才工作的重视，以及众多管理咨询公司的成立，评价中心技术也逐步应用于我国企业的人力资源管理工作，为企业选拔中高级管理与技术人才提供服务，越来越多的高校科研机构或咨询公司把评价中心技术应用于企业人才的选拔、培训诊断、管理能力培训以及个人发展指导服务。例如华东师范大学心理系的研究人员应用评价中心为上海五洲制药厂、第三制药厂建立领导干部心理档案；上海市人才评价中心为百事可乐等企业招聘选拔管理人员；中国四达测评咨询中心多次运用评价中心技术为武汉某大型环保企业选拔中高级管理、技术人才，为某大型法资零售企业选拔店长等；北京双高人才测评、北京师范大学心理系、深圳市人才交流中心等省市的各类机构也在不同的服务场合应用到评价中心测评技术。

四、评价中心的特点

传统的人员测评技术以各类纸笔测验和面试作为代表，包括了背景调查、工作申请表、履历分析、民主评议、推荐书和心理测验等，这些方法都能够不同程度地从不同侧面对人的素质作出评价，有的测验（如人格测验、智力测验等）效度也比较理想，但传统素质测评的最大不足就是测评的内容与工作的实际情况关联不大，例如许多人格测验的编制都是从人格结构的理论入手来组织编写测题的，很少有从实际的工作分析出发来针对某类岗位需求编制测验。另外，以心理测验作为典型代表的传统素质测评大多是对被试的静态测评，其在测验过程中收集到的与被试有关的信息和资料大多是静态的，这与实际工作情景的动态性、多变性有一定距离，因而难以测评出被试的实际工作能力。

根据我们多年运用评价中心进行素质测评的实践体会以及相关研究分析的结果，综合归纳认为，与传统的素质测评相比，评价中心具有如下突出特点：

（1）就技术运用而言，评价中心具有综合性。评价中心是多种技术与手段的综合运用。在我们多次运用评价中心为企业客户提供人才选拔测评服务的过程中，根据具体情况的不同，每次测评都组合应用了多种不同的测评方法和手段，例如在2002年8月在为武汉某大型环保企业提供中高级管理与技术人才的招聘选拔素质测评的服务时，我们就设计应用了无领导小组讨论、文件筐测验、角色扮演、书面案例分析、压力面试、即兴演讲、投射测验、个性测验和基本潜能测验（此两类为标准化的心理测验）等方法和技术；在2002年10

月至2003年1月为上海市职业技能鉴定中心提供的职业经理人职业资格鉴定的能力测评中，设计应用了结构化面试、无领导小组讨论和文件筐测验等技术。通过综合运用多种测评方法与技术，能够多方面、多层次地考查被试在不同条件下的复杂而广泛的心理和行为表现，进而能大大提高评价中心测评的信度和效度。

（2）就评价过程而言，评价中心具有动态性。评价中心多采用一些动态的测评手段，将被试置于动态的模拟情景中对其动态的实际行为进行评价。这种对实际行动的观察往往比被试的自陈报告更为准确有效。而且，在动态的测评中，被试之间可以进行相互作用，这样被试的某些特征会得到更清晰的暴露，更有利于对其进行评价。

（3）就测评内容而言，评价中心具有全面性和针对性。由于评价中心综合运用多种人员测评技术，使它不仅能够很好地测评被试的实际工作能力，而且还可以测评其他多种能力和性格品质等素质特征。例如，在我们设计的评价中心技术中，就能综合对被试的口头表达能力、沟通能力、组织协调能力、逻辑思维能力、决策能力、团队合作能力、授权能力、时间管理能力、角色适应能力、应变能力等20余种能力素质进行评价。另一方面，由于评价中心的测评指标体系的设计是从对岗位的工作分析出发来进行的，根据不同层次不同类别人员的岗位要求和必备素质，设计不同方面的模拟情境，适应不同岗位的需要，使得它所测评的素质往往是分析和处理具体工作的实际能力和一些工作中必需的心理素质，测评的针对性很强。

（4）就评价功能而言，评价中心具有预测性。评价中心所采取的测评手段很多是对真实情境的模拟，而且很多情境是与拟任工作相关的情境。在这种情况下，被试的表现比较接近真实情况，并且在复杂的任务之下，被试也不易伪装，因而在情境性测验中被试的表现在实际生活中有较大的迁移性，对被试的未来表现有较好的预测效果。

（5）就测评结果而言，评价中心具有高可靠性和高有效性。由于评价中心往往选用多种方式和技术对被试进行多次测评，并由多个不同主试小组成员分别给予评价，这样可以减少因被试水平发挥不正常或少数主试评价偏差而导致评价结果失真的可能性，使一次测评定命运的不公平现象有所下降。另外，评价中心不仅仅满足于测验过程中收集得到的信息，而且还在测验后请被试说明测验时的想法以及处理问题的理由，从而获得更多的信息。在此基础上，主试进一步评定被试处理实际问题的能力和技巧，把定量评价和定性评价结合起来考虑。这些技术和手段的综合应用都能有效提供评价中心的可靠性和有效性。

五、评价中心的主要技术和方法

评价中心是多方法、多技术的综合体，从测评的形式来看，广义的评价中心包含了传统的心理测验（评价被试的人格、能力、职业兴趣等特质）、面谈（主要是结构化面谈）、投射测验（评估被试的深层次人格特质、职业动机、职业价值观等）和情景模拟等。对国内外的大量的研究文献分析发现，实际应用领域特别是研究领域中的评价中心主要是指以情景模拟为核心的系列测评技术，是狭义的评价中心。因此，根据被试应聘的或在职的工作岗位设计的各类相关情景模拟技术也就被认为是评价中心最主要的技术与方法，在本书中所涉及的有关评价中心概念也是狭义范畴的评价中心。

评价中心的主要形式包括：

- 文件筐测验（in-basket）
- 无领导小组讨论（leaderless group discussion）
- 团队游戏（team game）
- 角色扮演（role play, individual presentations）
- 案例分析（case analysis）
- 演讲（lecture）
- 自由辩论赛（free debate）

其中比较经典的情景模拟技术包括：文件筐测验、无领导小组讨论、团队游戏、角色扮演等，在现今人员测评领域使用频率较高，应用比较广泛。其他的技术如案例分析、演讲、事实搜寻、情境面谈等也常常结合具体的实际需求加以应用。有关这些评价中心技术的概念、内容、应用以及操作，我们将在后面做详细的介绍。

第二节 文件筐测验

文件筐测验被认为是评价中心中应用最广且最为有效的一种测评形式，在现代人员测评中应用得较多，它对被测评对象的一些综合素质尤其是管理能力有较好的鉴别效果。

一、文件筐测验（In-Basket）的概念

文件筐测验，也叫公文处理、公文包测验，是一种情景模拟测验，是对实际工作中管理人员掌握和分析资料、处理各种信息以及做出决策的工作活动的一种抽象和集中。测验一般在假定情景下实施，该情景模拟一个组织所发生的

实际业务、管理环境，提供给受测人员的信息包括涉及财务、人事备忘录、市场信息、政府的法令公文、客户关系等十几份甚至更多的材料。测验要求受测人员以管理者的身份，模拟真实工作情景中的想法和行为习惯，在规定条件下(通常是较紧迫困难的条件，如时间与信息有限、独立无援、初履新任等)，对各类公文材料进行处理，形成公文处理报告。处理完毕后，一般还要求受测被试填写行为理由问卷，说明处理的理由、原则或依据，对于不清楚的地方或想深入了解受测被试时，主考官还可以与被试进行深入面谈，以澄清模糊之处。通过观察受测被试在规定条件下处理公文过程中的行为表现以及分析被试的处理理由说明，评估其计划、组织、授权、决策和问题解决能力等多方面的管理潜质。

在评价中心施测过程中采用文件筐测验的一般程序是，主试事先根据被评价者所应聘的岗位设计好各种公文，这些公文是指与目标岗位工作有关的各种材料，它们是根据该岗位经常会遇到的，分别来自上级和下级、组织内部与组织外部的各种典型问题而设计的，包括日常琐事和重大事件的处理，如电话记录、请示报告、上级主管的指示、待审批签发的文件、统计材料和报表、备忘录、商业函件、建议、投诉等；接着把设计好的公文（一般有十多份）装入一个公文筐中，交给受测被试，并向被试提供有关组织及其相关岗位等背景资料；测验过程就是要求被试以该岗位的负责人（如经理）身份，全权负责处理文件筐里的所有公文材料。

二、文件筐测验的具体操作

(一) 设计准备“公文包（文件筐)”

文件筐测验设计环节的核心部分就是设计公文包。公文包内放有与工作有关的各种材料，它们是根据该岗位经常会遇到的，分别来自上级和下级、组织内部与组织外部的各种典型问题而设计的文件，包括日常琐事和重大事件的处理。

公文包里常见的文件类型有：电话记录、请示报告、上级主管的指示、待审批签发的文件、统计材料和报表、备忘录、各种函件、建议、抱怨、投诉函件等。每份公文都要求被试根据问题情境的需要按照特定角色的要求给出具体的批示意见和处理依据或理由。具体的公文形式和内容参考后面的文件筐测验材料范例。

文件筐测验材料范例：

文件1

内部请示报告

杜总：

产品工程部上周反映情况说，最近两个月，因为赶生产进度，员工已经连续7周没有歇过双休日，并且几乎每天都有加班，大家都很疲倦，有许多员工并不满意现在的加班补贴（我们已经按照劳动法规定在法定劳动时间之外加班的给双倍工资），产品工程部的意见是新招一批技术员工，以减轻员工的工作负担。

我们到产品工程部去了解下来的情况跟他们反映的情况差不多，另外还了解到了有少部分员工流露出跳槽的意向（据我们所知，竞争对手早就有意从我们公司挖走部分技术员工）。

我们又找营销中心了解情况，看目前这种产品是否为长期旺销品。营销中心分析认为，出现这种局面仅是因为商家季节促销的原因，平时一般不会出现这么高额的订单。

因此人力资源部分析认为，目前这种时候暂不适宜招聘新员工，一方面因为工作量增大并非长期稳定行为；另一方面，新进员工可能因为技术不熟练，要他们适应新岗位的要求也需要一个重新培训的过程。因而，我们认为产品工程部提出的招聘新技术员工的建议不是解决问题的最有效方法。

我们的建议是：(1) 提高加班补贴；(2) 部分产品转包给其他公司。不知您的意见如何？有何补充？

人力资源部 部长 黄传

2004年12月5日

同意。别无补充。

杜康 2004年12月8日

张总：此件杜总已批示。我昨天又跟黄部长联系过，他们还没有形成最后的决策，想听听您的意见。您意下如何？需要调整吗？请示下。

王玲

2004年12月13日

文件2

情况汇报

张总:

上周接到一个客户投诉电话,说是在广州市场上购买了一款我公司的移动电话,用了没两天就出现频繁掉线,送到当地质检部门检测说是手机质量有问题。公司已派人去广州了解情况,初步查明该顾客购买的手机是假冒产品。当时为平息事态已为该顾客更换同型号的手机一部。随后公司又在当地市场暗访发现同一型号同一款式的手机确实存在不少的假冒产品,它们以低于市场售价的40%销售。该款式型号的手机是我们公司今年4月投放市场的。

先向您汇报以上情况,进一步的情况我们正在调查处理中。

市场部 谢协

2004年12月9日

文件3

邀 请 函

杜先生:

我谨代表组委会真诚地邀请您参加于12月20日举行的"2004年移动通讯行业峰会",并请您在大会上作相关主题演讲。

大会将于9:30开始,您的演讲将安排在10:10左右,时间大约40分钟。会议地点在香格里拉大酒店。

2004年移动通讯行业协会 秘书长 汪 城

2004年12月2日

张总:

杜总当初答应了协会的邀请,并定下演讲主题"e时代的信息技术变革",但现在他离职,您认为应该如何操作以应对20日的会议,请指示。

王 玲

2004年12月12日

文件 4

杜总：

按照协议，第二批接受德国西门子公司半年技术培训的两名工程技术人员，应于2005年1月初动身。因为是培训技术人才，我们要求产品工程部和研发中心各提交两个候选名额，四名备选人员名单昨天已送交到我部。请您审阅圈定，尽快告知我们，以便我们提早作出国培训、申请护照及签证等安排。

备选人员名单及基本情况如下：

1. 李建：男，30岁，清华大学计算机系1992年毕业，现为研发中心设计工程师，1998年进入我公司工作至今，英语可做一般口头交流。

2. 蔡琴：女，43岁，大连理工大学电子信息系1976年毕业，现为研发中心高级工程师。英语读、说兼通，相当流畅。

3. 湛云：男，32岁，西安交通大学精密仪器专业1991年毕业。现为产品工程部调试工程师。英语读、译能力较好，但口语较差。

4. 马敏：女，28岁，电视大学电子专业1995年毕业，现为产品工程部助理工程师。英语可作初步交流。（注：马敏系现任市长秘书的侄女）

人力资源部　黄传

2004年12月9日

张总：

此件杜总未来得及批阅，请指示。

王玲

2004年12月13日

在设计阶段，除了要设计要求被试进行批示处理的公文（文件）外，对背景材料的设计同样非常重要，因为按照评价中心的操作要求，被试接受文件筐测验必须置于特定的背景下，且后续公文的设计也必须有假设的情境作为支持。在背景材料中应详细介绍模拟假设的组织信息，一般应该包括组织结构、组织人员构成、所处的行业背景、主要的生产和服务领域、盈利情况、存在的挑战和问题等。下面就是一个模拟的用于文件筐测验的假设背景材料。

模拟背景材料范例：

今天是2004年12月16日，从现在起的60分钟内请您暂时忘记自己的姓名，忘记自己的本来职位，而设想自己的名字叫张杰瑞，您的身份是

KTH电子设备有限公司的总经理。今天是您在这个新岗位上工作的第一天，原来的总经理杜康先生因某种原因已于1周前匆忙离职，您要全权履行他的职责。您原来的职位是KTH集团股份有限公司的营销总监。

KTH电子设备有限公司隶属于KTH集团股份有限公司，集团公司成立于1990年3月28日，1997年12月改组为股份制公司，1998年3月28日，KTH集团公司A股股票在上海证券交易所挂牌上市。KTH集团现有总资产60多亿元，净资产10亿元。KTH电子设备有限公司是集团公司的全资子公司，于1996年8月成立，地处西南重镇重庆，以移动电话、固定电话为主导产品，兼及元器件、集成电路等电子设备的生产和开发。公司拥有强大的技术开发实力，每年新产品产值率在80%以上。先后成功研制和推出了一系列具有极强市场适应能力和竞争力的高新技术产品，特别是最近两年推出的几款移动电话产品非常受市场欢迎。

KTH电子设备有限公司现有员工358人，其组织架构图简单示意如下（略）。

接任总经理工作之前，您一直在处理原职位未了事宜，直到今天下午才进总经理办公室开始履行新岗位的工作职责。现在在办公桌上就有一大堆文件等着您处理，秘书因为健康原因需请假休息到明天才能来上班，因此您不得不独自处理一切事务。

（二）通过指导语提出对受测被试的要求

同无领导小组讨论的操作规范一样，在文件筐测验中也必须通过清晰规范的指导语把测验要求告知被试。

指导语示范：

“文件筐”是工作情景模拟活动的方式之一。它通过向您介绍一种模拟的工作情景，让您“扮演”一给定的角色，在规定的时间内处理一批文件，从而了解您在模拟情景下的工作能力，根据您的这种表现来推断您在真实工作情景中的潜力和胜任能力。咨询顾问将就几个与领导力有重要关联的方面对您进行评价。所以，您在测验过程中必须态度认真，尽快进入角色，按要求对文件做出适当处理，充分展示您的才能与优势。

在文件筐测验处理过程中，您必须遵守以下规则要求：

(1) 您必须对所有的文件给出自己的处理意见（或方案），同时还得写明处理的依据或理由，分别写在对应的“您的处理意见”和“处理依据或理由”栏内。

（2）对于文件的处理意见（或方案），要求语言表述准确、清晰，以便相关部门能按您的意图执行。

（3）为了全面了解您的能力优势，请务必在对每个文件做出批示之后，完整写明您处理该文件的依据或理由，处理依据或理由主要是要求把您思考问题的过程和内容用文字表述出来。

（4）凡需交下属执行的，请注明承办部门、相应的处理原则或方案；凡需答复的函电，请写明内容要点，以便秘书为您拟稿或答复；凡需召开会议或召见人员的，请将时间、主题、大致内容、参加者批告给秘书，以便秘书通知安排。

（5）您必须在60分钟内完成所有文件的处理。

（三）评委观察评价的标准

对文件筐测验所收集的数据资料进行分析进而对被试的素质特征进行评价是一项比较复杂的工作，对评委有较高的要求。它要求评委了解测验的内容，通晓每份材料之间的内部联系，对每个可能的答案了如指掌。评分前要对评分者进行系统的培训，以保证测评结果的客观和公正。通用的评价参考依据有：

（1）是否每份材料都看过，并作出了答复；

（2）在时间的压力下，是否能分得清轻重缓急，有条不紊地处理这些公文；

（3）给出的批阅意见是否合理，是否符合所给定的角色；

（4）是否恰当地授权予下属；

（5）是否过分拘泥于细节；

（6）解决问题的方法是否巧妙而有效率；

（7）做出每一项决策的理由是否充分合理。

在测验过程中表现好的被试应该具有以下特征：

（1）能抓住主要矛盾和关键问题，有条不紊，合理分类，果断灵活地解决：该请示的请示、该处理的处理、该授权的授权，而不是性质不分，一概包揽或一概授权、请示，甚至不知所措，杂乱无章地处理。

（2）能很快发现问题所在，分出轻重；能果断地、合情合理地、恰到好处地、准确地处理，并用简洁明了的语言或文字表达出来，以便下属执行。

（3）能进一步发现更深层次的问题，或找出问题的内在联系，并加以全面解决。

（四）文件筐测验的适用范围

文件筐测验考查的指标定位于管理者从事管理活动时正确处理普遍性的管理问题，有效地履行主要管理职能时所应具备的能力。如果是针对高层管理者的胜任要求，则可以考查计划、授权、预测、决策、沟通等方面的管理能力，特别是考查综合各类业务信息、审时度势、全面把握、处变不惊、运筹自如等素质。它需要受测人员具有对多方面管理业务的整体运作能力，包括对人、财、物、信息等多方面的控制、把握。因此，文件筐测验的适用对象主要为中、高级管理人员，它可以帮助企业选拔优秀的管理人才或考核现有管理人员。由于它的测验时间比较长，因此它常作为选拔和考核的最后一环使用。

三、文件筐测验的特点

文件筐测验有两个突出的特点：一是情景性强，由于测验完全模拟现实中真实发生的经营、管理情境，对实际操作有高度似真性，因而预测效度高；另一方面是综合性强，因测验材料涉及经营、市场、人事、客户及公共关系、政策法规、财务等企业组织的各方面事务，考查计划、授权、预测、决策、沟通等多方面的能力，从而能够对高层管理者进行全面评价。

文件筐测验把被试置于模拟的工作情境中去完成一系列工作，与通常的纸笔测验相比，显得生动而不呆板，较能反映被试的真实能力水平。与其他情境模拟测验如小组讨论相比，它提供给被试的背景信息、测验材料（文件材料及问题）和被试的作业（答题）都是以书面形式完成、实现的，一方面考虑应试者在日常工作中接触和处理大量文件的需要，而且也使测验便于操作和控制。

文件筐测验的优点在于：

第一，具有灵活性，可以因不同的工作特性和所要评估的能力而设计题目。

第二，作为一种情境模拟测验，它可以对个体的行为做直接的观察。

第三，由于把人置于模拟的工作情境中去完成一系列工作，为每一个被试都提供了条件和机会相等的情境。

第四，它能预测一种潜能，这种潜能使人在管理上获得成功。

第五，由于文件筐测验能从多个维度上评定一个人的管理能力，它不仅能挑选出有潜力的管理人才，还能训练他们的管理与合作能力，使选拔过程成为培训过程的开始。

第六，在实践中，文件筐测验除用作评价、选拔管理人员外，还可用于培训、提高管理人员的管理技巧、解决人际冲突和组织内各部门间的摩擦，以及为人力资源计划和组织设计提供信息。

第三节 无领导小组讨论

小组讨论是评价中心常用的技术，可分为无领导小组讨论（leaderless group discussion，简称 LGD）和指定角色的小组讨论两种。其中无领导小组讨论是评价中心技术中应用较多的一种方法。

一、无领导小组讨论的概念

无领导小组讨论，是指将数名被评价者集中起来组成小组，要求他们就某一问题开展不指定角色的自由讨论，主试（评价者）通过对被评价者在讨论中的言语及非言语行为的观察来对他们作出评价的一种测评形式。所谓“无领导”就是说参加讨论的这一组被评价者，他们在讨论问题的情境中的地位是平等的，其中并没有哪一个人被指定充当小组的领导者。无领导小组讨论可以用来考查被评价者的语言表达能力、组织协调能力、决策能力、沟通能力、应变能力、合作精神等多方面的能力特质。

该技术的实际操作要求一般是这样的：将被评价者按一定人数编成小组（一般 6 ~ 8 人），要求他们按照便于交流讨论的形式坐好（为了便于评价员观察评价，一般要求组员按照椭圆形就座）；主试事先设计准备好讨论的背景材料，测评时主试通过清晰的指导语指示被试以小组为单位就指定的主题进行小组内的自由讨论，要求小组能在规定的时间内（一般 1 小时）达成解决问题的一致性意见。背景材料一般是与工作情境相关的（也可以是假设的，在避免由于被试专业背景不同而影响测评成绩时往往采用假设的材料），用于讨论的主题应该富于讨论空间，保证被试能够在给定的时限内进行充分的交流讨论，在指导语中一般不确定讨论会的主持人，不指定发言的先后，也不提出诸如积极主动、观点清晰之类的其他具体要求，只是强调指出要求被试以小组为单位进行讨论，通过讨论来解决问题。在这个过程中，主试及评价员按照事先拟定的测评因素及其评分标准对被试的行为表现进行观察评价。

与无领导小组讨论比较接近的另一种评价中心技术是指定角色的小组讨论。该技术也是要求受测被试成员以小组为单位就某一指定主题在给定的材料背景下进行小组内的自由讨论，它与无领导小组讨论的最大区别是被试在测验过程中必须按照事先指定的不同角色要求参与讨论。

二、无领导小组讨论的大致实施思路

（一）工作分析

通过对目标岗位的详细分析，可以获得任职者所需的关键资质。有时，我们也可以凭经验判断，确定几个关键的任职资格。如果根据80/20原则，我们只需要把注意力集中在几个关键的指标上就可以了。例如“公关经理”这个职位，我们可以挑选出“灵活性”、“说服力”、“人际关系能力”、“仪表举止”等几个关键指标。

（二）设计无领导小组讨论的材料

无领导小组讨论的题目最好与职位本身相关，这是因为在所有的甄选方式中，工作情景模拟有着极高的效度，而且这种方式的设计与实施也相对较为容易。可以直接从日常工作中选取一个典型情境，或者是挑选出该职位经常会遇到的难题，作为讨论的题目。以“客户服务经理”为例，这个职位可能在现实工作中经常碰到的难题就是客户抱怨处理，对这一难题的处理过程最能体现被评价者的能力，因此，可以设计一个客户抱怨处理案例来作为讨论的主题。

材料是讨论的主题和依据，最好为书面形式，因为若由主试口头传达，有的被试可能听不太清楚，或只抓住细枝末节的内容，没抓住主题，影响讨论发挥，能力展现打折扣。

（三）组织讨论

讨论的地点最好选在能容纳较多人的会议室进行。也有人担心评委在现场会影响被评价者能力水平的正常发挥，选择在有单向观察玻璃的试验室进行讨论，或利用摄像机录像后再观摩评分。我们在实践中发现，被评价者很容易把评委抛到一边，进入状态。所以，评委在现场干扰并不大，而且能抓住一些细微的表情和动作变化。

主持人应在讨论正式开始之前向大家宣读用于讨论的题目的内容，讲明发言规则和内容，并负责解答大家的疑问。所有事项交待清楚之后，请被评价者自由开始讨论。讨论时间结束之后，请大家按照预定的发言规则进行发言。评委在此过程中进行考查与评分。

三、无领导小组讨论技术的实际操作要求

（一）规则要求

1. 将被评价者按一定人数编组（一般6～8人）。如果人数太少，情境不够充分；如果一组人数太多，则头绪太多，评委的注意力也分配不过来。

我们还建议人数最好为双数，如6人或8人，因为如果参与讨论的人数为

单数时，很容易出现明确的任务导向，讨论者喜欢以举手表决的方式完成任务。因为无领导小组讨论一般要求小组最终达成一致意见和结果。讨论人数为奇数时，很容易在短时间内表决，完成任务，被测评者不能充分展示自己的能力。

有时也要考虑到性别比例的问题，如果一个讨论小组男多女少，女讨论者往往处于弱势地位，反之亦然。

2. 按照便于交流讨论的形式坐好。圆形会议桌最好，但因角度问题，不利于评委对所有被评价者的观察，因此我们建议成员坐成“V”字形，既便于讨论，也便于评委观察与评价。

3. 讨论开始之前需要对被评价者进行分组编号。评委应只关心被试在测评过程中的行为特征，不必关注被评价者的学历、经验、背景，甚至年龄等信息。在测评之前，这些信息不需提供给评委。

4. 不确定会议主持人，不指定发言的先后。

5. 不提出诸如积极主动、观点清晰之类的其他具体要求。

6. 只是要求他们根据主试提出的真实或假设的背景材料，就某一指定主题进行自由讨论。过程中评委一般不要打断讨论，即使看到有人口若悬河或从头至尾一言不发也不要插话或干涉。

7. 要求小组能在规定的时间内（一般为 1 小时）形成一致意见，并以书面或口头形式向主试与评委汇报讨论结果。

8. 评委人数为 6～8 人，根据每组测试人数的不同可做适当调整。

9. 无领导小组讨论评定结果易受到主评委主观倾向、经验、态度、风格等因素的影响，所以，所有评委之前都要经过严格的培训，统一评定标准。

（二）指导语要求

具体的操作要求通过清晰的指导语加以规定，指导语一般应包含以下内容：

1. 明确告知现在的测评活动是能力测评，让各位被评价者马上进入测评状态。

2. 解释说明参与测评的各位被评价者现在同属一个小组（团队），要求大家通过小组内充分、自由的讨论来解决任务。

3. 讨论应该参考背景材料，围绕任务主题展开。

4. 鼓励小组成员表述个人的不同见解，但最后必须就主题达成一致意见，即得出一个小组成员共同认可的结论，并能给予充分的理由解释。

5. 要求小组能在规定的时间内（如 60 分钟）达成解决问题的一致性意见。

6. 要求小组在讨论结束之前必须选派一名代表来汇报小组的结论。

（三）讨论材料示范

讨论材料设计是否恰当将会在很大程度上影响无领导小组讨论的测评效果。一份好的材料应该符合以下几方面的要求：

1. 最好与目标岗位的工作情景相关。讨论材料设计一般来源于目标岗位的工作行为事件样本，这些行为事件具有典型性和代表性。

2. 只需保证材料必要的完整性，没必要苛求信息的详尽和全面。有时信息的不充分可能更符合真实的工作情景。

3. 必须为每份讨论材料设计讨论主题或为被测评者设定在讨论中应该解决的核心任务，讨论主题或任务应该是有讨论空间的，不是简单的交换意见就能得出明确结论的。

下面是两份讨论示范材料。

示范材料一：

现有某大型 IT 公司欲招聘一名总经理，经过公司人力资源部初步筛选，有四名候选人交由公司董事会决定最合适人选，这四位候选人的基本情况如下：

甲：36 岁，计算机专业博士学位，5 年前毕业后一直在本公司从事技术研发工作，主持开发过多种公司主干产品。2000—2002 年被任命为一分公司总经理，成绩优良。现任公司副总经理，主管研发及企业战略工作。

乙：32 岁，毕业于某名牌大学电信专业，本科学历，在读 MBA，1998—2000 年在某大型国营企业从事技术研发工作，2000 年至今在某外资通信企业从事市场营销工作，现任该外资公司副总经理，主管市场营销工作。

丙：38 岁，通讯专业本科毕业。毕业后在一中型国营电子企业工作 10 年，在此工作期间获得 MBA 学位。1999 年至今在一家美国独资企业办事处担任首席代表，全面主持工作，业绩优良。他注重企业管理，注重组织结构的合理设置，处理人际矛盾能力非常强，但缺乏开拓精神。

丁：35 岁，名牌大学企业管理硕士毕业。1998 年至今在一家贸易公司担任总经理，业绩优良，使得该贸易公司蒸蒸日上。他从未深入接触过 IT 业，对 IT 业的运作也不熟悉。但学习能力极强，思维灵活，有创新精神，沟通能力强，善于在群体中树立威望，具有很强的开拓精神，有责任感。

本次讨论大家要解决的任务是：代表该IT公司的董事会作出最终的用人决策，从上述4位候选人中选出最适合的总经理人选，并给予详细的理由说明。

示范材料二：

在9月下旬的某一天，你所乘坐的巨型客轮正在太平洋上航行，突然遇到特大风暴，迫不得已采取紧急救生措施。你和另外7名乘客漂流到一个荒岛上，你们8人（4男4女）来自不同的国家，所使用的语言有汉语、日语、英语和法语，但每个人都或多或少地会讲些英语。现在你们并不知道你们所处的位置在哪里，对岛上的情况也不了解，也不知道何时会有船只经过，何时才会有人来救你们。现在你们每人有一件救生衣、一条小毛巾，随身都携带了些钱及钥匙，每人都身穿比较薄的轻便衣服。此外，你们还共同拥有下列东西：

- 一个打火机
- 一把瑞士军刀
- 一本航海地图册
- 一个指南针
- 一台电子字典（可进行英、汉、日、法等多种语言互译）
- 一部手机（大约还可通话1小时（电池容量））
- 一块手表
- 一面镜子
- 一瓶盐
- 一块大塑料布
- 每人平均两公斤的水
- 6袋饼干
- 1瓶52°的白酒
- 一些粗绳子
- 几件厚外套

本次讨论大家要解决的任务是：根据这共同拥有的15件东西对你们求生的重要性对它们进行排序并说明理由。

四、无领导小组讨论的评委要求以及评分技巧

担当无领导小组讨论评委的人选必须具备以下条件：

1. 善于观察。观察是评委在评价过程中的主要工作内容，评委必须要有敏锐的观察力，能够捕捉到被评价者的行为细节表现，包括言语的或非言语的（如手势、表情、身体动作等）行为。有经验的评委还能够使用自己的语言符号快速地把观察到的行为记录下来，作为随后的讨论评分依据。

2. 最好有心理学或管理学相关专业背景，或者具备一定年限的人事管理经验。

3. 必须接受专门的培训。无论是什么背景的人担当评委，在某次 LGD 测评实际运作之前，都需要对评委进行相关的培训。培训的内容主要包括：评价中心的测评思想、LGD 的设计思想、LGD 测评方法的操作过程、LGD 的测评指标、每一测评指标的内涵及评分等级标准、评分的操作技巧（客观、紧扣标准、拉开差距、避免中心化倾向等常见评价误差等）。

评分原则上应依据测评要素内涵的界定及分层级的具体行为标准。但有些行为具有共通性，可作为通用的评分依据，以作参考。这些行为的出现总能反映出某些资质。下面提供的是一些无领导小组讨论中典型的行为表现，可与某些目标资质挂钩：

1. 发言次数的多少；
2. 发言质量的高低，说理能否抓住问题的关键，提出合理的见解和方案；
3. 是否善于提出新的见解和方案；
4. 是否敢于发表不同的意见，坚持自己的正确意见；
5. 是否善于倾听别人意见，支持或肯定别人的合理设想，尊重他人的不同看法，能否注意语言表达技巧，特别是批驳的技巧；
6. 是否善于消除紧张气氛，说服别人，调解争议，创造一个使不大开口的人也想发言的气氛，把众人的意见引向一致；
7. 是否尊重别人，是否侵犯他人发言权；
8. 是否能够引导讨论的进程，是否经常进行阶段性的总结；
9. 是否具有良好的分析判断能力，反应能力，自控能力。

五、无领导小组讨论测评的特点

（一）无领导小组讨论的特点

1. 每次测评的人数有限。
2. 测评所需的时间较长。

3. 情境刺激材料及其主题的设计要求很高。

4. 评委高标准。

（二）无领导小组讨论的优点

1. 它能为被试提供一个充分展现其才能和人格特征的舞台。被试能够在一种动态的情境中表现自己，能使他们表现出更多的更充分的真实性的行为，更有利于评委对他们进行评价。

2. 它能提供给被试一个平等的相互作用的机会。在相互作用的过程中，被试的特点会得到更加淋漓尽致的表现，同时也给评委提供了在与其他被试进行对照比较的背景下对某个被试进行评价的机会。

3. 无领导小组讨论对于管理者的领导才能和组织协调能力的评价非常有效。

4. 无领导小组讨论可以同时考查评价若干名被试，应用领域比较广泛，操作起来比较灵活。

（三）无领导小组讨论的缺点

1. 无领导小组讨论的测评方式对评委的要求比较高，因为评价标准相对不易掌握与操作。例如评委很难把握得准组内评价标准与组间评价标准（组间差异与组内差异）。

2. 评委容易混淆绝对评价标准和相对评价标准，因为基于同一个背景材料的各个不同的小组讨论的气氛和基调可能完全不同。有的小组气氛比较活跃，比较有挑战性；而有的小组则气氛比较平静，节奏比较缓慢，甚至死气沉沉。某个被试的表现会过多地依赖于同一小组中的其他被试的表现。例如，一个人的表达能力在总体中评分应在 7 分，他若正好参与到一个较弱的小组，因表现相对于组内其他成员较为突出，可能被评为 8 分；但在一个较强的小组内，有些其他成员表现更好，可能他的评分会降低，只有 5 分或 6 分。

3. 无领导小组讨论对测验材料的要求较高，材料选择的好坏直接影响对被试的评价的全面性与准确性。

第四节　其他评价中心技术

评价中心是一种以情境模拟为特色的人员测评技术，除了应用得比较广泛的无领导小组讨论和文件筐测验以外，还有一些其他的测评形式，如管理游戏、角色扮演、案例分析、辩论赛、演讲等方法，可以根据具体的测评目的进行选用。

一、管理游戏

管理游戏是一种以完成某项或某些“实际工作任务”为基础的标准化模拟活动，通过活动观察和测评被试实际的管理能力。因为模拟的活动大多要求被试通过游戏的形式进行，并且侧重评价被试的管理潜质，管理游戏因此得名。

在管理游戏测评中，受测被试置身于一个模拟的工作情境中，面临着一些管理中常常遇到的各种现实问题，要求想方设法加以解决。同文件筐测验类似，管理游戏中涉及的管理活动范围也相当广泛，可以是市场营销管理、财务管理，也可以是人事管理、生产管理等。在测评过程中，主试常常会以各种角色身份参与游戏，给被试施加工作压力和难度，使矛盾激化、冲突加剧，目的是全面评价被试的应变能力、人际交往能力等素质特征。

管理游戏的优点是：

1. 能突破实际工作情境的时间与空间的限制。

2. 模拟内容真实感强，具有趣味性。

3. 具有认知社会关系的功能，能帮助参加者对错综复杂的组织内部各部门之间的关系有一个更加深刻的了解。

管理游戏的不足是操作不便于观察，且设计成本高。

二、角色扮演

角色扮演是一种主要用以测评被试人际关系处理能力的情景模拟活动。在这种活动中，主考官设置一系列尖锐的人际矛盾与人际冲突，要求受测被试扮演某一角色并进入角色情景，去处理各种问题和矛盾。主考官通过对被试在不同人员角色的情景中表现出来的行为进行观察和记录，测评其相关素质。

在角色扮演中，主试对受测被试的行为表现一般从以下几个方面进行评价。第一，角色适应性。被试是否能迅速地判断形势并进入角色情景，按照角色规范的要求采取相应的对策行为。第二，角色扮演的表现，包括被试在角色扮演过程中所表现出来的行为风格、人际交往技巧、对突发事件的应变能力、思维的敏捷性等。第三，其他，包括被试在扮演指定的角色处理问题的过程中所表现出来的决策、问题解决、指挥、控制、协调等管理能力。

角色扮演测评材料示例：

上海龙舞冰箱厂是一家专门生产和销售“龙舞”系列品牌冰箱的中德合资公司，公司成立于1993年5月。目前拥有员工500多人，设有生产部、技术部、销售部、采购部、人力资源部、财务部等职能部门。张谨是技术部的部门经理，直接向总经理汇报工作，下辖4个股，分别为：生产工艺股、质量控制股、生产计划股、设备管理股。每股有员工10名，各个股设股长一名，他们都直接向张谨汇报工作。

技术部的主要工作职责是负责制定生产计划、设备的管理与维修、质量控制、生产工艺与过程控制，协调生产，随时解决生产过程中遇到的各类技术问题。

由于各种原因，上海龙舞冰箱厂面临的竞争压力正在逐渐增大，因为同类产品越来越多，产品销售价格一再下降，利润空间越来越小。要想保持原有的市场地位，公司就不得不进行相应改革以提高效益。

为了提高生产效率，公司的管理团队经讨论制定了一项优化生产过程的计划，将由生产工艺股负责具体推行工作。生产工艺股的股长是吴华。这一优化过程需要生产工艺股与生产部密切合作，共同进行，因此生产部主管的配合对这一项目的成功与否有极其重要的意义。但根据您的了解，在上周生产工作会议上，吴华与生产部的钱经理因意见不同发生过激烈的冲突。当时，钱经理提出要改进一套生产设备，但吴华认为由于工厂条件所限，改进设备不可行。钱经理级别比吴华高，听后很不高兴，发脾气了，双方各执己见，吵了起来。最后，在其他与会人员的劝说下，他们停止了争吵，不欢而散。这件事可能会影响吴华与钱经理的合作，甚至吴华会反对这一计划，不愿实施该项目。

现在假设您就是张谨，您要做的是向吴华布置这一工作任务，并说服他主动改善与钱经理的关系，以使优化项目顺利进行。

三、案例分析

案例分析通常是主试提供给被评价者一些实际工作中常常碰到的问题的书面材料，让被评价者阅读这些内容，并要求他们解决案例中的问题，提供书面的报告或者在小组讨论中发言。主试根据被评价者在这一过程中所表现出的分析问题、解决问题、表达观点、传递信息等各方面的能力给予相应的评价。

案例分析测评在设计与操作上相对简便易行，既可以考查一些一般性的技能，如数字分析能力、材料组织能力、文字表达能力，也可以考查一些综合性能力，如决策能力、问题解决能力等。

案例分析测评示例：

请仔细阅读下述两个案例，并就案例所附问题发表您的看法。

案例1：

某外贸服装厂A是苏北地区颇有知名度的服装大厂，该厂以做针织类的外贸服装加工、销售为主要业务，每年的销售额上亿元。A厂下属一销售公司，专门负责该厂营销工作，确保完成A厂下达的销售与利润指标。最近，负责销售公司的张总遇到了一件令他头痛的事情，原来手下的一名销售业务员辞职了，该业务员的离开带走了一些客户，这些客户的损失使销售公司的销售额一下子减少了1 000万元，占整个公司销售指标的近10%。如何挽留这些客户，张总一筹莫展，因为所有的客户信息都掌握在销售人员手中。在过去，销售公司曾经发生过销售人员单干而造成客户资源流失的事情，但是因为缺乏有效的管理方法和手段，公司的客户资源被业务人员私有化的问题一直没有得到解决。这一次销售业务员的离开，使得A厂销售公司大伤元气。

问题：张总应如何解决客户资源私有化的问题？

案例2：

袁之隆先生是南机公司的总裁。这是一家生产和销售农业机械的企业。1998年产品销售额为5 000万元，1999年达到6 400万元，2000年预计销售可达8 700万元。每当坐在办公桌前翻看那些数字、报表时，袁先生都会感到踌躇满志。

这天下午又是业务会议时间，袁先生召集了公司在各地的经销负责人，分析目前和今后的销售形势。在会议上，有些经销负责人指出，农业机械产品虽有市场潜力，但消费者的需求趋向已有所改变，公司应针对新的需求，增加新的产品种类，来适应这些消费者的新需求。

身为机械工程师的袁先生，对新产品研制、开发工作非常内行。因此，他听完了各经销负责人的意见之后，心里便很快算了一下，新产品的开发首先要增加研究与开发投资，然后需要花钱改造公司现有的自动化生产线，这两项工作约耗时3~6个月。增加生产品种同时意味着必须储备更多的备用零件，并根据需要对工人进行新技术的培训，投资又进一步增加。

袁先生认为，从事经销工作的人总是喜欢以自己业务方便来考虑，不断提出各种新产品的要求，却全然不顾品种更新必须投入的成本情况，就像以往的会议一样，而事实上公司目前的这几种产品，经营效果还很不错。结果，他决定仍不考虑新品种的建议，目前的策略仍是改进现有的品种，以进一步降低成本和销售价格。他相信，降低产品成本、提高产品质量并开出具吸引力的价格，将是提高公司产品竞争力最有效的法宝。因为，客户们实际考虑的还是产品的价值。尽管他已做出了决策，但他还是愿意听一听顾问专家的意见。

问题：1. 你认为该企业的外部环境中有哪些机会与威胁？

2. 如果你是顾问专家，你如何评价袁先生的决策？

四、辩论赛

在评价中心技术中，有时也会用到辩论赛这一方法，其中尤其是自由辩论赛运用较多。在自由辩论赛中，被评价者自由组成辩论的正方和反方，就某一给定的题目自由发表意见，进行辩论。在辩论过程中，不规定辩手顺序，即不明确设定一辩、二辩、三辩等。

示例：

大家好，现在大家要进行的测试是“自由辩论赛”。我们将通过观察大家在辩论赛中的表现对你们进行综合评价。辩论赛的规则是这样的：

（1）大家先自由分组组成辩论的正反方；

（2）本次辩论赛是自由辩论，不规定辩手顺序，即不明确设定一辩、二辩、三辩等；

（3）可供选择的辩题有5个，请大家尽快选择其中的一个辩题（辩题及相关规则打印稿已发给大家）；

（4）可以先花10分钟的时间进行辩论准备；

（5）辩论赛的辩论时间为30分钟；

（6）辩论赛结束后，要求各位在1分钟内简短地谈谈参加此次辩论的最大感受。

附：

自由辩论赛·辩题

1. 建设商家必争之地，打造市场重于打造品牌。
2. 在竞争的环境里，双赢思维行不通。
3. 企业管理，理论比经验更重要。
4. 公司应该制定更多的制度来加强管理。
5. 企业发展，服务比产品质量更重要。

辩论赛规则：

1. 自由辩论，不规定辩手顺序（无一辩、二辩、三辩）。

2. 时间：

(1) 准备及分组时间：10 分钟（注意：在这 10 分钟内，请你们尽快组成正反两方，选好辩题，并对辩论做准备）。

(2) 辩论：30 分钟。

(3) 总结：10 分钟（要求考生在 1 分钟内简短地谈谈参加此次辩论的最大感受）。

五、演讲

演讲作为评价中心技术的一种，主要是要求被评价者根据给定的材料组织自己的观点，并向主试阐述自己的观点和理由，由此来测评被评价者的分析推理、语言表达、逻辑思维等能力，并可以考查被评价者的仪表举止等。有时，在演讲完后，主试还会向被评价者提出一些问题，以进一步了解被试的相应能力。

演讲测评案例：

指导语：你好。现在请你就给定的主题进行演讲，演讲时间为 2 ~ 3 分钟。在演讲开始前，你有 3 分钟的准备时间。

1. 我最钦佩的人
2. 我眼中的环保产业
3. 未来三年汽车产业的发展趋势

关键概念

评价中心　文件筐测验　无领导小组讨论（LGD）　管理游戏　角色扮演　案例分析

复习思考题

1. 什么是评价中心？其测评原理是什么？
2. 公文包里常见的文件类型有哪些？
3. 请设计一份无领导小组讨论材料（包括指导语）。

第九章 人员测评流程及实战案例

本章要点

- 了解人员测评运作的一般过程
- 了解人员测评在实际应用中的意义与价值

第一节 人员测评运作的一般流程

人员测评是一种综合的、系统的、复杂的过程，从应用领域来看，可以包括组织与人才选拔和评价相关的任何领域（外部招聘，内部晋升，内部培养需求诊断，素质摸底，年终考核等），但是我们还应该知道，多数人员测评项目运作都遵循着一个相对一致的流程。

一、确立测评目的

测评目的既是测评活动的起点，又是测评活动的归宿。它决定着测评的方向。因为测评的内容、标准、方式方法都是为测评目的服务的，所以，开展测评的首要任务就是要确立正确的测评目的。

确立测评目的这一步骤是一个测评服务企业与测评机构（内部或外部）互动的过程。委托单位首先提出自己的测评需求与目的，人员测评机构则提供专业的建议，双方通过不断的沟通交流加深相互间的了解，共同确立测评目的、测评要素、测评方法等具体内容。

确立正确的测评目的是事关测评活动成败的关键，一定要进行深入细致的调查研究，了解测评对象、环境和测评自身的发展状况，在科学分析的基础上作出决策。

二、制定测评计划

设计测评方案的过程实质上就是制订一份详细的测评计划。测评计划就是对某一测评活动所涉诸方面的总体设计、布署与安排。一份规范的测评计划至少要包括下述内容：

1. 测评的目的与性质。

2. 测评对象。确定范围和人数或具体的人员名单。

3. 测评内容与标准。应以分解后的测评要素表示出来。

4. 测评方式与方法。测评方式与方法应与测评要素相对应，可以采用表格形式展示。

5. 测评的组织管理，包括机构名称、负责人、测评员和工作人员的名单以及各自的工作职责。

6. 实施步骤，包括测评前有关材料、场地的准备布置以及测评员和测评对象的动员与培训，测评对象、内容、方式与方法实施的先后顺序，测评结果的分析处理等。

7. 测评活动的日程安排。

8. 注意事项。交待有关未曾预料的事件的处理原则、方式和方法，以及在实施过程中应注意的一些问题。

三、选择或研制测评工具

由于具体测评实践的目的、内容、方式方法、地域、时间、对象等诸多差异，可以直接借助或利用的测评工具是有限的。因此，选择或研制针对特定目的和对象的测评工具又是现代人员测评设计的重要基础性工作。

在已有的测评工具中，有的可以直接利用，有的要加以改造后才能使用，有的则必须完全自行研制设计。一些标准化心理测验量表可以有针对性地选择使用；某些评定量表、问卷或模拟的情景，如文件筐作业等可以借鉴并加以修改调整后使用；而一些有关知识、技能的测试试卷和面试试题等则必须自行设计、研制，才能满足具体测评的需求。无论是选择标准化的心理测验，还是改造、重新设计测评工具，都是一项专业性、技术性很强的工作，需要测评专家、心理测量专家以及长期进行人员测评实践的人员的共同努力才能实现。

四、组织实施

如果说测评计划还只是一纸蓝图的活，那么组织实施就是按照测评蓝图去进行施工。由于每次测评的蓝图并不完全相同，组织实施的具体任务和要求也有差异。若舍其小异而取其大同，直到测评结果的处理阶段，组织实施阶段应完成以下工作和任务。

1. 根据测评计划，制定测评实施细则。实施细则应提出具体的任务分工、时间安排及可操作的标准要求等，便于实施时掌握、操作运用。

2. 做好测评前的准备。测评准备包括测评材料、工具、场地、人员、经费的准备。

3. 人员培训。人员培训包括三方面的人员，即测评对象、测评员和管理人员。培训的目标是要提高他们对测评意义的认识，明确各自任务、职责和要求。

4. 组织测评人员。由于现代人员测评方式方法多样，为了使测评活动能够有步骤、按计划地顺利进行，就要对参与测评的人员进行合理的组织、安排，使各个环节之间衔接良好。

5. 实施测评。实施测评是指进行具体的心理测验、笔试、机试、情景模拟或评定等。在进行这些具体的测评活动时，必须按这些活动自身的规律和要求进行。

6. 管理测评工具、器材和资料等物品。

五、处理测评结果

处理测评结果阶段的主要任务是汇总、分析、整理由各种测评工作、方法所获得的测评要素的数据资料，并对测评对象作出最终的总体性评价，同时也要对整个测评活动过程质量进行评价。

要从大量测评活动获得的主客观信息中得出正确可靠的结论，必须做到信息全面、方法科学 8 个字。所谓信息全面就是要全面系统地掌握不同方法、不同阶段、不同测评员所提供的不同性质的信息。方法科学则是要求方法的选择与应用恰当、运用正确。任何一种方法都是针对一定的目的，有其特定的对象、适用范围和条件。所以，处理测评结果方法时一定要根据测评的目的和待处理资料的性质、类型和特点来选择恰当的方法。

六、撰写测评报告

各项测评结果都处理完后，要撰写一份内容详尽、真实的测评报告，包括测评过程中每个项目的结果分析，并给出综合评价与建议。它的基本内容如下：

1. 本次测评的基本信息，包括测评项目名称、测评机构、测评时间以及测评项目概述等。

2. 被试的个人信息，包括编号、姓名、性别、年龄、教育程度、岗位、职务等。

3. 测评项目列表，即进行了哪些项目的测评活动，如果是多个测评项目，需要按顺序排列。

4. 测评结果展示，包括测评的维度以及各维度的得分或评价等级等情况。测评结果可以采用图表、文字或多种形式组合的方式呈现。

5. 测评结果分析，对被试在各个测评维度上的得分给出相应的文字说明及分析解释。

6. 总评，指对被测评对象的总体评价。

7. 专家复核意见。

8. 注明报告撰写人和复核人及日期。

七、反馈利用信息

测评最后阶段的主要任务是将测评结果准确无误、适时地反馈给测评对象本人、上司或其委托者，并联系最初的测评目的，帮助他们充分地利用结果信息开展多方面的工作。

测评信息反馈与利用必须做到准确客观、方式适当。信息要准确客观，这是最基本的要求，所反馈信息必须是测评结果的真实信息，不得随意夸大、缩小或遗漏，不得掺入个人的主观意见，而应是客观的陈述，否则会造成人事决策失误，产生消极的影响。信息反馈的方式应根据测评目的以及反馈对象的特点而定。

给测评对象反馈测评结果时，应选择测评对象工作较轻松、情绪较稳定的时机，反馈的信息应该是比较具体的测评结果信息，而不是最终的简单肯定或否定的结论。

了解了上述测评项目的一般运作流程后，并不代表就可以很好地去运作一个测评项目了，因为在任何一个应用领域，测评的需求和目的不同，对测评这个环节的要求也会不同。随着现代人员测评的发展，测评与组织传统的人才评价方式和流程的结合也越来越紧密，因此测评项目作为一个大的人才评价项目的一个重要环节，也在积极探索更多的与人才评价整体流程相结合的最佳途径。

第二节　外部招聘案例

如何准确、可靠地发现和利用人才是所有企业都共同关心的问题。“学历 + 专业 + 工作经验”是传统招聘场上惯用的“老三招”，然而长期实践证明，这些考查往往无法触及到员工的内在素质，具有很大的经验性、随意性，导致招聘效果不理想。分析表明，导致招聘成功率不高的主要原因是企业选才往往存在以下四大盲点：没有建立清晰的选才标准；选择了职业定位不明确的员工；不清楚人才的求职动机与主导需求；忽视人才的行为风格与企业文化、团队风格的匹配性。

引入现代人员测评技术应用于招聘选拔是一项重要的理念和决策，世界500强企业都有严格的人才招聘测评流程和工具，且大部分委托专业的测评公司进行。我国也有越来越多的企业在采用现代人员测评技术进行招聘选拔，包括政府机关的公务员考试、党政干部的公开招考都采用了先进的人员测评工具和方法。人员测评技术应用于招聘选拔中时，对于较低层次的岗位可以选用一些标准化程度较高的测评工具和方法，如能力测验、个性测验及专门为招聘选拔而设计的测评工具，辅之以笔试及行为面试等。若是高层次的岗位如果候选人较多的话，可以先用标准化测评工具对其进行筛选，圈定有效候选人后则再采用评价中心、结构化面试等方法。

一、案例简介

GJ 集团成立于 1997 年 1 月，是集科工贸金于一体的大型国有企业。集团归属国务院国有资产监督管理委员会（简称国资委）直接管理，公司注册资金 20.5 亿元，下属 48 家全资及控股子公司。

为认真贯彻落实党的十六届三中、四中、五中全会和 GJ 集团 2006 年工作会议精神，进一步深化企业人事制度改革，积极探索适应现代企业制度要求的、充分体现党管干部原则与市场化选聘相结合的国有企业选人用人机制，GJ 集团决定 2006 年继续组织部分所属企业面向社会公开招聘 13 名高级经营管理者，旨在通过公开招聘，吸引国内外一流人才到 GJ 集团任职，为实施 GJ 集团发展战略提供强有力的组织保证和人才支持。

这是 GJ 集团第三次面向社会公开招聘高管人员，事实证明，采用传统的干部考查与市场化人才选聘相结合的形式取得了良好的效果，目前已逐步形成优秀人才脱颖而出的良好局面。通过公开招聘上岗的高管人员能够在各自的岗位上充分发挥自己的能力和水平，绝大多数受到了领导及同事的认可。

由于本次公开招聘高管人员的项目是集团公司首次引入外部专业测评机构，且影响面较大（上至国资委，下至 48 家成员企业），集团相关领导对该项工作非常重视，因此对测评机构的资质筛选也相当严格。在对包括诺姆四达公司在内的多家测评咨询机构进行全面深入考查的基础上，最终，诺姆四达公司凭借雄厚的技术实力和丰富的测评咨询项目经验（尤其是为国有大中型企业相关服务的经验）从众多测评机构中脱颖而出，成为 GJ 集团的合作伙伴。

诺姆四达公司接受这个项目后，经过详细的分析，将项目目标定位为如下几条：

1. 对GJ集团下属A公司的总经理、副总经理职位和下属六家公司的财务总监职位进行相关的调研访谈，形成各职位的职责说明和评估模型。

2. 主持设计本次三个职位公开招聘的总体流程和各个阶段的实施流程，编写全套流程相关支持文档。

3. 根据确认的测评方案进行测评材料开发和组织实施测评；测评的主要形式为“专业笔试”、“标准化心理测验”、“演讲答辩”、“结构化面试”和“无领导小组讨论”等五种方法。

4. 测评结束后，为各职位入围的候选人撰写一份“测评结果报告”，就相关的测评指标给出定量与定性相结合的评价意见。

5. 向公司的管理层反馈测评结果。

二、案例过程解析

与前两年的招聘工作相比，今年的招聘工作又进行了改革创新，GJ集团根据诺姆四达测评专家的专业意见，首先将往年的结构化面试的测评材料和评价标准进行了完善和升级，融入现代测评理念，在结构化面试的基础上，增加了英语口试、标准化心理测验、无领导小组讨论等测评方法，希望通过多种测评方法的组合应用，全面科学准确地对应聘者给出评价，帮助GJ集团选好人、选高人。

基于上述要求和对项目总体目标的分析，我们提出了如下项目解决方案，见图9-1。

以上方案，有如下一些关键点需要把握：

首先，在这次三类职位的公开招聘中，测评环节需要融入到GJ集团整体的招聘流程中来设计，又需要将测评的理念贯彻始终，这样才能保证整个招聘不流于形式。因此，从流程设计上，从招聘渠道选择开始，到招聘公告发布，简历筛选，一直到笔试和面试环节，都是基于前期的测评需求分析开展的。

其次，在流程操作上，本次最大的挑战在于，外部专业测评机构要与内部集团人力资源部工作人员密切配合共同完成测评任务，需要让内部人员在了解招聘工作流程的基础上，熟悉加入测评后，哪些地方是以往的招聘工作中没有的，哪些地方在以往招聘工作的基础上有了改进。

再次，在测评的实际实施过程中，本次测评延续了国资委大型央企公开招聘的操作思路，即请GJ集团高级管理人员担任测评项目的主评委，这在很大程度上对测评材料和评分环节提出了挑战。因此，诺姆四达公司需要从测评材料开发开始，到测评标准的制定、评分流程的设计，都尽量做到兼顾科学性与简便性，兼顾标准化与操作化，让内部主评委可以通过短短2个小时的考前培训，充分掌握面试材料的关键点和测评指标的关键点，把握评分规则和评分关键要素，以保证测评的科学性和公正性。

总体流程设计

实施环节设计—各环节实施方案设计—支持文档—相关预案—各环节细节问题梳理

调研访谈

访谈对象设定—访谈计划编写—访谈提纲设计—访谈实施—访谈报告撰写提交

招聘公告发布

根据访谈内容撰写招聘公告—设计发布渠道和发布流程

笔 试

笔试实施流程设计—各类考务相关支持文档编写—笔试题目开发—笔试实施—评分

面 试

面试实施流程设计—各类考务相关支持文档编写—面试题目开发—面试实施—评分

报 告

数据统计—报告撰写—报告提交

反 馈

项目总结会—集团相关领导书面反馈意见收集

图 9-1

本次项目面临的具体问题和解决方案可以参见表 9-1。

表 9-1 本次项目面临的问题和解决方案

面临的问题	解决方案
以往的招聘公告对于职位职责界定不够清晰	1. 在招聘公告发布前安排深入的访谈，充分了解职位设置目的和工作内容 2. 参考多方意见，合理设置副总经理分工 3. 引入素质模型和职位说明书的理念，科学设计招聘公告内容

续表

面临的问题	解决方案
以往招聘前的调研不够深入	1. 扩大访谈对象范围 2. 设计详细的针对性强的访谈提纲 3. 专家实施访谈
A公司副总经理的职位设置数量和工作内容如何界定	1. 在A公司内部和集团层面充分调研，听取各方意见，综合吸取副总经理职位设置的意见，结合专家对于A公司组织结构和未来发展的分析，科学设计副总经理数量和分工 2. 根据访谈内容，细化为职位工作内容和职责 3. 充分结合A公司目前问题的解决和未来战略实现，体现前瞻性
A公司副总经理的考查如何体现职位差异	1. 笔试和面试都分职位命题，提高针对性 2. 增加测评方法，全方位考查
六家公司财务总监，如何体现区别	1. 前期调研充分征求专业人士意见，提炼共性的考查内容 2. 分别请所属公司总经理担任考官，提针对于具体企业的问题
以往笔试题过分偏重对于专业素质的考查	1. 专家从职位职责和素质模型出发，设计科学的题目结构：专业素质考查＋综合管理素质考查＋对宏观政策和制度理解的考查 2. 专家撰写详细的出题细则，财务总监题目请财务专家和集团总会计师亲自命题，总经理和副总经理题目由测评专家命题，并分别给出详细评分标准
以往方法的科学性不能满足	1. 专家出具素质模型为基础的结构化面试题目和评价标准，注重对于管理素质的考查，提高结构化面试的效度 2. 增加标准化心理测验，从个性和核心能力方面补充考查 3. 副总增加无领导小组讨论和英语面试，从核心能力和专业能力方面丰富考查手段，综合评价
评委评分标准如何保证统一	1. 设定严格细致的评分标准和评分档次，并安排评委培训，保证评委间的标准统一 2. 每位评委发放终评表，帮助评委保持自身标准统一
内外部应试人员，如何体现公平性	1. 流程设计中增加各个环节的保密安排：题目、评委、考生 2. 笔试试卷密封判分，面试评委团纳入测评专家和行业专家 3. 严格依据笔试成绩筛选面试人选

续表

面临的问题	解决方案
第一次独立操作，GJ集团工作人员对于流程不熟悉，且职位较多，环节复杂	1. 专家给出详细的流程手册和安排，精确到人、天、每个步骤和环节的衔接、人员的配合，充分考虑所有细节 2. 前期对总体流程充分讨论，所有工作时间安排留出余量 3. 增加双方沟通次数 4. 细致的人员培训 5. 安排实战演练 6. 申请集团相关部门从人、物、场地等方面给予充分支持

三、案例点评

GJ集团本次公开招聘项目是诺姆四达公司首次独立主持和设计的大型国有企业面向社会公开招聘活动，本次招聘的职位也是诺姆四达公司独立主持实施测评的历史上层级最高的一次。根据本次项目实施和操作经验，有以下一些结论：

（一）国有大型集团公司高级经营管理者面向社会公开招聘将是未来的发展趋势

国有大型集团公司直接受国资委监管，其经营活动和人才战略都要受到严格的监管，而目前国资委对于国有企业高管人员的招聘和管理都越来越多地引入现代人员测评理念和评价方法，从2003年的国资委全球公开招聘国企高级经营管理者开始，连续几年的公开招聘成果显著，从前三年的实践看，公开招聘在全社会引起了强烈反响，通过公开招聘录用的人员整体上都比较年轻，有比较丰富的履职经历，知识层次高，市场意识强，上岗后的工作表现很好，有些副职还被列为企业正职后备人员。今后，国资委公开招聘的成功经验必将在其监管的大型国有企业中得到普遍推广。国资委在总结几年的招聘工作中进一步指出，采用科学的考试测评方法择优录用是选好人的关键环节，重点有两个，一个是出好考题，另一个是看准人。在招聘前，承担考务工作的单位就深入到企业进行职位调查，了解企业需要什么样的人，根据企业的实际需要出考题，所以试题都紧扣行业和企业发展实际，没有很强的企业经营管理实践经验考不出好成绩。在“看准人”上，改变过去仅由组织人事部门考查选拔的封闭做法，聘请企业家、熟悉企业经营管理的专家和著名学者担任考官，选人的眼光更加全面准确。为了考查考生的整体素质，国资委还不断丰富考试测评的手段，2005 年在 2 个正职职位测评中增加了评价中心技术，效果很好，2006 年就在全部职位中进行应用。2006 年还新增加了心理素质测评，对考生与招聘职位的适配性也加强了考查。可以说，几年来公开招聘的考试测评方式一年比一年更科学、更先进、更完善，测评质量和效果也在不断提高。

（二）国有企业高级经营管理者公开招聘活动有自身的特点

1. 流程设计要求严格。由于干部管理机制和人力资源工作的规范限制，国有企业的公开招聘通常采取内部主持或者与相关政府测评机构合作而内部人主导的形式进行，不可能像合资、外资和民营企业那样完全交给第三方去独立主持设计和实施，且国有企业对于招聘各个环节设计的规范严密和公平公正的要求非常严格，对于招聘工作的各个环节的主持和设计都提出了较高的要求。

2. 评委组成多元化。同样由于上述原因，国企公开招聘的评委通常由企业内部的决策者、测评专家和行业专家共同组成，全方位对应聘者进行评价和把关。

3. 测评技术材料要求高。由于国企公开招聘职位层级较高，测评材料的技术要求较高，又由于评委组成的多元化，不可能完全照搬专业测评专家使用的评价标准，对评价标准的实用性要求较高。

基于上述特点，本次诺姆四达公司在主持设计招聘活动的过程中，做了以下工作：

1. 设计招聘流程整体方案。包括总体流程和各个分阶段的流程设计，关注细节，强调标准化、程序化和规范化，保证各个环节各个操作者和参与者都能根据各自的工作职责和操作规范严格执行。

2. 提高测评材料的适用性。测评材料中相关情境和考查点的设计、评价标准的设定和评价等级的划分都经过大量调研访谈和讨论来形成，评价标准结合企业决策者的关注点、行业专家的评价点和测评专家的评价标准三个方面，科学设计测评要素的含义、评价要点、权重和评分档次，以达到最大程度地统一各类评委的评分标准，充分发挥多元评委的优势，实现全面科学评价的目的。

3. 适当引入新的方法。在遵照国企传统招聘方式的同时，诺姆四达公司一方面对于原有方式的测试材料和测试标准进行了标准的符合测评技术要求的改良，使传统面试更符合结构化面试的标准，另外还通过跟对方的沟通，引入了标准化心理测试、无领导小组讨论等新方法，并邀请国企高层领导观摩，旨在逐步引入更多现代测评理念和技术，打破国企的公开招聘原有模式的局限性。

第三节 内部测评案例

组织解决人才需求时，最常用的办法除了外部招聘就是内部晋升。内部晋升具有可信性高、适应能力强、激励性更佳和费用率低等优势。但是，很多企业不能准确把握在当前岗位上工作绩效优秀的员工晋升到更高岗位后是否能同样创造高绩效，这需要一个公平公正的晋升评价程序与结果，让内部晋升真正起到激励作用。

采用人员测评技术，可以从企业文化、战略、岗位职能入手，以拟晋升的目标岗位为基础设定针对性的评估模型，并根据企业需要，适度公开评估模型，为员工发展设立能力标竿，明确其努力方向，使发展通道透明化。其次，通过专业评价技术的综合应用，全面了解候选人的能力素质特征，做到准确预测绩效，同时可了解候选人的职业倾向和真实发展意愿，使“晋升”真正能满足员工的内在需求，确保激励效果最大化。另外，测评能以目标岗位的素质要求为标准，综合分析候选人的能力优势与差距，在为晋升提供决策参考依据的同时，也可为员工的自主学习和公司的系统培训提供重要参考。

与外部招聘选拔人才相比，内部晋升在选拔的公正与公平性方面要求更高，因此我们要求晋升的标准要有合理的依据，尽可能地减少个人偏见的影响；在晋升评价过程中，公开、公平、科学规范的程序也必不可少，要降低内部晋升过程中较易出现的“裙带关系”所造成的不良影响；考虑到晋升的激励作用，在晋升决策时也不能忽视候选人的职业倾向和个人发展意愿，避免把其晋升到不能胜任的职位。

一、案例企业需求背景

某全球著名零售集团公司在亚洲的发展始于20世纪90年代中期。经过一系列的筹划和详细的市场调研，集团将亚洲发展的重点放在中国。

在发展的过程当中该公司面临的最大挑战是管理人员本地化的问题。一方面外派人员成本过高成为以低价取胜策略的一大压力；另一方面，随着该公司在全球的迅速发展，从母国寻找外派经理到中国不断新开的店已经是越来越困难了。因此，实行管理人员的本土化是该公司别无选择的选择。

为了使该公司能够在中国快速而稳定的发展，公司高层在进入中国之初就有了管理人员本土化的战略考虑。他们采取的第一个举措就是大量地从现有员工中选拔有潜力的人员补充到新的管理岗位。另外的举措是建立第三方独立评价机制。他们延聘了国外一家测评咨询公司在上海的代表处作为他们在中国的人员测评服务商。引进了母国公司的全套测评工具与方法，从2001年开始为该公司（中国区）提供服务，总计做过三次测评。测评结果使用后，人力资源部门的管理人员以及各个分店的高层管理人员都感觉到这家测评公司提供的测评结果与实际情况有较大的差异。

通过分析，他们开始意识到，这种测评误差的来源可能是文化差异造成的，因为这家测评公司没有对他们的测评工具和标准进行适合于中国的本土化改造。这时他们开始把视野投向中国本土的测评咨询公司。他们找到了诺姆四达公司。

二、解决方案

接受本次项目后，诺姆四达公司对该公司（中国区）人力资源总监、人力资源经理、部分分店店长和时任各店的处经理进行了需求分析访谈，经分析后确定评估对象为（1）由处经理（division manager，DM）晋升店长；（2）由部门经理（section manager，SM）晋升处经理（DM）。此后，在此访谈调研的基础上，确定了针对这两类人员的两种评估模型。

与外部招聘选拔的流程不同，内部晋升往往与组织内部已有的人员晋升制度、绩效考核制度等人事管理制度有着千丝万缕的联系，要想让外部机构操作的第三方测评能够与原有晋升体系紧密结合起来，咨询公司还需要将测评与其他环节有效沟通。经过初步分析后，诺姆四达公司将内部晋升的流程分成几个大的环节：

1. 候选人推荐

根据双方拟定的评估模型要求，首先请内部推荐参加测评的候选人。在推荐的时候，首先设定了一些硬性条件（如工资等级，基本学历，外语水平，工作经历，工作绩效水平）等和一些软性条件（工作能力，行为模式等）。硬性条件的依据，主要来源于人事部门的各项档案和绩效考核水平，而软性条件的判断依据，主要来源于各个候选人的直接上级（DM或店长）以及每个店的人力资源经理的综合意见，另外还会在这个过程中使用360度评定问卷等工具，尽量将定性评价与定量评价结合起来，保证结果的科学和公平。

2. 候选人预谈话

由人力资源经理和直接上级共同推荐的候选人确定后，候选人的直线上级还需要在测评前与候选人进行一对一谈话，谈话内容包括说明本次测评的目的，公司对于候选人的发展期望等，当然也会听取候选人对参加本次测评的意愿和期望，如果候选人明确表示不想参加这样的晋升测评，公司也会尊重其愿望取消其参评资格。

3. 实施测评

拿到准确的测评人员名单后，诺姆四达公司会根据评估模型，综合三类测评技术实施评估，具体为标准化测验（包括基本潜能测验、个性测验、核心能力测验），评价中心（主要形式有无领导小组讨论、行为事件面谈、公文处理、案例分析，评估使用的材料都是根据该公司实际情况而制定的本土化设计）以及包括主题统觉测验和句子完成的投射测验。每次的测评时间基本上控制在2天内完成，另外由于是内部晋升测评，外部测评机构还要时刻注意与内部企业文化的融合性问题，在测评实施过程中，尽量让测评的气氛不要过分严肃，外部专家与内部人员的面试过程中，也会尽量多方面听取测评对象对于自身职业发展的想法，以对后续的培养和使用提供更多参考意见。

4. 结果应用

测评结果在两个方面得到了应用：

其一是进行人事决策，公司决策层参考测评结果对其内部人才的晋升做出决策。截至2007年9月底，该公司共有362人接受了测评，其中有39%的人已经根据测评的结果提拔到了新的高级岗位，这些人在岗位上发挥了很好的作用，公司对他们的表现都很满意。这说明，此种方法对于该企业的本土化人才选拔是有效的。

其二是对个人的职业发展进行指导。咨询顾问将测评结果反馈给相关人员，使他们对测评结果有更清楚的了解，对如何应用测评结果帮助他们的职业发展进行咨询式反馈。反馈对象有三类，第一类是该公司中国区的人力资源总监和人力资源经理，第二类是各个门店的店长和该店的人力资源经理，以及被评估对象的直接上司，提供给这几类决策层的反馈具有明确的推荐任用建议。第三类对象是测评对象本人，为之提供合适的发展建议，并解释测试及工作中的疑惑，缓释压力。员工对这种发展性的反馈方式特别欢迎。他们肯定了测评结果，并认为结果为自我认知提供了更科学、更全面的信息，对职业发展有很大帮助。

5. 测评后续工作

对于通过测评认为可以晋升的人员，公司会尽快安排其到新的岗位上工作和锻炼。对于在测评中表现不佳或者目前尚未达到目标岗位要求的候选人，也需要认真分析原因。第一，在结果反馈中，认真征求其直接上级、门店人事经理和店长的看法，结合测评中的表现，分析其结果不合格的原因，是否因为当然的身体不适、状态不佳或者对于本次测评目的认识不清晰，还是因为晋升动力不强。第二，如果排除了上述客观或主观干扰因素，确定候选人的确与目标岗位要求存在一定差异，我们也不会只简单给出一个定性判断和定量分数，还会就后续的使用与门店店长及人力资源经理进行多轮协商，判定其不合格指标中，有哪些是不可培养的，哪些是可培养的，以确认是否可以在新的岗位上边做边学，保留对其晋升权。这样安排的主要原因是，目前该公司的规模在迅速扩张，对管理人员的需求量很大，如果严格等到每个管理人员都符合标准后再提升，可能在时间上会阻碍公司的总体发展速度。第三，如果前面两个原因都不符合，顾问会明确给出不适合晋升的结论，当然，该公司仍然保留对其晋升的权利。对于这个问题，我们认为，内部晋升人选的最终确定，不能完全依据一次测评结果，既要结合前期的推荐数据，也要从组织的更长远的发展考虑出发，有时，会因为组织在某一时期的特殊情况而做出一些调整。作为外部测评机构，也是可以理解的。

三、案例点评

跨国公司要想在东道国取得经营的成功,管理人才本土化是关键。坚持本土化选拔是该公司管理人员选拔成功的重要基础。运用于该项目的评估模型、工具(如标准化测验)和方法都是诺姆四达公司基于中国文化背景而开发设计的。这一事例证明了选拔本土化的人才必须坚持本土化的选拔方法、技术及标准。

跨国公司选拔本土人才采取第三方评估的机制是非常必要的。这种机制使得评估选拔的客观性和公正性得以体现。内外的激励作用都很明显，所有员工都感到很公平。为该公司的成功起了重要作用。

采用多样化评价方法与手段是该公司本土化选拔成功的重要保证。选拔决策希望建立在信息全面的基础上，而多样化的方法能够从多角度提供更多的信息，并且这些高度专业性的方法能够提供一般情况下无法获得的信息。

评估结果的反馈利用是该公司对本土化选拔价值的最大利用。该公司充分利用了测评结果反馈这个机会，不仅让被测者有机会看到自己测评的结果，而且让所有员工都看到了公司对员工的一种开放、信任的态度，这样一种姿态对员工产生了正面激励作用。

关键概念

测评目的　测评计划　测评报告　结果反馈

复习思考题

1. 人员测评的一般过程包含哪些步骤?
2. 人员测评应用于组织实际的人员评价中时，需要注意哪些问题?

参考文献

[1] 车宏生．心理测量与人才选拔．海口：南海出版公司，2004.
[2] 车宏生．人才测评术科学化．海口：海南出版公司，2004.
[3] 戴忠恒．心理与教育测量．上海：华东师范大学出版社，1987.
[4] 丁秀峰．心理测量学．开封：河南大学出版社，2001.
[5] 冯立平．构建人才测评发展的优质循环圈．商场现代化，2007，6.
[6] 冯立平．试析人才测评的演变．人才开发，2006，7.
[7] 郭庆科．心理测验的原理与应用．北京：人民军医出版社，2002.
[8] 凯温·R. 墨菲，查尔斯·O. 大卫夏弗．心理测验原理和应用．第6版．上海：上海社会科学院出版社，2006.
[9] 寇家伦．人才测评．北京：中国发展出版社，2006.
[10] 况志华，张洪卫．人员素质测评．上海：上海交通大学出版社，2006.
[11] 李国瑞，何小蕾．情绪智力研究的现状及发展趋势．心理科学，2003，5.
[12] 梁建．人事测评技术及其理论发展．外国经济与管理，2000，7.
[13] 梁建春，李志，吴绍琪，彭建国．人才测评的内容、方法及存在的问题．重庆大学学报．社会科学版，2002，4.
[14] 缪柏其．管理统计学．合肥：中国科技大学出版社，2002.
[15] 廖平胜．考试学原理．武汉：华中师范大学出版社，2003.
[16] 廖平胜．考试是一门科学．武汉：华中师范大学出版社，2003.
[17] 凌文辁，滨治世．心理测验法．北京：科学出版社，1988.
[18] 林仲贤，武连江．心理测验．北京：中国林业出版社，2003.
[19] 刘长占，肖鸣政．人才素质测评方法．北京：高等教育出版社，2000.
[20] 刘承功．人员素质测评的理论与实践探索．成都理工大学硕士学位论文，2007.
[21] 刘耀中．人员测评．北京：中国纺织出版社，2003.
[22] 刘远我，张厚粲．面试评分中的误差分析研究．心理科学，1999，5.
[23] 龙立荣，黄小华．大学生择业的社会生态模型：环境的力量。高等教育

研究，2006（8）：62-69.
[24] 龙立荣，李晔．职业生涯管理．北京：中国纺织出版社，2003.
[25] 罗俊咏．人事决策呼唤科学的人事测评．人力资源，2002，6.
[26] 彭凯平，陈仲庚．心理测验——原理与实践．北京：华夏出版社，1989.
[27] 彭平根，艾平．评价中心测评的评分误差分析研究．心理科学，2004，4.
[28] 秦肖，王秀丽．人才测评在中国的发展．内蒙古工业大学学报．社会科学版，2007，2.
[29] 时勘，侯彤妹．关键事件访谈的方法．中外管理导报，2002，3.
[30] 宋奇成，龙键．现代人员测评理论与实务．成都：四川大学出版社，2002
[31] 谭艳玲，戴良铁．基于行为事件面谈技术的面试提问方式．经济论坛，2005，16.
[32] 汤晔．西方现代人事测评技术评介．武汉大学学报．社会科学版，2003，2.
[33] 王重鸣．人事测评效度验证的多方法途径．应用心理学，1994，1.
[34] 王继承．人事测评技术．广州：广东经济出版社，2001.
[35] 王金道．SCL-90 量表使用的现状及检验心理健康的异议．中国心理卫生杂志，2004，1.
[36] 王忠军，龙立荣．评价中心的结构效度研究．心理科学进展，2006，14（3）：426-432.
[37] 肖鸣政．人员素质测评．北京：高等教育出版社，2003.
[38] 谢华，戴海崎．SCL-90 量表评价．精神疾病与精神卫生，2006，2.
[39] 谢晓非，卢盛忠．对干部素质测评方法的验证．应用心理学，1990，1.
[40] 忻榕，徐淑英，王辉，张志学，陈维政．国有企业的企业文化：对其维度和影响的归纳性分析//徐淑英，刘忠明．中国企业管理的前沿研究．北京：北京大学出版社，2004.
[41] 杨鹏，王椿阳．当代人才测评的心理学理论基础溯源．石油教育，2006，6.
[42] 谌新民，刘善敏．人员测评技巧．广州：广东经济出版社，2002.
[43] 张德．人力资源开发与管理．第二版．北京：清华大学出版社，2001.
[44] 张靓．招聘中行为事件访谈法的应用．中国集体经济，2007，2.
[45] 赵慧娟，龙立荣．员工与工作环境的动态契合研究进展．外国经济与管理，2008，7.

[46] 赵慧娟，龙立荣．员工—组织价值观匹配研究．心理科学进展，2004，12（1）：111-118.

[47] 赵慧娟，龙立荣．员工—组织符合度的测量研究．人类工效学，2003，9（4）：54-56.

[48] 郑日昌，蔡永红，周益群．心理测量学．北京：人民教育出版社，1999.

[49] 郑日昌．心理测量．湖南教育出版社，1987.

[50] 郑晓明．人力资源管理导论．北京：机械工业出版社，2005.

[51] 周元福．对人才测评方法的思考．经济师，2003，7.

[52] 魏梅金．才能评鉴法．汕头大学出版社，2003. 8.

[53] Barrick M R，Zimmerman R D. Reducing voluntary，avoidable turnover through selection. Journal of Applied Psychology，2005，1.

[54] Long，L R，Adams，R S，&Tracey，T J G. Generalizability of interest structure to China：Application of the Personal Globe Inventory. Journal of Vocational Behavior，2005，66：66-80.

[55] McDaniel M A，Morgeson F P，Finnegan E B et al. Use of situational judgment tests to predict job performance：A clarification of the literature. Journal of Applied Psychology，2001，4.

[56] Oswald F L，Schmitt N，et al. Developing a biodata measure and situational judgment inventory as predictors of college student performance. Journal of Applied Psychology，2004，2.

[57] Ployhart R E，Weekley J A，Holtz B C et al. Web-based and paper-and pencil testing of applicants in a proctored setting：are personality，biodata，and situational judgment tests comparable? Personnel psychology，2003，3.

[58] Schmitt N，Kunce C. The effects of required elaboration of answers to biodata questions. Personnel Psychology，2002，3.

[59] Schmitt N，Oswald F L，Kim B H et al. The use of background and ability profiles to predict college student outcomes. Journal of Applied Psychology，2007，1.

[60] Sisco H，Reilly R R. Development and validation of a biodata inventory as an alternative method to measurement of the five factor model of perfonality. The social science journal，2007，2.

[61] Wright，P，Szeto，W F，Geroy，G D. The use of Biodata for the recruitment of call center operators in the Asian leisure/gaming industry. International Journal of Hospitality & Tourism Administration，2007，1.

[62] Wong, C S, Law, K S. The effects of leader and follower emotional intelligence on performance and attitude: An exploratory study. The Leadership Quarterly, 2002, 3.

图书在版编目(CIP)数据

人员测评的理论与技术/龙立荣主编. —武汉：武汉大学出版社，2009.5

21世纪人力资源管理系列教材

ISBN 978-7-307-06982-4

Ⅰ.人… Ⅱ.龙… Ⅲ.企业管理—人员测评工程—高等学校—教材 Ⅳ.F272.92

中国版本图书馆CIP数据核字(2009)第051153号

责任编辑:范绪泉　　责任校对:刘　欣　　版式设计:支　笛

出版发行：武汉大学出版社　（430072　武昌　珞珈山）

（电子邮件：cbs22@whu.edu.cn　网址：www.wdp.com.cn）

印刷:湖北鄂东印务有限公司

开本：720×1000　1/16　印张:20.5　字数:373千字

版次:2009年5月第1版　2011年11月第2次印刷

ISBN 978-7-307-06982-4/F·1268　定价:28.00元
